主编：龙卫球　　副主编：王　琦

撰稿人

龙卫球　王　琦　陈　元　陈浩林
廖千树　陈　怡　胡榕姣

关联适用全书系列

民法典婚姻家庭编司法解释

关联适用全书

龙卫球 ◎ 主编
王琦 ◎ 副主编

中国法治出版社
CHINA LEGAL PUBLISHING HOUSE

前 言

在后法典化时代，民事司法解释成为推动民事法律规则发展的重要手段，对保障《中华人民共和国民法典》（以下简称《民法典》）的精准落地以及助推我国民商事法治体系现代化进程具有深远的现实意义。自《民法典》颁布以来，一系列与之相关的司法解释陆续出台，包括《最高人民法院关于适用〈中华人民共和国民法典〉物权编的解释（一）》《最高人民法院关于适用〈中华人民共和国民法典〉婚姻家庭编的解释（一）》《最高人民法院关于适用〈中华人民共和国民法典〉婚姻家庭编的解释（二）》《最高人民法院关于适用〈中华人民共和国民法典〉有关担保制度的解释》《最高人民法院关于适用〈中华人民共和国民法典〉总则编若干问题的解释》《最高人民法院关于适用〈中华人民共和国民法典〉合同编通则若干问题的解释》以及《最高人民法院关于适用〈中华人民共和国民法典〉侵权责任编的解释（一）》等。这些司法解释的出台，有效解决了法律适用过程中的诸多争议，确保了裁判尺度的统一，为稳定社会预期发挥了积极作用，成为维护法治统一与权威的重要基石。

《民法典》婚姻家庭编在继承原《中华人民共和国婚姻法》《中华人民共和国收养法》的基础上，融入社会主义核心价值观，凸显婚姻家庭的伦理与团体价值，着重保护弱者权益，以实现法律的实质正义。为保障《民法典》有效施行，统一法律适用标准，最高人民法院对过往涉婚姻家庭司法解释进行清理整合，出台了《最高人民法院关于适用〈中华人民共和国民法典〉婚姻家庭编的解释（一）》。在此基础上，《最高人民法院关于适用〈中华人民共和国民法典〉婚姻家庭编的解释（二）》紧密契合国情、社情、民情，在维护公序良俗与践行社会主义核心价值观、平衡个人财产权利与婚姻家庭利益、维护诚信原则与保障特殊群体利益、平衡夫妻财产关系与保护市场交易安全等方面精准发力，涵盖重婚效力补正、假离婚及财产分割协议、同居析产处理、夫妻房产赠与、夫妻财产处置、父母对子女房产赠与、抢夺藏匿未成年子女、未成年子女抚养权、离婚抚养费、继子女与继父母关系、离婚经济补偿及帮助等多方面审判实践中的疑难问题，作出明确规范，真正回应了人民群众在婚姻家庭领域的关切。

为助力法律从业者、法学院校师生及社会大众全面、系统地了解和学习《民法典》婚姻家庭编及其司法解释，把握重点，指导实务操作，龙卫球教授带领北京航空航天大学法学院青年教师和硕博士研究生精心编写了这本关联适用全书；另外龙卫球教授还主编有《中华人民共和国民法典婚姻家庭编与继承编释义》（中国法制出版社2020年版）一书，该书专注于《民法典》条文的释义与解读，内容同样丰富，可与本书配套使用。本书从要点提示、关联规定和典型案例三个方面对《民法典》婚姻家庭编逐条进行剖析。要点提示以简洁文字概括立法背景、法条宗旨和内涵，解析实务重点难点；关联规定列举与新法或重要法律相关的法律法规等文件，方便读者对照使用，构建系统知识架构；典型案例收录与司法解释条文相关的指导性案例、公报案例及典型案例，以案释法，为法律适用和案件审理提供参考。

鉴于编者水平有限，书中内容或有不足，恳请读者批评指正。本书编写得到国家社科基金项目"数字化背景下法律行为制度的'再现代化'研究"（项目编号：23BFX177）支持，特此致谢。

目 录

中华人民共和国民法典（节录）

第五编　婚姻家庭

第一章　一般规定

第一千零四十条【婚姻家庭编的调整范围】 …………… 001
第一千零四十一条【基本原则】 …………………………… 003
第一千零四十二条【婚姻家庭的禁止性规定】 …………… 011
第一千零四十三条【婚姻家庭的倡导性规定】 …………… 018
第一千零四十四条【收养的基本原则】 …………………… 023
第一千零四十五条【亲属、近亲属及家庭成员】 ………… 027

第二章　结　婚

第一千零四十六条【结婚自愿】 …………………………… 032
第一千零四十七条【法定结婚年龄】 ……………………… 035
第一千零四十八条【禁止结婚的情形】 …………………… 038
第一千零四十九条【结婚登记】 …………………………… 042
第一千零五十条【婚后双方互为家庭成员】 ……………… 049
第一千零五十一条【婚姻无效的情形】 …………………… 051
第一千零五十二条【胁迫婚姻】 …………………………… 055
第一千零五十三条【隐瞒疾病的可撤销婚姻】 …………… 060
第一千零五十四条【婚姻无效和被撤销的法律后果】 …… 064

第三章　家庭关系

第一节　夫妻关系

第一千零五十五条【夫妻地位平等】……………………… 069

第一千零五十六条【夫妻姓名权】……………………… 072

第一千零五十七条【夫妻参加各种活动的自由】……………………… 076

第一千零五十八条【夫妻抚养、教育和保护子女的权利义务平等】… 080

第一千零五十九条【夫妻相互扶养义务】……………………… 092

第一千零六十条【日常家事代理权】……………………… 098

第一千零六十一条【夫妻相互继承权】……………………… 102

第一千零六十二条【夫妻共同财产】……………………… 106

第一千零六十三条【夫妻个人财产】……………………… 116

第一千零六十四条【夫妻共同债务】……………………… 121

第一千零六十五条【夫妻约定财产制】……………………… 125

第一千零六十六条【婚姻关系存续期间夫妻共同财产的分割】……… 129

第二节　父母子女关系和其他近亲属关系

第一千零六十七条【父母的抚养义务和子女的赡养义务】………… 132

第一千零六十八条【父母教育、保护未成年子女的权利义务】……… 144

第一千零六十九条【子女应尊重父母的婚姻权利】……………………… 156

第一千零七十条【父母子女相互继承权】……………………… 161

第一千零七十一条【非婚生子女的权利】……………………… 165

第一千零七十二条【继父母与继子女间的权利义务关系】………… 167

第一千零七十三条【亲子关系异议之诉】……………………… 175

第一千零七十四条【祖孙之间的抚养、赡养义务】……………………… 178

第一千零七十五条【兄弟姐妹间的扶养义务】……………………… 182

第四章　离　婚

第一千零七十六条【协议离婚以及离婚协议的内容】…………… 186

第一千零七十七条【离婚冷静期】 …………………………………… 194

第一千零七十八条【婚姻登记机关对离婚的审查】 ………………… 196

第一千零七十九条【诉讼离婚】 ………………………………………… 200

第一千零八十条【解除婚姻关系】 ……………………………………… 205

第一千零八十一条【现役军人离婚】 …………………………………… 206

第一千零八十二条【离婚的限制】 ……………………………………… 207

第一千零八十三条【复婚】 ……………………………………………… 210

第一千零八十四条【离婚后的父母子女关系】 ………………………… 211

第一千零八十五条【离婚后子女抚养费的负担】 ……………………… 218

第一千零八十六条【父母的探望权】 …………………………………… 222

第一千零八十七条【离婚时夫妻共同财产的处理】 …………………… 230

第一千零八十八条【离婚经济补偿】 …………………………………… 239

第一千零八十九条【离婚时夫妻共同债务清偿】 ……………………… 242

第一千零九十条【离婚经济帮助】 ……………………………………… 246

第一千零九十一条【离婚损害赔偿制度】 ……………………………… 246

第一千零九十二条【一方侵犯他方财产共有权的处理】 ……………… 255

第五章 收 养

第一节 收养关系的成立

第一千零九十三条【被收养人的范围】 ………………………………… 259

第一千零九十四条【送养人的范围】 …………………………………… 263

第一千零九十五条【监护人送养】 ……………………………………… 267

第一千零九十六条【监护人送养孤儿的特殊规定】 …………………… 269

第一千零九十七条【生父母送养】 ……………………………………… 271

第一千零九十八条【收养人的条件】 …………………………………… 274

第一千零九十九条【收养三代以内旁系同辈血亲子女的特殊规定】 … 276

第一千一百条【收养子女的人数】 ……………………………………… 280

第一千一百零一条【共同收养】 ………………………………………… 281

第一千一百零二条【无配偶者收养异性子女】 ………………… 285

第一千一百零三条【继父母收养继子女的特殊规定】 ………… 287

第一千一百零四条【收养送养自愿】 ………………………… 290

第一千一百零五条【收养登记、收养公告、收养协议、收养
　　　　　　　　　公证、收养评估】 ……………………… 293

第一千一百零六条【被收养人户口登记】 …………………… 299

第一千一百零七条【抚养】 …………………………………… 302

第一千一百零八条【抚养优先权】 …………………………… 304

第一千一百零九条【涉外收养】 ……………………………… 306

第一千一百一十条【收养保密义务】 ………………………… 312

第二节　收养的效力

第一千一百一十一条【收养效力】 …………………………… 316

第一千一百一十二条【养子女的姓氏】 ……………………… 320

第一千一百一十三条【无效收养行为】 ……………………… 321

第三节　收养关系的解除

第一千一百一十四条【当事人协议解除及因违法行为而解除】 ……… 324

第一千一百一十五条【关系恶化而协议解除】 ……………… 327

第一千一百一十六条【解除收养关系登记】 ………………… 330

第一千一百一十七条【解除收养关系后的身份效力】 ……… 332

第一千一百一十八条【解除收养关系后的财产效力】 ……… 335

中华人民共和国民法典（节录）

（2020年5月28日第十三届全国人民代表大会第三次会议通过　2020年5月28日中华人民共和国主席令第45号公布　自2021年1月1日起施行）

第五编　婚姻家庭

第一章　一般规定

第一千零四十条　婚姻家庭编的调整范围[①]

本编调整因婚姻家庭产生的民事关系。

要点提示[②]

本条规定了婚姻家庭编的调整对象和范围，即为"调整因婚姻家庭产生的民事关系"，俗称婚姻家庭关系。本条规范功能上具有独特性，性质上属于说明性条文，旨在作出适用区划。本条与《民法典》其他各分编保持了统一性，即都是在一开始作出关于自身调整对象和范围的规定。

本编的调整对象是婚姻家庭关系，在调整对象使用"因婚姻家庭产生的民事关系"的表述。根据我国现行法律规定，婚姻家庭关系实际限缩到较为狭小的亲属关系范畴，即所谓婚姻家庭成员之间的关系：除了夫妻，还有父母、子女、祖孙、亲兄弟姐妹等，它们属于法律上互有扶养权利义务

---

① 本书条文主旨为编者所加，仅供参考。
② 本书"要点提示""关联规定"和"典型案例"的法律文件名称均为简称。

的亲属；广义上还包括儿媳和公婆。其他亲属，法律上并无扶养权利义务。

❈ 关联规定

《民法典》（2020年5月28日）①

第二条 民法调整平等主体的自然人、法人和非法人组织之间的人身关系和财产关系。

第四百六十四条 合同是民事主体之间设立、变更、终止民事法律关系的协议。

婚姻、收养、监护等有关身份关系的协议，适用有关该身份关系的法律规定；没有规定的，可以根据其性质参照适用本编规定。

❈ 典型案例

张某与赵某婚约财产纠纷案②
——男女双方举行结婚仪式后共同生活较长时间且已育有子女，一般不支持返还彩礼

◎ **基本案情**

张某与赵某（女）于2018年11月经人介绍相识，自2019年2月起共同生活，于2020年6月生育一子。2021年1月双方举行结婚仪式，至今未办理结婚登记手续。赵某收到张某彩礼款160000元。后双方感情破裂，于2022年8月终止同居关系。张某起诉主张赵某返还80%彩礼，共计128000元。

◎ **裁判结果**

审理法院认为，双方自2019年2月起即共同生活并按民间习俗举行了婚礼，双方在共同生活期间生育一子，现已年满两周岁，且共同生活期间必然会因日常消费及生育、抚养孩子产生相关费用，若在以夫妻名义共同生活数年且已共同养育子女两年后仍要求返还彩礼，对赵某明显不公平，

---

① 本书"关联规定"日期为公布时间或者最后一次修正、修订的公布时间，以下不再标注。
② 参见中华人民共和国最高人民法院网站，https://www.court.gov.cn/zixun/xiangqing/419922.html，最后访问时间：2025年2月13日。

故判决驳回张某的诉讼请求。

◎ **典型意义**

不论时代发生多大变化，不论生活格局发生多大变化，我们都要重视家庭建设，注重家庭、注重家教、注重家风。《民法典》规定，家庭应当树立优良家风，弘扬家庭美德，重视家庭文明建设；保护妇女、未成年人、老年人、残疾人的合法权益。《最高人民法院关于适用〈中华人民共和国民法典〉婚姻家庭编的解释（一）》第五条关于未办理结婚登记手续应返还彩礼的规定，应当限于未共同生活的情形。已经共同生活的双方因未办理结婚登记手续不具有法律上的夫妻权利义务关系，但在审理彩礼返还纠纷时，不应当忽略共同生活的"夫妻之实"。该共同生活的事实不仅承载着给付彩礼一方的重要目的，也会对女性身心健康产生一定程度的影响，尤其是在孕育子女等情况下。如果仅因未办理结婚登记而要求接受彩礼一方全部返还，有违公平原则，也不利于保护妇女合法权益。本案中，双方当事人虽未办理结婚登记，但按照当地习俗举办了婚礼，双方以夫妻名义共同生活三年有余，且已生育一子。本案判决符合当地风俗习惯，平衡了各方当事人利益，特别体现了对妇女合法权益的保护。

第一千零四十一条　基本原则

婚姻家庭受国家保护。

实行婚姻自由、一夫一妻、男女平等的婚姻制度。

保护妇女、未成年人、老年人、残疾人的合法权益。

◎ **要点提示**

本条规定了婚姻家庭编的基本原则。该条一共三款，确立了婚姻家庭受国家保护的原则、婚姻自由原则、一夫一妻原则、男女平等原则以及保护妇女、未成年人、老年人、残疾人的合法权益共五项原则，适用于婚姻家庭领域。

本条第一款的内涵包括两个方面：一方面，该原则规定设定了婚姻家庭具有受国家保护的法律地位。另一方面，该原则规定也设定了国家具有保护婚姻家庭权利、维护婚姻家庭制度的义务和责任。

本条第二款规定了婚姻制度领域的三项基本原则。这三项原则专属于婚姻制度的原则，而不是泛泛的家庭制度的原则，体现了自近代以来的婚姻制度上的重大文明价值的进步和发展。

本条第三款是婚姻家庭编的特殊原则，对于婚姻家庭关系中的弱者应当予以特别保护的理念和要求，包括妇女、未成年人、老年人、残疾人四类特殊主体。

❋ 关联规定

1.《宪法》（2018年3月11日）

第四十八条　中华人民共和国妇女在政治的、经济的、文化的、社会的和家庭的生活等各方面享有同男子平等的权利。

国家保护妇女的权利和利益，实行男女同工同酬，培养和选拔妇女干部。

第四十九条　婚姻、家庭、母亲和儿童受国家的保护。

夫妻双方有实行计划生育的义务。

父母有抚养教育未成年子女的义务，成年子女有赡养扶助父母的义务。

禁止破坏婚姻自由，禁止虐待老人、妇女和儿童。

2.《民法典》（2020年5月28日）

第四条　民事主体在民事活动中的法律地位一律平等。

第五条　民事主体从事民事活动，应当遵循自愿原则，按照自己的意思设立、变更、终止民事法律关系。

第十四条　自然人的民事权利能力一律平等。

第一百一十条　自然人享有生命权、身体权、健康权、姓名权、肖像权、名誉权、荣誉权、隐私权、婚姻自主权等权利。

法人、非法人组织享有名称权、名誉权和荣誉权。

第一百一十二条 自然人因婚姻家庭关系等产生的人身权利受法律保护。

第一百二十八条 法律对未成年人、老年人、残疾人、妇女、消费者等的民事权利保护有特别规定的，依照其规定。

第一百三十条 民事主体按照自己的意愿依法行使民事权利，不受干涉。

第一千零一条 对自然人因婚姻家庭关系等产生的身份权利的保护，适用本法第一编、第五编和其他法律的相关规定；没有规定的，可以根据其性质参照适用本编人格权保护的有关规定。

第一千零五十五条 夫妻在婚姻家庭中地位平等。

第一千零六十九条 子女应当尊重父母的婚姻权利，不得干涉父母离婚、再婚以及婚后的生活。子女对父母的赡养义务，不因父母的婚姻关系变化而终止。

第一千零七十一条 非婚生子女享有与婚生子女同等的权利，任何组织或者个人不得加以危害和歧视。

不直接抚养非婚生子女的生父或者生母，应当负担未成年子女或者不能独立生活的成年子女的抚养费。

第一千零七十二条 继父母与继子女间，不得虐待或者歧视。

继父或者继母和受其抚养教育的继子女间的权利义务关系，适用本法关于父母子女关系的规定。

第一千零八十二条 女方在怀孕期间、分娩后一年内或者终止妊娠后六个月内，男方不得提出离婚；但是，女方提出离婚或者人民法院认为确有必要受理男方离婚请求的除外。

第一千零九十一条 有下列情形之一，导致离婚的，无过错方有权请求损害赔偿：

（一）重婚；

（二）与他人同居；

（三）实施家庭暴力；

（四）虐待、遗弃家庭成员；

（五）有其他重大过错。

3.《妇女权益保障法》（2022年10月30日）

第二条 男女平等是国家的基本国策。妇女在政治的、经济的、文化的、社会的和家庭的生活等各方面享有同男子平等的权利。

国家采取必要措施，促进男女平等，消除对妇女一切形式的歧视，禁止排斥、限制妇女依法享有和行使各项权益。

国家保护妇女依法享有的特殊权益。

4.《未成年人保护法》（2024年4月26日）

第一条 为了保护未成年人身心健康，保障未成年人合法权益，促进未成年人德智体美劳全面发展，培养有理想、有道德、有文化、有纪律的社会主义建设者和接班人，培养担当民族复兴大任的时代新人，根据宪法，制定本法。

第三条 国家保障未成年人的生存权、发展权、受保护权、参与权等权利。

未成年人依法平等地享有各项权利，不因本人及其父母或者其他监护人的民族、种族、性别、户籍、职业、宗教信仰、教育程度、家庭状况、身心健康状况等受到歧视。

第七条 未成年人的父母或者其他监护人依法对未成年人承担监护职责。

国家采取措施指导、支持、帮助和监督未成年人的父母或者其他监护人履行监护职责。

第十五条 未成年人的父母或者其他监护人应当学习家庭教育知识，接受家庭教育指导，创造良好、和睦、文明的家庭环境。

共同生活的其他成年家庭成员应当协助未成年人的父母或者其他监护人抚养、教育和保护未成年人。

第十六条 未成年人的父母或者其他监护人应当履行下列监护职责：

（一）为未成年人提供生活、健康、安全等方面的保障；

（二）关注未成年人的生理、心理状况和情感需求；

（三）教育和引导未成年人遵纪守法、勤俭节约，养成良好的思想品德和行为习惯；

（四）对未成年人进行安全教育，提高未成年人的自我保护意识和能力；

（五）尊重未成年人受教育的权利，保障适龄未成年人依法接受并完成义务教育；

（六）保障未成年人休息、娱乐和体育锻炼的时间，引导未成年人进行有益身心健康的活动；

（七）妥善管理和保护未成年人的财产；

（八）依法代理未成年人实施民事法律行为；

（九）预防和制止未成年人的不良行为和违法犯罪行为，并进行合理管教；

（十）其他应当履行的监护职责。

5.《老年人权益保障法》（2018年12月29日）

第一条 为了保障老年人合法权益，发展老龄事业，弘扬中华民族敬老、养老、助老的美德，根据宪法，制定本法。

第二条 本法所称老年人是指六十周岁以上的公民。

第三条 国家保障老年人依法享有的权益。

老年人有从国家和社会获得物质帮助的权利，有享受社会服务和社会优待的权利，有参与社会发展和共享发展成果的权利。

禁止歧视、侮辱、虐待或者遗弃老年人。

第五条 国家建立多层次的社会保障体系，逐步提高对老年人的保障水平。

国家建立和完善以居家为基础、社区为依托、机构为支撑的社会养老服务体系。

倡导全社会优待老年人。

第七条 保障老年人合法权益是全社会的共同责任。

国家机关、社会团体、企业事业单位和其他组织应当按照各自职责，做好老年人权益保障工作。

基层群众性自治组织和依法设立的老年人组织应当反映老年人的要求，维护老年人合法权益，为老年人服务。

提倡、鼓励义务为老年人服务。

第二十一条 老年人的婚姻自由受法律保护。子女或者其他亲属不得干涉老年人离婚、再婚及婚后的生活。

赡养人的赡养义务不因老年人的婚姻关系变化而消除。

第二十二条 老年人对个人的财产，依法享有占有、使用、收益和处分的权利，子女或者其他亲属不得干涉，不得以窃取、骗取、强行索取等方式侵犯老年人的财产权益。

老年人有依法继承父母、配偶、子女或者其他亲属遗产的权利，有接受赠与的权利。子女或者其他亲属不得侵占、抢夺、转移、隐匿或者损毁应当由老年人继承或者接受赠与的财产。

老年人以遗嘱处分财产，应当依法为老年配偶保留必要的份额。

6.《残疾人保障法》（2018年10月26日）

第一条 为了维护残疾人的合法权益，发展残疾人事业，保障残疾人平等地充分参与社会生活，共享社会物质文化成果，根据宪法，制定本法。

第二条 残疾人是指在心理、生理、人体结构上，某种组织、功能丧失或者不正常，全部或者部分丧失以正常方式从事某种活动能力的人。

残疾人包括视力残疾、听力残疾、言语残疾、肢体残疾、智力残疾、精神残疾、多重残疾和其他残疾的人。

残疾标准由国务院规定。

第三条 残疾人在政治、经济、文化、社会和家庭生活等方面享有同其他公民平等的权利。

残疾人的公民权利和人格尊严受法律保护。

禁止基于残疾的歧视。禁止侮辱、侵害残疾人。禁止通过大众传播媒介或者其他方式贬低损害残疾人人格。

第九条 残疾人的扶养人必须对残疾人履行扶养义务。

残疾人的监护人必须履行监护职责，尊重被监护人的意愿，维护被监护人的合法权益。

残疾人的亲属、监护人应当鼓励和帮助残疾人增强自立能力。

禁止对残疾人实施家庭暴力，禁止虐待、遗弃残疾人。

7.《涉外民事关系法律适用法》(2010年10月28日)

第二十三条 夫妻人身关系，适用共同经常居所地法律；没有共同经常居所地的，适用共同国籍国法律。

典型案例

杨某与刘某某离婚纠纷案[①]

◎ 基本案情

2010年12月，原告杨某与被告刘某某经人介绍登记结婚，结婚时间较短且未生育子女。婚后双方因家务琐事经常发生矛盾，难以共同生活，杨某两次向法院起诉离婚，刘某某表示同意离婚。婚前，刘某某购买了商品房一套，轿车一辆。婚后二人签订了一份"保婚"协议，约定上述房子和车辆为夫妻共同财产，并注明若杨某提出离婚，协议无效。协议签订一年后，杨某起诉离婚，要求分割夫妻共同财产。

◎ 裁判结果

法院经审理认为，原、被告双方夫妻感情确已破裂，准予双方离婚。诉讼双方约定涉案房产、车辆为共同财产，系双方当事人的真实意思表示，不违反法律规定，应予支持。对杨某、刘某某婚后共同财产，法院依法予以分割。最后，法院判决：一、准予杨某与刘某某离婚；二、杨某在刘某某处的婚前个人财产新日电动车一辆归杨某个人所有；杨某、刘某某

[①] 参见中华人民共和国最高人民法院网站，https://www.court.gov.cn/zixun/xiangqing/16036.html，最后访问时间：2025年2月13日。

婚后共同财产中的42寸电视机一台、电视柜一个归杨某所有，冰箱一台、餐桌一张带四把椅子归刘某某所有；三、杨某、刘某某婚后共同财产中位于某路某小区×号楼1单元×××室的住房一套归刘某某所有（剩余贷款16万元左右由刘某某偿还），刘某某给付杨某该项财产分割款60000元；婚后共同财产中的鲁M×××××别克凯越轿车一辆归杨某所有，杨某给付刘某某该项财产分割款22500元；折抵后，刘某某需支付杨某财产分割款37500元；以上给付事项于判决生效后十日内付清；四、驳回杨某、刘某某的其他诉讼请求。

◎ 典型意义

这是一起涉及婚内财产协议效力的案件。当前，许多人在婚前或婚内签订一纸"保婚"文书，而"谁提离婚，谁便净身出户"，往往成为婚内财产协议中的恩爱信诺，以使得双方打消离婚念头，一心一意经营好婚姻。但是，这些协议究竟有没有效力。根据《婚姻法》第十九条规定，夫妻双方可以约定婚姻关系存续期间所得财产以及婚前财产归各自所有、共同所有或部分各自所有、共同所有。约定应采用书面形式，没有约定或约定不明确的，适用《婚姻法》第十七条、第十八条的规定。[①] 夫妻对婚姻关系存续期间所得的财产以及婚前财产的约定，对双方均具有约束力。本案中的《协议书》由双方当事人签字认可，且有见证人签字，《协议书》签署后双方共同生活一年以上，在刘某某无相反证据证实杨某存在欺诈、胁迫的情形时，《协议书》内容应视为双方的真实意思表示，不违反法律规定，法院应予支持。对于《协议书》所附"一方提出离婚，协议无效"的约定，因限制他人离婚自由，违反法律规定和公序良俗而无效，其无效不影响《协议书》其他条款的效力。

[①] 《民法典》第一千零六十五条第一款规定："男女双方可以约定婚姻关系存续期间所得的财产以及婚前财产归各自所有、共同所有或者部分各自所有、部分共同所有。约定应当采用书面形式。没有约定或者约定不明确的，适用本法第一千零六十二条、第一千零六十三条的规定。"

第一千零四十二条　婚姻家庭的禁止性规定

禁止包办、买卖婚姻和其他干涉婚姻自由的行为。禁止借婚姻索取财物。

禁止重婚。禁止有配偶者与他人同居。

禁止家庭暴力。禁止家庭成员间的虐待和遗弃。

要点提示

本条规定了婚姻家庭的禁止行为。本条规定与上一条在设定基础上具有一致性，这些禁止行为从反面体现了婚姻家庭基本原则的要求，因此可以看成婚姻家庭编基本原则的特殊内容。

本条第一款规定对应的前条婚姻自由原则特别是结婚自由原则的要求，从禁止干涉行为的角度加以规定，列举了包办、买卖和其他干涉行为。此外，婚姻自主权在人格权编被规定为一种典型人格权，受害人可以提起相应人格权救济，包括要求承担人格权侵权责任。《刑法》第二百五十七条还规定了暴力干涉婚姻自由罪。[①]

本条第二款规定对应的是一夫一妻原则。本款规定，根据一夫一妻原则的要求，当然禁止重婚，除此之外，还禁止婚内与他人非法同居。

本条第三款对应的是男女平等原则和保护妇女、未成年人、老年人、残疾人的合法权益的特殊原则。目前，婚姻家庭中违反这两项原则的最严重的现象就是家庭暴力、家庭成员之间的虐待和遗弃。违反本款的法律后果，属于违反婚姻家庭关系的违法行为，既可能导致婚姻家庭编的相应后果，也可能导致侵权责任编的法律后果，严重的也导致刑事责任。

---

① 《刑法》第二百五十七条规定："以暴力干涉他人婚姻自由的，处二年以下有期徒刑或者拘役。犯前款罪，致使被害人死亡的，处二年以上七年以下有期徒刑。第一款罪，告诉的才处理。"

关联规定

1.《宪法》（2018 年 3 月 11 日）

第四十九条　婚姻、家庭、母亲和儿童受国家的保护。

夫妻双方有实行计划生育的义务。

父母有抚养教育未成年子女的义务，成年子女有赡养扶助父母的义务。

禁止破坏婚姻自由，禁止虐待老人、妇女和儿童。

2.《民法典》（2020 年 5 月 28 日）

第五条　民事主体从事民事活动，应当遵循自愿原则，按照自己的意思设立、变更、终止民事法律关系。

第一百一十条　自然人享有生命权、身体权、健康权、姓名权、肖像权、名誉权、荣誉权、隐私权、婚姻自主权等权利。

法人、非法人组织享有名称权、名誉权和荣誉权。

第一百一十二条　自然人因婚姻家庭关系等产生的人身权利受法律保护。

第一千零一条　对自然人因婚姻家庭关系等产生的身份权利的保护，适用本法第一编、第五编和其他法律的相关规定；没有规定的，可以根据其性质参照适用本编人格权保护的有关规定。

第一千零六十九条　子女应当尊重父母的婚姻权利，不得干涉父母离婚、再婚以及婚后的生活。子女对父母的赡养义务，不因父母的婚姻关系变化而终止。

第一千零七十二条　继父母与继子女间，不得虐待或者歧视。

继父或者继母和受其抚养教育的继子女间的权利义务关系，适用本法关于父母子女关系的规定。

第一千零九十一条　有下列情形之一，导致离婚的，无过错方有权请求损害赔偿：

（一）重婚；

（二）与他人同居；
（三）实施家庭暴力；
（四）虐待、遗弃家庭成员；
（五）有其他重大过错。

3.《妇女权益保障法》（2022年10月30日）

第六十五条　禁止对妇女实施家庭暴力。

县级以上人民政府有关部门、司法机关、社会团体、企业事业单位、基层群众性自治组织以及其他组织，应当在各自的职责范围内预防和制止家庭暴力，依法为受害妇女提供救助。

第八十条　违反本法规定，对妇女实施性骚扰的，由公安机关给予批评教育或者出具告诫书，并由所在单位依法给予处分。

学校、用人单位违反本法规定，未采取必要措施预防和制止性骚扰，造成妇女权益受到侵害或者社会影响恶劣的，由上级机关或者主管部门责令改正；拒不改正或者情节严重的，依法对直接负责的主管人员和其他直接责任人员给予处分。

4.《家庭教育促进法》（2021年10月23日）

第二十三条　未成年人的父母或者其他监护人不得因性别、身体状况、智力等歧视未成年人，不得实施家庭暴力，不得胁迫、引诱、教唆、纵容、利用未成年人从事违反法律法规和社会公德的活动。

第五十三条　未成年人的父母或者其他监护人在家庭教育过程中对未成年人实施家庭暴力的，依照《中华人民共和国未成年人保护法》、《中华人民共和国反家庭暴力法》等法律的规定追究法律责任。

5.《刑法》（2023年12月29日）

第二百五十七条　以暴力干涉他人婚姻自由的，处二年以下有期徒刑或者拘役。

犯前款罪，致使被害人死亡的，处二年以上七年以下有期徒刑。

第一款罪，告诉的才处理。

第二百五十八条 有配偶而重婚的，或者明知他人有配偶而与之结婚的，处二年以下有期徒刑或者拘役。

第二百六十一条 对于年老、年幼、患病或者其他没有独立生活能力的人，负有扶养义务而拒绝扶养，情节恶劣的，处五年以下有期徒刑、拘役或者管制。

6.《未成年人保护法》（2024年4月26日）

第十七条 未成年人的父母或者其他监护人不得实施下列行为：

（一）虐待、遗弃、非法送养未成年人或者对未成年人实施家庭暴力；

（二）放任、教唆或者利用未成年人实施违法犯罪行为；

（三）放任、唆使未成年人参与邪教、迷信活动或者接受恐怖主义、分裂主义、极端主义等侵害；

（四）放任、唆使未成年人吸烟（含电子烟，下同）、饮酒、赌博、流浪乞讨或者欺凌他人；

（五）放任或者迫使应当接受义务教育的未成年人失学、辍学；

（六）放任未成年人沉迷网络，接触危害或者可能影响其身心健康的图书、报刊、电影、广播电视节目、音像制品、电子出版物和网络信息等；

（七）放任未成年人进入营业性娱乐场所、酒吧、互联网上网服务营业场所等不适宜未成年人活动的场所；

（八）允许或者迫使未成年人从事国家规定以外的劳动；

（九）允许、迫使未成年人结婚或者为未成年人订立婚约；

（十）违法处分、侵吞未成年人的财产或者利用未成年人牟取不正当利益；

（十一）其他侵犯未成年人身心健康、财产权益或者不依法履行未成年人保护义务的行为。

7.《老年人权益保障法》（2018 年 12 月 29 日）

第三条 国家保障老年人依法享有的权益。

老年人有从国家和社会获得物质帮助的权利，有享受社会服务和社会优待的权利，有参与社会发展和共享发展成果的权利。

禁止歧视、侮辱、虐待或者遗弃老年人。

8.《残疾人保障法》（2018 年 10 月 26 日）

第九条 残疾人的扶养人必须对残疾人履行扶养义务。

残疾人的监护人必须履行监护职责，尊重被监护人的意愿，维护被监护人的合法权益。

残疾人的亲属、监护人应当鼓励和帮助残疾人增强自立能力。

禁止对残疾人实施家庭暴力，禁止虐待、遗弃残疾人。

9.《精神卫生法》（2018 年 4 月 27 日）

第五条 全社会应当尊重、理解、关爱精神障碍患者。

任何组织或者个人不得歧视、侮辱、虐待精神障碍患者，不得非法限制精神障碍患者的人身自由。

新闻报道和文学艺术作品等不得含有歧视、侮辱精神障碍患者的内容。

第九条 精神障碍患者的监护人应当履行监护职责，维护精神障碍患者的合法权益。

禁止对精神障碍患者实施家庭暴力，禁止遗弃精神障碍患者。

10.《涉外民事关系法律适用法》（2010 年 10 月 28 日）

第二十三条 夫妻人身关系，适用共同经常居所地法律；没有共同经常居所地的，适用共同国籍国法律。

11.《反家庭暴力法》（2015 年 12 月 27 日）

第二条 本法所称家庭暴力，是指家庭成员之间以殴打、捆绑、残害、限制人身自由以及经常性谩骂、恐吓等方式实施的身体、精神等侵害行为。

第三条 家庭成员之间应当互相帮助，互相关爱，和睦相处，履行家庭义务。

反家庭暴力是国家、社会和每个家庭的共同责任。

国家禁止任何形式的家庭暴力。

第五条 反家庭暴力工作遵循预防为主，教育、矫治与惩处相结合原则。

反家庭暴力工作应当尊重受害人真实意愿，保护当事人隐私。

未成年人、老年人、残疾人、孕期和哺乳期的妇女、重病患者遭受家庭暴力的，应当给予特殊保护。

第十二条 未成年人的监护人应当以文明的方式进行家庭教育，依法履行监护和教育职责，不得实施家庭暴力。

第三十三条 加害人实施家庭暴力，构成违反治安管理行为的，依法给予治安管理处罚；构成犯罪的，依法追究刑事责任。

12. 《最高人民法院关于适用〈中华人民共和国民法典〉婚姻家庭编的解释（二）》（2025年1月15日）

第一条 当事人依据民法典第一千零五十一条第一项规定请求确认重婚的婚姻无效，提起诉讼时合法婚姻当事人已经离婚或者配偶已经死亡，被告以此为由抗辩后一婚姻自以上情形发生时转为有效的，人民法院不予支持。

13. 《最高人民法院关于适用〈中华人民共和国民法典〉婚姻家庭编的解释（一）》（2020年12月29日）

第一条 持续性、经常性的家庭暴力，可以认定为民法典第一千零四十二条、第一千零七十九条、第一千零九十一条所称的"虐待"。

第二条 民法典第一千零四十二条、第一千零七十九条、第一千零九十一条规定的"与他人同居"的情形，是指有配偶者与婚外异性，不以夫妻名义,持续、稳定地共同居住。

第五条 当事人请求返还按照习俗给付的彩礼的,如果查明属于以下情形,人民法院应当予以支持:

(一)双方未办理结婚登记手续;

(二)双方办理结婚登记手续但确未共同生活;

(三)婚前给付并导致给付人生活困难。

适用前款第二项、第三项的规定,应当以双方离婚为条件。

典型案例

孔某某诉王某某不当得利纠纷案[1]
——借婚姻索取财物应当退还

◎ 基本案情

2020年1月,原告孔某某与被告王某某通过微信互相认识后,双方确定了恋爱关系。此后,在2020年2月至2020年8月,被告王某某以其需要还房贷、考驾照、其他生活消费为由,多次向原告孔某某索要钱财,原告多次以转账、发红包等形式向被告转款共计74065.45元(其中2020年8月11日原告向被告转账35000元,拟用作二人按农村习俗回被告娘家认亲戚的费用)。其后,原、被告二人告知原告母亲,二人准备结婚,于是原告母亲刘某某便拿出29100元现金给被告,用于置办结婚用品。被告王某某拿到钱后,于2020年8月31日凌晨离开原告家,将原告电话、微信全部加入黑名单,原告随即向公安机关报警,后公安机关按照刑事案件立案侦查,最终检察机关以本案事实不清、证据不足为由,不予批捕。随后原告以不当得利纠纷为由向法院起诉要求被告返还财物。

◎ 裁判要旨

"借婚姻索取财物"是指以索取对方财物为结婚条件的违法行为,其不符合社会主义婚姻家庭道德观,妨碍了婚姻自由原则的实施。应当正确

---

[1] 参见贵州省高级人民法院微信公众号,https://mp.weixin.qq.com/s/9FeiXtWduGpnGVBmxboHjQ,最后访问时间:2025年2月12日。

区分借婚姻索要财物与婚前赠与、合理给付彩礼、以结婚索取钱财为目的的诈骗犯罪行为。借婚姻索取财物行为应认定为无效民事法律行为，从行为开始起就没有法律约束力，索取的财物应当予以退还。

◎ 裁判结果

法院经审理认为，原告孔某某与被告王某某之间的纠纷属民事纠纷，被告的行为虽不构成诈骗罪，但被告故意隐瞒其未与丈夫宋某某离婚的真相，并以愿意与原告结婚为条件向原告虚构自己购买房屋需偿还按揭贷款、双方认亲戚、购买结婚物品等事实，其目的是想让原告陷入错误认识，在违背其真实意愿的前提下作出财产赠与行为。因被告的行为违反婚姻伦理，违背公序良俗，原告对被告的赠与行为应认定为无效，其所得的款项应当退还原告。

◎ 典型意义

《民法典》将"禁止借婚姻索取财物"作为法律条款明确后，对假借婚姻名义索取财物的行为有了准确的定调，为受害人的维权提供了有力的法律武器，对非法侵害他人婚姻自由的行为起到震慑作用。民事活动应当遵循自愿、公平、诚实信用原则，借婚姻索取财物的行为涉及面广、伤害性大、危害性强，《民法典》将"借婚姻索取财物"认定为是违背婚姻自由的行为，并作出明确的禁止性规定，既向大众清晰准确地表明了法律对该行为的否定性评价，又有效地指引和规范了相关行为。

第一千零四十三条　婚姻家庭的倡导性规定

家庭应当树立优良家风，弘扬家庭美德，重视家庭文明建设。

夫妻应当互相忠实，互相尊重，互相关爱；家庭成员应当敬老爱幼，互相帮助，维护平等、和睦、文明的婚姻家庭关系。

要点提示

家庭是社会的细胞。家庭和睦则社会安定，家庭幸福则社会祥和，家庭文明则社会文明。夫妻又是家庭的核心成员，双方互相忠实、尊重、关爱是家庭和谐的基础。

关联规定

1.《民法典》（2020 年 5 月 28 日）

第一千零一条　对自然人因婚姻家庭关系等产生的身份权利的保护，适用本法第一编、第五编和其他法律的相关规定；没有规定的，可以根据其性质参照适用本编人格权保护的有关规定。

第一千零五条　自然人的生命权、身体权、健康权受到侵害或者处于其他危难情形的，负有法定救助义务的组织或者个人应当及时施救。

第一千零五十九条　夫妻有相互扶养的义务。

需要扶养的一方，在另一方不履行扶养义务时，有要求其给付扶养费的权利。

第一千零七十二条　继父母与继子女间，不得虐待或者歧视。

继父或者继母和受其抚养教育的继子女间的权利义务关系，适用本法关于父母子女关系的规定。

第一千零七十四条　有负担能力的祖父母、外祖父母，对于父母已经死亡或者父母无力抚养的未成年孙子女、外孙子女，有抚养的义务。

有负担能力的孙子女、外孙子女，对于子女已经死亡或者子女无力赡养的祖父母、外祖父母，有赡养的义务。

第一千零七十五条　有负担能力的兄、姐，对于父母已经死亡或者父母无力抚养的未成年弟、妹，有扶养的义务。

由兄、姐扶养长大的有负担能力的弟、妹，对于缺乏劳动能力又缺乏生活来源的兄、姐，有扶养的义务。

第一千零九十一条　有下列情形之一，导致离婚的，无过错方有权请求损害赔偿：

（一）重婚；

（二）与他人同居；

（三）实施家庭暴力；

（四）虐待、遗弃家庭成员；

（五）有其他重大过错。

2.《家庭教育促进法》（2021年10月23日）

第二条 本法所称家庭教育，是指父母或者其他监护人为促进未成年人全面健康成长，对其实施的道德品质、身体素质、生活技能、文化修养、行为习惯等方面的培育、引导和影响。

第十四条 父母或者其他监护人应当树立家庭是第一个课堂、家长是第一任老师的责任意识，承担对未成年人实施家庭教育的主体责任，用正确思想、方法和行为教育未成年人养成良好思想、品行和习惯。

共同生活的具有完全民事行为能力的其他家庭成员应当协助和配合未成年人的父母或者其他监护人实施家庭教育。

第十五条 未成年人的父母或者其他监护人及其他家庭成员应当注重家庭建设，培育积极健康的家庭文化，树立和传承优良家风，弘扬中华民族家庭美德，共同构建文明、和睦的家庭关系，为未成年人健康成长营造良好的家庭环境。

第二十三条 未成年人的父母或者其他监护人不得因性别、身体状况、智力等歧视未成年人，不得实施家庭暴力，不得胁迫、引诱、教唆、纵容、利用未成年人从事违反法律法规和社会公德的活动。

第三十七条 国家机关、企业事业单位、群团组织、社会组织应当将家风建设纳入单位文化建设，支持职工参加相关的家庭教育服务活动。

文明城市、文明村镇、文明单位、文明社区、文明校园和文明家庭等创建活动，应当将家庭教育情况作为重要内容。

3.《未成年人保护法》（2024年4月26日）

第十五条 未成年人的父母或者其他监护人应当学习家庭教育知识，

接受家庭教育指导，创造良好、和睦、文明的家庭环境。

共同生活的其他成年家庭成员应当协助未成年人的父母或者其他监护人抚养、教育和保护未成年人。

4. 《涉外民事关系法律适用法》（2010 年 10 月 28 日）

第二十三条　夫妻人身关系，适用共同经常居所地法律；没有共同经常居所地的，适用共同国籍国法律。

5. 《最高人民法院关于适用〈中华人民共和国民法典〉婚姻家庭编的解释（一）》（2020 年 12 月 29 日）

第四条　当事人仅以民法典第一千零四十三条为依据提起诉讼的，人民法院不予受理；已经受理的，裁定驳回起诉。

◈ 典型案例

1. 崔某某与叶某某及高某某赠与合同纠纷案[①]
——夫妻一方在婚姻关系存续期间违反忠实义务将夫妻共同财产赠与第三人的行为无效，另一方请求第三人全部返还的，人民法院应予支持

◎ 基本案情

崔某某与高某某（男）于 2010 年 2 月登记结婚。婚姻关系存续期间，高某某与叶某某存在不正当关系，并于 2019 年 3 月至 2023 年 9 月向叶某某共转账 73 万元。同期，叶某某向高某某回转 17 万元，实际收取 56 万元。崔某某提起本案诉讼，请求判令叶某某返还崔某某的夫妻共同财产 73 万元。叶某某辩称，高某某转给其的部分款项已消费，不应返还。高某某认可叶某某的主张。

[①] 参见中华人民共和国最高人民法院微信公众号，https://mp.weixin.qq.com/s/_UZqm5bqZ1T87Ulz_BiVLw，最后访问时间：2025 年 2 月 13 日。

◎ **裁判结果**

审理法院认为，在婚姻关系存续期间，夫妻双方未选择其他财产制的情况下，对夫妻共同财产不分份额地共同享有所有权。本案中，高某某未经另一方同意，将夫妻共同财产多次转给与其保持不正当关系的叶某某，违背社会公序良俗，故该行为无效，叶某某应当返还实际收取的款项。对叶某某关于部分款项已消费的主张，不予支持。

◎ **典型意义**

根据《民法典》第一千零四十三条规定，夫妻应当互相忠实，互相尊重，互相关爱。婚姻关系存续期间，夫妻一方为重婚、与他人同居以及其他违反夫妻忠实义务等目的，私自将夫妻共同财产赠与他人，不仅侵害了夫妻共同财产平等处理权，更是一种严重违背公序良俗的行为，法律对此坚决予以否定。权益受到侵害的夫妻另一方主张该民事法律行为无效并请求返还全部财产的，人民法院应予支持。不能因已消费而免除其返还责任。该判决对于贯彻落实婚姻家庭受国家保护的《宪法》和《民法典》基本原则，践行和弘扬社会主义核心价值观具有示范意义。

2. 马某某、段某某诉于某某探望权纠纷案[①]

◎ **基本案情**

原告马某某、段某某系马某甲父母。被告于某某与马某甲原系夫妻关系，两人于2018年2月14日办理结婚登记，2019年6月30日生育女儿马某。2019年8月14日，马某甲在工作时因电击意外去世。目前，马某一直随被告于某某共同生活。原告因探望孙女马某与被告发生矛盾，协商未果，现诉至法院，请求判令：每周五下午六点原告从被告处将马某接走，周日下午六点被告将马某从原告处接回；寒暑假由原告陪伴马某。

---

① 参见中国法院网，https://www.chinacourt.org/article/detail/2023/01/id/7100145.shtml，最后访问时间：2025年2月13日。

◎ **裁判结果**

生效裁判认为，马某某、段某某夫妇老年痛失独子，要求探望孙女是人之常情，符合《民法典》立法精神。马某某、段某某夫妇探望孙女，既可缓解老人丧子之痛，也能使孙女从老人处得到关爱，有利于其健康成长。我国祖孙三代之间的关系十分密切，一概否定（外）祖父母对（外）孙子女的探望权不符合公序良俗。因此，对于马某某、段某某要求探望孙女的诉求，人民法院予以支持。遵循有利于未成年人成长原则，综合考虑马某的年龄、居住情况及双方家庭关系等因素，判决：马某某、段某某对马某享有探望权，每月探望两次，每次不超过五个小时，于某某可在场陪同或予以协助。

◎ **典型意义**

近年来，（外）祖父母起诉要求探视（外）孙子女的案件不断增多，突出反映了社会生活对保障"隔代探望权"的司法需求。《民法典》虽未对隔代探望权作出规定，但《民法典》第十条明确了处理民事纠纷的依据。按照我国风俗习惯，隔代近亲属探望（外）孙子女符合社会广泛认可的人伦情理，不违背公序良俗。本案依法支持原告探望孙女的诉讼请求，符合《民法典》立法目的和弘扬社会主义核心价值观的要求，对保障未成年人身心健康成长和维护老年人合法权益具有积极意义。

第一千零四十四条　收养的基本原则

收养应当遵循最有利于被收养人的原则，保障被收养人和收养人的合法权益。

禁止借收养名义买卖未成年人。

❖ 要点提示

本条是关于收养关系基本原则的规定。所谓"收养法的基本原则"系指一国收养立法的指导性思想，既反映该国设立收养制度的目的，也是人们进行收养活动时所必须遵循的准则，同时还是法院据以裁判收养纠纷的基本依据。

"保障被收养人和收养人的合法权益"则是指导我国收养制度的又一基本原则。因收养关系同样涉及收养人的切身利益，故收养人的合法利益也需得到保障。需要注意的是，基于对收养本质目的的认识，加之"最有利于被收养人"的表述，故对于两大原则顺位的正确理解是"最有利于被收养人的原则与有利于收养人的原则在收养关系中并不是并行的，前者为主，后者为辅"。

本条第二款表明被收养人不是商品，不容买卖。借收养名义进行买卖的实质是买卖而非收养，必须旗帜鲜明地反对并予以禁止。

关联规定

《未成年人保护法》（2024年4月26日）

第三条　国家保障未成年人的生存权、发展权、受保护权、参与权等权利。

未成年人依法平等地享有各项权利，不因本人及其父母或者其他监护人的民族、种族、性别、户籍、职业、宗教信仰、教育程度、家庭状况、身心健康状况等受到歧视。

第四条　保护未成年人，应当坚持最有利于未成年人的原则。处理涉及未成年人事项，应当符合下列要求：

（一）给予未成年人特殊、优先保护；

（二）尊重未成年人人格尊严；

（三）保护未成年人隐私权和个人信息；

（四）适应未成年人身心健康发展的规律和特点；

（五）听取未成年人的意见；

（六）保护与教育相结合。

◆ 典型案例

王某诉彭某、詹某、宁某、第三人某县民政局收养关系纠纷案①
——收养弃婴并办理收养手续的，不宜因公告瑕疵而否定收养行为的效力

◎ 关键词

民事　收养关系　收养行为效力　收养登记效力　公告瑕疵

◎ 基本案情

王某（男）与彭某（女）于2006年登记结婚，双方婚后一直未生育子女。2017年8月初，彭某父亲彭某甲来电称在自家门口捡拾一名出生不久的女婴，询问二人收养意愿。王某、彭某表示愿意收养，遂于8月13日将女婴接至上海共同照顾抚养，并为其取名王某乙。后彭某甲前往某县民政局咨询如何办理收养登记手续。9月6日，彭某甲向某县民政局提交捡拾弃婴报案证明，载明了彭某甲捡拾弃婴的过程，证明人签名认可，并由彭某甲所在社区居委会和某公安派出所签章确认属实。收到该报案证明后，某县民政局于9月10日向彭某甲出具了一份收养公告模板，让彭某甲去某县报社办理公告。后某县民政局工作人员于12月18日前往彭某甲所住厂区进行实地调查，对彭某甲进行调查询问并制作了笔录。12月25日，王某、彭某共同向某县民政局书面申请收养王某乙，并提交各自身份证件、生育情况证明、体检报告等办理收养登记所需证明材料；某县民政局当场对王某、彭某进行收养意愿调查，并制作了询问笔录，王某、彭某表示愿意共同收养王某乙并在笔录上签名确认。12月29日，某县民政局为收养人王某、彭某与被收养人王某乙办理了（2017）某收字第×号收养登记并签发登记证。

2020年4月，彭某以与王某夫妻感情破裂为由向上海市某区人民法院起诉离婚，被判决驳回诉请后，又于2021年1月再次起诉离婚。在此情形下，王某认为其已不适合继续收养王某乙，遂开始寻找王某乙的生父母。后王某获知王某乙的生父母可能为被告詹某、宁某，且经查阅档案发现公

---

① 参见人民法院案例库，入库编号：2023-14-2-025-001。

告时间在收养登记证签发之后，故认为某县民政局在办理收养登记前未依法公告，遂诉至法院请求判令：（1）确认王某、彭某与王某乙之间于2017年所形成的收养关系无效；（2）判令詹某、宁某对王某乙履行抚养义务和监护职责。

诉讼中，彭某与某县民政局提交某县新闻中心收取彭某甲公告费的收据和某县融媒体中心出具的证明显示，公告费支付日期为2018年1月17日，拟证明公告实际发生于办理收养登记之后。被告詹某、宁某经法院传票传唤，未到庭参加诉讼。

江西省景德镇市珠山区人民法院于2021年7月5日作出（2021）赣×××民初××××号民事判决：驳回王某的诉讼请求。一审宣判后，王某不服，提起上诉。江西省景德镇市中级人民法院于2021年11月25日作出（2021）赣02民终×××号民事判决：驳回上诉，维持原判。

◎ **裁判理由**

法院生效裁判认为：收养登记程序包括当事人申请、登记机关审查和办理收养登记三个阶段。在当事人申请阶段，主要是指收养人要提交相关申请和证明材料。在登记审查阶段，审查的内容主要有：申请人是否符合收养人的条件、申请人真实的收养目的、申请人是否具有完全民事行为能力以及被收养人的情况等。法律规定在收养登记之前进行公告，是为了最大可能寻找被收养人的生父母或其他监护人，维护未成年人及其生父母的利益。本案中，王某陈述詹某、宁某是王某乙的生父母，因公告程序倒置而影响生父母的权益，且王某陈述詹某、宁某希望孩子回归身边，但在本案审理过程中，詹某、宁某并未到庭参加诉讼。另据王某陈述，詹某与宁某已经生育两个子女。

王某并无证据证明王某乙不是弃婴，亦不能证明案涉派出所盖章的报案证明和某县民政局所作调查询问笔录内容虚假。相对于被遗弃或在儿童福利机构生活，王某乙能够被王某和彭某收养，得到养父母的关爱，对其成长更为有利，也更有利于社会和谐稳定。《民法典》在对生父母的亲权与未成年人利益的衡量之下，变更了《收养法》关于"弃婴"的要求，取消了对生父母遗弃未成年人的主观意愿的限定,允许对确实查找不到生父母的未成年人进行收养,这也是对未成年人利益最大化原则的要求。本案中,王某作为完全民事行为能力人,自愿与彭某一起收养王某乙并办理收养登记,体现了其对尚处于襁褓之中的王某乙的疼惜。王某乙现已与养父母生活多年,建立起深厚的、难以割舍的感情。如果贸然解除收养关系,必然会对孩子身心健康带来不利影响。为维护未成年人合法权益,宜维持王某乙的生活现状,故法院依法作出如上裁判。

◎ 典型意义

对查找不到生父母的未成年人收养登记前的公告程序,是为了最大可能寻找被收养人的生父母或者其他监护人。民政部门在办理收养登记公告时存在公告倒置等瑕疵,并不影响被收养人事实上处于无人认领的状态;对于收养人符合实质收养要件,并在取得收养登记后与被收养人事实上已形成收养关系的,基于未成年人利益最大化原则考量,人民法院不宜因公告瑕疵而否定收养行为的效力。

第一千零四十五条　亲属、近亲属及家庭成员

> 亲属包括配偶、血亲和姻亲。
> 配偶、父母、子女、兄弟姐妹、祖父母、外祖父母、孙子女、外孙子女为近亲属。
> 配偶、父母、子女和其他共同生活的近亲属为家庭成员。

❖ 要点提示

本条是新增条款,对亲属、近亲属与家庭成员这三个婚姻家庭法律中的基本概念和类型作出了界定。

亲属为有血缘关系或者婚姻关系的人。血缘关系中包括法律拟制的血缘关系。在现代社会,对亲属的分类主要有两种立法例:一种是将亲属分为血亲和姻亲,认为配偶是亲属关系之泉源,但并不是亲属的本体;另一

种则将亲属分为配偶、血亲、姻亲三种。我国采取广义的亲属概念。配偶即夫妻，是男女双方因结婚而形成的亲属关系。血亲是指具有血缘关系的亲属，可分为自然血亲和拟制血亲。姻亲是指以婚姻关系为中介而产生的亲属，但是不包括配偶本身。

根据本条第二款规定，近亲属包括配偶、父母、子女、兄弟姐妹、祖父母、外祖父母、孙子女、外孙子女。

本条第三款则对"家庭成员"的范围进行了明确界定，包括：配偶、父母、子女和其他共同生活的近亲属。可以看到，家庭成员限于近亲属。其中，不论是否共同生活，配偶、父母、子女都属于家庭成员，而其他近亲属则以"共同生活"为前提才属于家庭成员。

❀ 关联规定

1.《民法典》（2020年5月28日）

第七百二十六条 出租人出卖租赁房屋的，应当在出卖之前的合理期限内通知承租人，承租人享有以同等条件优先购买的权利；但是，房屋按份共有人行使优先购买权或者出租人将房屋出卖给近亲属的除外。

出租人履行通知义务后，承租人在十五日内未明确表示购买的，视为承租人放弃优先购买权。

第一千零七十二条 继父母与继子女间，不得虐待或者歧视。

继父或者继母和受其抚养教育的继子女间的权利义务关系，适用本法关于父母子女关系的规定。

第一千零七十四条 有负担能力的祖父母、外祖父母，对于父母已经死亡或者父母无力抚养的未成年孙子女、外孙子女，有抚养的义务。

有负担能力的孙子女、外孙子女，对于子女已经死亡或者子女无力赡养的祖父母、外祖父母，有赡养的义务。

第一千零七十五条 有负担能力的兄、姐，对于父母已经死亡或者父母无力抚养的未成年弟、妹，有扶养的义务。

由兄、姐扶养长大的有负担能力的弟、妹，对于缺乏劳动能力又缺乏生活来源的兄、姐，有扶养的义务。

第一千一百一十一条 自收养关系成立之日起，养父母与养子女间的权利义务关系，适用本法关于父母子女关系的规定；养子女与养父母的近亲属间的权利义务关系，适用本法关于子女与父母的近亲属关系的规定。

养子女与生父母以及其他近亲属间的权利义务关系，因收养关系的成立而消除。

2.《家庭教育促进法》(2021年10月23日)

第二十三条 未成年人的父母或者其他监护人不得因性别、身体状况、智力等歧视未成年人，不得实施家庭暴力，不得胁迫、引诱、教唆、纵容、利用未成年人从事违反法律法规和社会公德的活动。

3.《个人信息保护法》(2021年8月20日)

第四十九条 自然人死亡的，其近亲属为了自身的合法、正当利益，可以对死者的相关个人信息行使本章规定的查阅、复制、更正、删除等权利；死者生前另有安排的除外。

4.《刑事诉讼法》(2018年10月26日)

第一百零八条 本法下列用语的含意是：

(一)"侦查"是指公安机关、人民检察院对于刑事案件，依照法律进行的收集证据、查明案情的工作和有关的强制性措施；

(二)"当事人"是指被害人、自诉人、犯罪嫌疑人、被告人、附带民事诉讼的原告人和被告人；

(三)"法定代理人"是指被代理人的父母、养父母、监护人和负有保护责任的机关、团体的代表；

(四)"诉讼参与人"是指当事人、法定代理人、诉讼代理人、辩护人、证人、鉴定人和翻译人员；

(五)"诉讼代理人"是指公诉案件的被害人及其法定代理人或者近亲属、自诉案件的自诉人及其法定代理人委托代为参加诉讼的人和附带民事诉讼的当事人及其法定代理人委托代为参加诉讼的人；

（六）"近亲属"是指夫、妻、父、母、子、女、同胞兄弟姊妹。

5.《保险法》（2015年4月24日）

第六十二条　除被保险人的家庭成员或者其组成人员故意造成本法第六十条第一款规定的保险事故外，保险人不得对被保险人的家庭成员或者其组成人员行使代位请求赔偿的权利。

6.《外国人在中国永久居留审批管理办法》（2004年8月15日）

第二十七条　本办法中下列用语的含义：

（一）"直系亲属"指父母（配偶的父母）、祖父母（外祖父母）、已满18周岁的成年子女及其配偶、已满18周岁的成年孙子女（外孙子女）及其配偶；

（二）"以上"、"以内"皆包括本数。

7.《最高人民法院关于适用〈中华人民共和国民事诉讼法〉的解释》（2022年4月1日）

第八十五条　根据民事诉讼法第六十一条第二款第二项规定，与当事人有夫妻、直系血亲、三代以内旁系血亲、近姻亲关系以及其他有抚养、赡养关系的亲属，可以当事人近亲属的名义作为诉讼代理人。

8.《最高人民法院关于适用〈中华人民共和国行政诉讼法〉的解释》（2018年2月6日）

第十四条　行政诉讼法第二十五条第二款规定的"近亲属"，包括配偶、父母、子女、兄弟姐妹、祖父母、外祖父母、孙子女、外孙子女和其他具有扶养、赡养关系的亲属。

公民因被限制人身自由而不能提起诉讼的，其近亲属可以依其口头或者书面委托以该公民的名义提起诉讼。近亲属起诉时无法与被限制人身自由的公民取得联系，近亲属可以先行起诉，并在诉讼中补充提交委托证明。

典型案例

曾某甲、曾某乙、曾某、李某某与孙某某婚姻家庭纠纷案①

◎ 基本案情

曾某丙（男）与曾某甲、曾某乙、曾某三人系父子关系，孙某某（女）与李某某系母子关系。2006年，李某某34岁时，曾某丙与孙某某登记结婚。2019年11月4日，曾某丙去世，其单位向孙某某发放一次性死亡抚恤金163536元。曾某丙生前十余年一直与孙某某、李某某共同在李某某所有的房屋中居住生活。曾某丙患有矽肺，孙某某患有（直肠）腺癌，李某某对曾某丙履行了赡养义务。曾某甲三兄弟主张李某某在曾某丙与孙某某结婚时已经成年，双方未形成扶养关系，故李某某不具有上述死亡抚恤金的分配资格。

◎ 裁判理由

生效裁判认为，一次性死亡抚恤金是针对死者近亲属的一种抚恤，应参照继承相关法律规范进行处理。本案应由曾某丙的配偶、子女参与分配，子女包括有扶养关系的继子女。成年继子女对继父母履行了赡养义务的，应认定为有扶养关系的继子女。本案中，曾某丙与孙某某再婚时，李某某虽已成年，但三人共同居住生活在李某某所有的房屋长达十余年，形成了《民法典》第一千零四十五条第三款规定的更为紧密的家庭成员关系，且曾某丙患有矽肺，孙某某患有癌症，二人均需家人照顾，根据案件事实可以认定李某某对曾某丙履行了赡养义务。考虑到孙某某年老患病且缺乏劳动能力，遂判决孙某某享有曾某丙一次性死亡抚恤金40%的份额，李某某与曾某甲三兄弟各享有15%的份额。

◎ 典型意义

本案是人民法院弘扬新时代优良家风，维护尽到赡养义务的成年继子女权益的典型案例。《民法典》明确规定了有扶养关系的继子女与婚生子

---

① 参见中华人民共和国最高人民法院网站，https://www.court.gov.cn/zixun/xiangqing/386521.html，最后访问时间：2025年2月14日。

女、非婚生子女、养子女同属于子女范畴。审理法院依法认定对继父母尽到赡养义务的成年继子女属于有扶养关系的继子女，享有继父母死亡抚恤金分配权，同时确定年老患病的遗孀享有更多分配份额，为弘扬敬老爱老的传统美德，鼓励互助互爱的优良家风提供了现实样例。

第二章 结 婚

第一千零四十六条　结婚自愿

结婚应当男女双方完全自愿，禁止任何一方对另一方加以强迫，禁止任何组织或者个人加以干涉。

要点提示

本条是关于结婚自愿的规定，明确"结婚应当男女双方完全自愿"。本条是《民法典》第一千零四十二条第一款第一句婚姻自由原则的一个面向，也是《民法典》第五条自愿原则在婚姻家庭领域的体现。

本条所规定的内容具体包括：其一，自愿结婚的双方是男女双方，此条实际上明确了异性婚姻规则。其二，结婚必须双方当事人自愿，即双方都要自愿结婚，仅仅一方自愿不能缔结婚姻，缔结婚姻是双方共同意愿的产物，而不是任何单方自愿的结果。其三，作为并非结婚当事人的任何组织或者个人不得影响、干涉双方当事人的结婚意志，不得将自己的意愿强加于结婚当事人。其四，不甚明确的是，本条所指的"自愿"是否以当事人具有完全或限制民事行为能力为前提。从理论上来说，"自愿"即当事人能够表达自己的意愿，若当事人是无民事行为能力人，其因不具有识别能力和判断能力，应认为其不能够形成和表达自己的意愿。

本条从正面规定了结婚的前提条件，违反该条件而缔结的婚姻，适用《民法典》第一千零五十二条的规定，可导致婚姻可撤销，"因胁迫结婚的，受胁迫的一方可以向人民法院请求撤销婚姻"。

关联规定

1.《宪法》(2018年3月11日)

第四十九条 婚姻、家庭、母亲和儿童受国家的保护。

夫妻双方有实行计划生育的义务。

父母有抚养教育未成年子女的义务,成年子女有赡养扶助父母的义务。

禁止破坏婚姻自由,禁止虐待老人、妇女和儿童。

2.《民法典》(2020年5月28日)

第五条 民事主体从事民事活动,应当遵循自愿原则,按照自己的意思设立、变更、终止民事法律关系。

第一百零九条 自然人的人身自由、人格尊严受法律保护。

第一百三十条 民事主体按照自己的意愿依法行使民事权利,不受干涉。

3.《妇女权益保障法》(2022年10月30日)

第六十一条 国家保护妇女的婚姻自主权。禁止干涉妇女的结婚、离婚自由。

4.《未成年人保护法》(2024年4月26日)

第十七条 未成年人的父母或者其他监护人不得实施下列行为:

(一)虐待、遗弃、非法送养未成年人或者对未成年人实施家庭暴力;

(二)放任、教唆或者利用未成年人实施违法犯罪行为;

(三)放任、唆使未成年人参与邪教、迷信活动或者接受恐怖主义、分裂主义、极端主义等侵害;

(四)放任、唆使未成年人吸烟(含电子烟,下同)、饮酒、赌博、流浪乞讨或者欺凌他人;

(五)放任或者迫使应当接受义务教育的未成年人失学、辍学;

（六）放任未成年人沉迷网络，接触危害或者可能影响其身心健康的图书、报刊、电影、广播电视节目、音像制品、电子出版物和网络信息等；

（七）放任未成年人进入营业性娱乐场所、酒吧、互联网上网服务营业场所等不适宜未成年人活动的场所；

（八）允许或者迫使未成年人从事国家规定以外的劳动；

（九）允许、迫使未成年人结婚或者为未成年人订立婚约；

（十）违法处分、侵吞未成年人的财产或者利用未成年人牟取不正当利益；

（十一）其他侵犯未成年人身心健康、财产权益或者不依法履行未成年人保护义务的行为。

5.《涉外民事关系法律适用法》（2010年10月28日）

第二十一条 结婚条件，适用当事人共同经常居所地法律；没有共同经常居所地的，适用共同国籍国法律；没有共同国籍，在一方当事人经常居所地或者国籍国缔结婚姻的，适用婚姻缔结地法律。

典型案例

撤销某民政局颁发的涉案结婚证[①]

◎ 基本案情

原告潘某在多年前丢失的身份证，竟被他人盗用，并被冒用身份与陈某办理了结婚登记。潘某于2020年8月，以结婚登记程序存在瑕疵为由，向涵江法院提起行政诉讼，请求撤销该民政局颁发的结婚证。然而，被告即结婚登记地民政局坚称，登记双方依法提供了结婚登记申请材料，其已履行谨慎审查义务，颁证行为合法，且潘某主张其身份证丢失依据不足，应当驳回诉讼请求。

---

① 参见福建法院网，https://fjfy.fjcourt.gov.cn/article/detail/2021/05/id/6054021.shtml，最后访问时间：2025年3月27日。

◎ **裁判理由**

法院经审理认为，该结婚登记申请材料上潘某签名处的指纹经过鉴定确实不属于潘某本人。经质证，原、被告双方对《鉴定意见书》均无异议。

◎ **裁判结果**

法院合议庭根据《民法典》以及《行政诉讼法》相关规定，当庭判决：撤销某民政局颁发的涉案结婚证。

第一千零四十七条　法定结婚年龄

> 结婚年龄，男不得早于二十二周岁，女不得早于二十周岁。

◎ **要点提示**

本条是关于法定婚龄的规定，明确了缔结婚姻的男女双方能够有效缔结婚姻的最低年龄，"男不得早于二十二周岁，女不得早于二十周岁"。法定婚龄的确定，是考虑自然因素即人的身体发育和智力成熟情况以及社会因素即政治、经济和人口发展情况的综合结果。[①] 本条的年龄限制与《民法典》第十七条和第十八条规定的完全民事行为能力人的年龄限制不同，《民法典》规定十八周岁以上的自然人为成年人，能够辨认自己行为的成年人为完全民事行为能力人。

本条从正面规定了缔结婚姻的前提条件，若办理结婚登记的任意一方当事人未达到法定婚龄，根据《婚姻登记条例》第九条的规定，婚姻登记机关不予登记。若当事人通过伪造证件、冒用证件或者其他途径进行了登记、缔结了婚姻，根据《民法典》第一千零五十一条的规定，"未到法定婚龄的，婚姻无效"。但未达法定婚龄导致的婚姻无效并非不可治愈，根据《最高人民法院关于适用〈中华人民共和国民法典〉婚姻家庭编的解释

---

① 吴高盛主编：《〈中华人民共和国婚姻法〉释义及实用指南》，中国民主法制出版社2014年版，第27页。

(一)》第十条的规定,当事人向人民法院申请宣告婚姻无效的,申请时,法定的无效婚姻情形已经消失的,人民法院不予支持。

❀ 关联规定

1.《涉外民事关系法律适用法》(2010年10月28日)

第二十一条 结婚条件,适用当事人共同经常居所地法律;没有共同经常居所地的,适用共同国籍国法律;没有共同国籍,在一方当事人经常居所地或者国籍国缔结婚姻的,适用婚姻缔结地法律。

2.《婚姻登记条例》(2025年4月6日)

第九条 申请结婚登记的当事人有下列情形之一的,婚姻登记机关不予登记:

(一)未到法定结婚年龄的;

(二)非男女双方完全自愿的;

(三)一方或者双方已有配偶的;

(四)属于直系血亲或者三代以内旁系血亲的。

3.《最高人民法院关于适用〈中华人民共和国民法典〉婚姻家庭编的解释(一)》(2020年12月29日)

第九条 有权依据民法典第一千零五十一条规定向人民法院就已办理结婚登记的婚姻请求确认婚姻无效的主体,包括婚姻当事人及利害关系人。其中,利害关系人包括:

(一)以重婚为由的,为当事人的近亲属及基层组织;

(二)以未到法定婚龄为由的,为未到法定婚龄者的近亲属;

(三)以有禁止结婚的亲属关系为由的,为当事人的近亲属。

◉ 典型案例

为未成年人订婚违法，收受彩礼应依法返还[①]

◉ **关键词**

订立婚约彩礼行为无效　家庭教育

◉ **裁判要点**

父母为未成年人订立婚约的行为违反法律的强制性规定，有违善良风俗和社会道德价值观，应当认定为无效，收受的彩礼根据过错程度依法返还。人民法院依法指导父母不得为未成年人订立婚约，正确履行家庭教育责任。

◉ **基本案情**

李某某和妻子为儿子婚事，经媒人介绍认识许某某、陈某及女儿小花（化名，未成年人）。在媒人见证下，许某某出具《收条》：按照当地习俗收到李某某彩礼10万元，李某某支付10万元。小花留在男方家庭短暂共同生活后，李某某和妻子联系许某某、陈某，要求领小花回家并另行协商。小花回到家中，后许某某向李某某返还彩礼3.5万元。李某某起诉，请求许某某、陈某和小花共同返还彩礼8万元。

◉ **裁判要旨**

法院认为，父母或者其他监护人不得允许、迫使未成年人结婚或者为未成年人订立婚约。小花未满十八周岁，系未成年人，许某某、陈某为小花与李某某的儿子订立婚约，并由李某某交付彩礼的行为，既违反《民法典》《未成年人保护法》等法律的强制性规定，也有违善良风俗和社会道德价值观，该订立婚约的行为应当认定为无效。许某某、陈某作为小花的监护人，应当承担主要过错责任，李某某明知小花系未成年人，仍为儿子与小花订立婚约，自身也存在过错，应承担次要责任。小花系未成年人，受父母意志支配，不应承担退还彩礼的义务。根据《最高人民法院关于审

[①] 参见海南省高级人民法院微信公众号，https://mp.weixin.qq.com/s/FMi5PbqKNLv_kYm-wbfM3sA，最后访问时间：2025年2月14日。

理涉彩礼纠纷案件适用法律若干问题的规定》第四条的规定，许某某、陈某共同收受彩礼，应共同退还彩礼。李某某已支付彩礼 10 万元，许某某已返还 3.5 万元，剩余 6.5 万元因李某某自身存在过错扣减 5000 元，许某某、陈某还须共同向李某某返还彩礼 6 万元。

针对许某某、陈某的失职行为，法院发出《家庭教育指导令》，责令二人不得为未成年女儿小花订立婚约，并关注小花的生理、心理健康状况和情感需求，履行好家庭教育责任。

◎ **典型意义**

近年来，婚约财产纠纷案件数量走高，持续引发社会热议。法院裁判应立足社会现实，注重通过案件审判，引导人们向上向善向美，倡导建立平等、和睦、文明，以感情为基础的婚姻家庭关系，坚决反对包办、买卖婚姻，反对借婚姻索取财物。案例中，许某某、陈某为未成年人小花订立婚约，违反法律的强制性规定，属无效行为，收取的彩礼应当依法返还。实践中，彩礼金额的确定、支付和收取不局限于婚约男女双方本人，往往涉及两个家庭，收付彩礼的父母依法可以成为当事人，承担责任，法院据此判决许某某、陈某共同返还彩礼。许某某、陈某包办婚姻，错误实施家庭教育已侵害小花的合法权益。法院在作出判决的同时，向许某某、陈某发放《家庭教育指导令》，为其上了一堂未成年人权益保护的法治教育课，引导父母从子女家庭幸福长远打算，理性对待彩礼，以实际行动营造健康、节俭、文明的婚嫁新风。

第一千零四十八条　禁止结婚的情形

直系血亲或者三代以内的旁系血亲禁止结婚。

◆ **要点提示**

本条是关于近亲结婚禁止的规定，明确了"直系血亲或者三代以内的旁系血亲禁止结婚"。禁止血亲结婚是优生的要求。[①] 删除了禁止结婚的第二种情形，即患有医学上认为不应当结婚的疾病，体现了民法对于当事人结婚基本权利的尊重和保护。

其一，各代直系血亲之间皆禁止结婚，直系血亲是指具有直接血缘关系的亲属，即生育自己和自己所生育的上下各代的亲属。我国理论上认为，基于伦理的要求，拟制直系血亲之间禁止结婚。

其二，三代以内旁系血亲禁止结婚。旁系血亲指的是具有间接血缘联系的亲属，即非直系血亲而在血缘上和自己同出一源的亲属。我国使用日常生活习惯中的用法来计算代际，兄弟姐妹在日常生活中是一代人，同源于祖父母、外祖父母，为三代以内旁系血亲。

其三，子女被他人收养后，消除的只是法律上的权利义务关系，但是子女和生父母之间、子女和原本的旁系血亲之间仍然是自然血亲关系，因此本条在他们之间也仍然适用。[②]

其四，本条规定了缔结婚姻的禁止要件，若办理结婚登记的双方当事人属于直系血亲或者三代以内的旁系血亲的，根据《婚姻登记条例》第九条的规定，婚姻登记机关不予登记。若登记机关进行了登记、当事人缔结了婚姻，根据《民法典》第一千零五十一条的规定，婚姻无效。

关联规定

1.《民法典》（2020年5月28日）

第一千二百五十九条　民法所称的"以上"、"以下"、"以内"、"届满"，包括本数；所称的"不满"、"超过"、"以外"，不包括本数。

2.《涉外民事关系法律适用法》（2010年10月28日）

第二十一条　结婚条件，适用当事人共同经常居所地法律；没有共同经常居所地的，适用共同国籍国法律；没有共同国籍，在一方当事人经常

---

① 黄薇主编：《中华人民共和国民法典婚姻家庭编解读》，中国法制出版社2020年版，第40页。
② 参见马忆南：《婚姻家庭继承法学》，北京大学出版社2019年版，第167页。

居所地或者国籍国缔结婚姻的，适用婚姻缔结地法律。

3.《婚姻登记条例》（2025年4月6日）

第九条 申请结婚登记的当事人有下列情形之一的，婚姻登记机关不予登记：

（一）未到法定结婚年龄的；

（二）非男女双方完全自愿的；

（三）一方或者双方已有配偶的；

（四）属于直系血亲或者三代以内旁系血亲的。

典型案例

欧某甲与邱某乙婚姻无效纠纷案[①]

◎ 案件详情

一审法院认定事实：欧某甲的父亲欧某丙与邱某乙的母亲欧某丁系同胞兄妹关系，欧某甲、邱某乙系表兄妹关系。欧某甲与邱某乙于2014年3月13日在重庆市黔江区民政局登记结婚，双方共同生活期间，于2012年10月6日生育长女邱某、次女邱某某。2020年10月，购买车牌号为渝H83×某某的小汽车一辆，首付58000元，贷款66000元，车辆按揭贷款尚未还清。位于某街1××号的自建房屋一栋，系在邱某乙父母原有房屋基础上拆危重建，修建于2014年至2015年，无产权证。

欧某甲陈述，现在在某服装厂务工，每月收入2000元左右，在外租房居住。邱某乙陈述，常年在外务工，每月收入6000元至8000元，邱某、邱某某随爷爷奶奶一起生活。庭审中，邱某陈述如果父母分开，愿意跟随父亲一起生活。

诉讼过程中，双方确认车牌号为渝H83×某某的小汽车为共同财产，并就该车辆的分割达成一致意见，该车辆归邱某乙所有，车辆尚欠贷款由

[①] 参见（2023）渝04民终502号民事判决书，载中国裁判文书网，最后访问时间：2025年4月24日。

邱某乙偿还，由邱某乙补偿欧某甲15000元。同时，欧某甲确认位于某街1××号的房屋不属于欧某甲、邱某乙的共有财产，不在本案中处理。

根据《民法典》第一千零四十八条"直系血亲或者三代以内的旁系血亲禁止结婚"，第一千零五十一条"有下列情形之一的，婚姻无效：（一）重婚；（二）有禁止结婚的亲属关系；（三）未到法定婚龄"之规定，欧某甲与邱某乙系表兄妹关系，属于三代以内旁系血亲，双方之间的婚姻自始无效，故对欧某甲提出确认双方之间的婚姻无效的诉求，予以支持。

其次，关于同居期间生育的邱某、邱某某的抚养问题，遵循最有利于未成年子女的原则。结合双方工作收入水平、居住条件、教育环境等因素，邱某、邱某某随邱某乙一起生活更有利于其成长，对欧某甲提出长女邱某归抚养，次女邱某某归欧某甲抚养的诉请，本院不予支持。对于子女抚养费问题，邱某乙明确表示不要求欧某甲支付抚养费，系对其权利的选择，予以确认。

最后，关于双方同居期间共有财产分割事宜，欧某甲、邱某乙双方就共有财产已协商一致，即车牌号为渝H83×某某的小汽车归邱某乙所有，车辆尚欠贷款由邱某乙偿还，由邱某乙补偿欧某甲15000元。另外，位于某街1××号的自建房屋不属于双方共有财产，本案不予处理。双方关于共有财产达成的前述意见未违反法律的禁止性规定，予以确认。据此，法院判决如下：一、欧某甲与邱某乙的婚姻无效；二、邱某、邱某某随邱某乙一起生活至年满十八周岁，欧某甲不支付抚养费；三、车牌号为渝H83×某某的小汽车归邱某乙所有，车辆尚欠贷款由邱某乙偿还，邱某乙于判决生效后五日内补偿欧某甲15000元；四、驳回欧某甲的其他诉讼请求。

二审中，上诉人欧某甲向本院举示新的证据：1. 某幼儿园的证明；2. 上诉人母亲自书证明；3. 上诉人劳动活动以及收入证明；4. 上诉人兄弟的房产证以及上诉人父母的户口簿。本院已组织质证并记录在卷。本院经审查认为，以上证据虽真实有效，但达不到上诉人的证明目的，本院不予采信。

被上诉人邱某乙未向本院举示新的证据。

二审法院另查明：庭审中欧某甲、邱某乙就子女抚养和财产分割达成了一致意见，双方同居期间生育的女儿邱某随邱某乙共同生活，邱某某随欧某甲共同生活，双方互不支付抚养费。车牌号为渝 H83×某某的小汽车归邱某乙所有，车辆尚欠贷款由邱某乙偿还，邱某乙补偿欧某甲 15000 元。位于某街 1×× 号的自建房屋一栋欧某甲自愿放弃对该房屋的分割，以后也不再提起分割诉讼。本院查明的其他事实与一审查明的一致。

根据《民法典》第一千零四十八条"直系血亲或者三代以内的旁系血亲禁止结婚"，第一千零五十一条"有下列情形之一的，婚姻无效：（一）重婚；（二）有禁止结婚的亲属关系；（三）未到法定婚龄"之规定，欧某甲与邱某乙系表兄妹关系，属于三代以内旁系血亲，故欧某甲、邱某乙之间的婚姻自始无效。至于欧某甲、邱某乙之间的子女抚养和财产分割问题，因双方在庭审中已经达成了一致意见，该意见是双方的真实意思表示且未损害国家利益、社会公共利益或者他人合法权益，本院予以认可。

综上所述，本案二审中出现了新的事实，致使本院对一审判决予以改判。

◎ **裁判结果**

法院判决如下：一、欧某甲与邱某乙的婚姻无效；二、邱某随邱某乙共同生活，邱某某随欧某甲共同生活，欧某甲与邱某乙双方互不支付抚养费；三、车牌号为渝 H83×某某的小汽车归邱某乙所有，车辆尚欠贷款由邱某乙偿还，邱某乙于本判决生效后十日内补偿欧某甲 15000 元；四、驳回欧某甲的其他诉讼请求。

第一千零四十九条　结婚登记

要求结婚的男女双方应当亲自到婚姻登记机关申请结婚登记。符合本法规定的，予以登记，发给结婚证。完成结婚登记，即确立婚姻关系。未办理结婚登记的，应当补办登记。

要点提示

本条是关于婚姻成立要件的规定，未办理结婚登记的，应当补办登记。登记是婚姻成立的必要条件。

首先，要求结婚的主体只能是男女双方，《民法典》所指的婚姻是男女两性结合的异性婚姻。

其次，双方当事人要到婚姻登记机关申请结婚登记。双方当事人在婚姻登记机关申请结婚登记的行为体现的是当事人缔结婚姻的意思表示，即婚姻家庭法理论上所说的婚意。该意思表示必须满足以下要求：其一，意思表示必须由双方当事人亲自作出。其二，双方当事人必须在婚姻登记机关作出缔结婚姻的意思表示。其三，当事人作出的缔结婚姻的意思表示不得附条件或附期限，否则与婚姻制度内在的终身结合要素相违背。

再次，登记机关完成结婚登记，即确立婚姻关系。登记是婚姻成立的法定要件。根据本条规定，我国并不承认未经登记的事实婚姻。

最后，有关结婚登记的具体的程序性规定参见《婚姻登记条例》和《婚姻登记工作规范》，二者规定了有权办理婚姻登记的机关、当事人办理结婚登记所需要的材料以及具体的结婚登记程序。实践中，常见的结婚登记程序存在瑕疵的案例类型是缔结婚姻的当事人一方以伪造、变造或者冒用证件等方式骗取婚姻登记，被冒用人可以依法申请行政复议或者行政诉讼，请求撤销结婚登记。

关联规定

1.《民法典》（2020 年 5 月 28 日）

第一百六十一条　民事主体可以通过代理人实施民事法律行为。

依照法律规定、当事人约定或者民事法律行为的性质，应当由本人亲自实施的民事法律行为，不得代理。

2.《涉外民事关系法律适用法》（2010 年 10 月 28 日）

第二十二条　结婚手续，符合婚姻缔结地法律、一方当事人经常居所地法律或者国籍国法律的，均为有效。

3.《婚姻登记条例》（2025年4月6日）

第二条 内地居民办理婚姻登记的机关是县级人民政府民政部门或者省、自治区、直辖市人民政府按照便民原则确定的乡（镇）人民政府。

中国公民同外国人，内地居民同香港特别行政区居民（以下简称香港居民）、澳门特别行政区居民（以下简称澳门居民）、台湾地区居民（以下简称台湾居民）、华侨办理婚姻登记的机关是省、自治区、直辖市人民政府民政部门或者省、自治区、直辖市人民政府民政部门确定的机关。

第三条 县级以上地方人民政府应当采取措施提升婚姻登记服务水平，加强对婚姻登记场所的规范化、便利化建设，为办理婚姻登记提供保障。

第四条 国务院民政部门统筹规划、完善全国婚姻基础信息库，会同外交、公安等有关部门以及最高人民法院建立健全信息共享机制，保障婚姻信息准确、及时、完整、安全。省、自治区、直辖市人民政府民政部门负责统筹本地区婚姻登记信息系统的建设、管理、维护和信息安全工作。

第五条 县级以上地方人民政府应当加强综合性婚姻家庭服务指导工作和婚姻家庭辅导服务体系建设，治理高额彩礼问题，倡导文明婚俗，促进家庭和谐，引导树立正确的婚恋观、生育观、家庭观。

婚姻登记机关应当提供婚姻家庭辅导服务，充分发挥婚姻家庭辅导师等专业人员和其他社会力量在婚前教育、婚姻家庭关系辅导等方面的作用。妇女联合会等组织协助和配合婚姻登记机关开展婚姻家庭辅导服务。

民政部门应当加强婚姻家庭辅导服务专业人员队伍建设，组织开展婚姻家庭辅导师职业培训，持续提升婚姻家庭辅导服务专业人员的职业素质和业务技能水平。

第六条 婚姻登记机关从事婚姻登记的工作人员应当接受婚姻登记业务培训，依照有关规定经考核合格，方可从事婚姻登记工作。

婚姻登记机关办理婚姻登记，不得收取费用。

婚姻登记机关及其工作人员在婚姻登记工作中发现疑似被拐卖、绑架的妇女的，应当依法及时向有关部门报告；发现当事人遭受家庭暴力或者面临家庭暴力的现实危险的，应当及时劝阻并告知受害人寻求救助的途径。

婚姻登记机关及其工作人员应当对在婚姻登记工作中知悉的个人隐私、个人信息予以保密，不得泄露或者向他人非法提供。

第七条 内地居民结婚，男女双方应当亲自到婚姻登记机关共同申请结婚登记。

中国公民同外国人在中国内地结婚的，内地居民同香港居民、澳门居民、台湾居民、华侨在中国内地结婚的，男女双方应当亲自到本条例第二条第二款规定的婚姻登记机关共同申请结婚登记。

婚姻登记机关可以结合实际为结婚登记当事人提供预约、颁证仪式等服务。鼓励当事人邀请双方父母等参加颁证仪式。

第八条 申请结婚登记的内地居民应当出具下列证件和书面材料：

（一）本人的居民身份证；

（二）本人无配偶以及与对方当事人没有直系血亲和三代以内旁系血亲关系的签字声明。

申请结婚登记的香港居民、澳门居民、台湾居民应当出具下列证件和书面材料：

（一）本人的有效通行证或者港澳台居民居住证、身份证；

（二）经居住地公证机构公证的本人无配偶以及与对方当事人没有直系血亲和三代以内旁系血亲关系的声明。

申请结婚登记的华侨应当出具下列证件和书面材料：

（一）本人的有效护照；

（二）居住国公证机构或者有权机关出具的、经中华人民共和国驻该国使（领）馆认证的本人无配偶以及与对方当事人没有直系血亲和三代以内旁系血亲关系的证明，或者中华人民共和国驻该国使（领）馆出具的本人无配偶以及与对方当事人没有直系血亲和三代以内旁系血亲关系的证明。中华人民共和国缔结或者参加的国际条约另有规定的，按照国际条约规定的证明手续办理。

申请结婚登记的外国人应当出具下列证件和书面材料：

（一）本人的有效护照或者其他有效的国际旅行证件，或者外国人永久居留身份证等中国政府主管机关签发的身份证件；

（二）所在国公证机构或者有权机关出具的、经中华人民共和国驻该国使（领）馆认证或者该国驻华使（领）馆认证的本人无配偶的证明，或者所在国驻华使（领）馆出具的本人无配偶的证明。中华人民共和国缔结或者参加的国际条约另有规定的，按照国际条约规定的证明手续办理。

申请结婚登记的当事人对外国主管机关依据本条第三款、第四款提及的国际条约出具的证明文书的真实性负责，并签署书面声明。

第九条 申请结婚登记的当事人有下列情形之一的，婚姻登记机关不予登记：

（一）未到法定结婚年龄的；

（二）非男女双方完全自愿的；

（三）一方或者双方已有配偶的；

（四）属于直系血亲或者三代以内旁系血亲的。

第十条 婚姻登记机关应当核对结婚登记当事人出具的证件、书面材料，询问相关情况，并对当事人的身份以及婚姻状况信息进行联网核对，依法维护当事人的权益。对当事人符合结婚条件的，应当当场予以登记，发给结婚证；对当事人不符合结婚条件不予登记的，应当向当事人说明理由。

第十一条 要求结婚的男女双方未办理结婚登记的，应当补办登记。男女双方补办结婚登记的，适用本条例结婚登记的规定。

4.《婚姻登记档案管理办法》（2006 年 1 月 23 日）

第二条 婚姻登记档案是婚姻登记机关在办理结婚登记、撤销婚姻、离婚登记、补发婚姻登记证的过程中形成的具有凭证作用的各种记录。

5.《中国边民与毗邻国边民婚姻登记办法》（2012年8月8日）

第一条 为规范边民婚姻登记工作，保护婚姻当事人的合法婚姻权益，根据《中华人民共和国婚姻法》、《婚姻登记条例》，制定本办法。

6.《最高人民法院关于适用〈中华人民共和国民法典〉婚姻家庭编的解释（一）》（2020年12月29日）

第六条 男女双方依据民法典第一千零四十九条规定补办结婚登记的，婚姻关系的效力从双方均符合民法典所规定的结婚的实质要件时起算。

第七条 未依据民法典第一千零四十九条规定办理结婚登记而以夫妻名义共同生活的男女，提起诉讼要求离婚的，应当区别对待：

（一）1994年2月1日民政部《婚姻登记管理条例》公布实施以前，男女双方已经符合结婚实质要件的，按事实婚姻处理。

（二）1994年2月1日民政部《婚姻登记管理条例》公布实施以后，男女双方符合结婚实质要件的，人民法院应当告知其补办结婚登记。未补办结婚登记的，依据本解释第三条规定处理。

第八条 未依据民法典第一千零四十九条规定办理结婚登记而以夫妻名义共同生活的男女，一方死亡，另一方以配偶身份主张享有继承权的，依据本解释第七条的原则处理。

❀ 典型案例

广东省阳春市人民法院适用《民法典》婚姻家庭第一案[①]

◎ **案情简介**

原告张某某，男，现年75岁，与被告李某，女，现年80岁，在1966年1月经媒人介绍相识，并确立恋爱关系，在双方没有完全了解的情况下，就于1966年2月开始同居生活，双方共同生育六个子女。

[①] 参见阳江市普及法律常识领导小组办公室官方微信公众号，https://mp.weixin.qq.com/s/Hl3BADyg2LdUdxbxZ-V4xg，最后访问时间：2025年3月27日。

由于双方婚前缺乏了解，没有婚姻基础，加上双方的性格和爱好各异，又没有共同语言，所以一直无法建立夫妻感情，原、被告一直无法沟通。

因当时子女多，家庭经济又十分困难，所以被告在1982年带小儿子张×离开原告，此后一直没有联系，现夫妻之间实属名存实亡，夫妻感情已彻底破裂，没有和好的可能，为解脱双方的痛苦，向法院起诉。

◎ 调查与处理

广东省阳春市人民法院于2020年12月2日立案受理后，依法适用简易程序，于2020年12月29日不公开开庭进行了审理。根据当事人陈述和经审查确认的证据，原、被告至今未到民政部门办理结婚登记。原、被告在婚姻关系存续期间没有夫妻共同的债权债务。被告经广东省阳春市人民法院合法传唤没有到庭参加诉讼，庭审结束后，被告向法院提交了书面的答辩意见，认为原、被告的夫妻感情已经破裂，同意与原告离婚。原、被告共同确认登记在原告名下两栋房屋归原告所有；登记在被告名下一栋房屋归被告所有。2021年1月4日，广东省阳春市人民法院依法判决两人离婚。

◎ 法律分析

根据《最高人民法院关于适用〈中华人民共和国民法典〉婚姻家庭编的解释（一）》第七条"未依据民法典第一千零四十九条规定办理结婚登记而以夫妻名义共同生活的男女，提起诉讼要求离婚的，应当区别对待：（一）1994年2月1日民政部《婚姻登记管理条例》公布实施以前，男女双方已经符合结婚实质要件的，按事实婚姻处理"的规定，原、被告在同居生活时已经符合结婚实质要件，双方虽未到民政部门办理结婚登记，但已经构成事实婚姻。现原告请求与被告离婚，被告认为原、被告已经分居多年，也同意离婚，故原告请求与被告离婚，法院依法应予支持。

同时，由于原、被告共同确认登记在原告名下两栋房屋归原告所有；登记在被告名下一栋房屋归被告所有。故本案不涉及财产分割问题。被告经法院合法传唤，无正当理由拒不到庭参加诉讼，法院依法缺席判决。

最终，法院判决准许原告张某某与被告李某离婚。

◎ **典型意义**

《民法典》在中国特色社会主义法律体系中具有重要地位，是一部固根本、稳预期、利长远的基础性法律，具有重大意义。如今我们已经进入《民法典》时代，更要学好、用好《民法典》，切实保护人民群众的合法权益。本案适用了《民法典》关于诉讼离婚的规定、《最高人民法院关于适用〈中华人民共和国民法典〉婚姻家庭编的解释（一）》的规定，在阳春市范围内尚属首例。

第一千零五十条 　婚后双方互为家庭成员

> 登记结婚后，按照男女双方约定，女方可以成为男方家庭的成员，男方可以成为女方家庭的成员。

✱ **要点提示**

本条规定家庭的组成可以由男女双方进行约定，且男女平等，女方可以成为男方家庭的成员，男方可以成为女方家庭的成员，不应歧视到男方家庭的女方成员，也不应歧视到女方家庭的男方成员。在旧的婚姻制度下，入赘到女方家的男方往往受到歧视，《民法典》对这样的旧观念和态度持否定态度。① 当然，随着经济的发展和观念的更新，越来越多的人在结婚时选择了男女双方另行组成新的小家庭的模式，而不选择成为一方家庭的成员。② 实践中，男方成为女方的家庭成员还是女方成为男方的家庭成员，往往表现为男方将户口迁入女方或女方将户口迁入男方。

---

① 参见黄薇主编：《中华人民共和国民法典婚姻家庭编解读》，中国法制出版社2020年版，第48页。
② 吴高盛主编：《〈中华人民共和国婚姻法〉释义及实用指南》，中国民主法制出版社2014年版，第41页。

关联规定

1.《民法典》（2020年5月28日）

第一千零七十二条　继父母与继子女间，不得虐待或者歧视。

继父或者继母和受其抚养教育的继子女间的权利义务关系，适用本法关于父母子女关系的规定。

2.《妇女权益保障法》（2022年10月30日）

第六十条　国家保障妇女享有与男子平等的婚姻家庭权利。

典型案例

赵某诉王某某离婚纠纷案①

◎ **基本案情**

王某某原户籍为天津市某村。2001年，王某某与妻子翟某某在天津市登记结婚，婚后生育一子。王某某通过其他途径在山东省办理新的身份证号码并落户。基于其新的身份信息，2015年在其与妻子翟某某婚姻关系存续期间，王某某再次用新的身份信息与赵某登记结婚，并育有一子小王，两人以夫妻名义在天津共同生活。2017年，王某某所在村拆迁，与他分居多年的翟某某听到消息后返回村中，发现其重婚事实。同年因犯重婚罪，王某某被判处刑罚，王某某与翟某某调解离婚。2021年1月8日，赵某向法院起诉，请求确认婚姻无效，主张两人非婚生子的抚养权，并主张精神损害抚慰金50000元，称其在不知情的情况下与王某某结婚生子，王某某的欺骗行为使其遭受了巨大的精神打击。

◎ **裁判结果**

一审判决认为，王某某在与翟某某婚姻存续期间，以山东省的户籍信息与赵某在天津市登记结婚，以夫妻名义共同生活，并育有一子。2017年

---

① 参见天津法院网，https：//tjfy.tjcourt.gov.cn/article/detail/2021/11/id/6349420.shtml，最后访问时间：2025年2月14日。

王某某犯重婚罪，被判处有期徒刑八个月，缓刑一年。赵某与王某某的婚姻关系自始没有法律约束力，赵某要求确认与王某某的婚姻关系无效的诉讼请求，法院予以支持，确定双方非婚生子由赵某直接抚养。王某某的重婚行为导致双方的婚姻无效，给赵某的身心造成了伤害，赵某作为无过错方要求王某某支付精神抚慰金50000元不违反法律规定，予以支持。一审判决后，当事人均未提起上诉。

◎ 典型意义

婚姻无效或者被撤销的，无过错方有权请求损害赔偿，这是《民法典》婚姻家庭编的内容。我国实行一夫一妻的婚姻制度，重婚行为不但侵犯无过错方的配偶权，也严重破坏婚姻家庭关系的稳定。对重婚行为人依法追究刑事责任的同时，还可以依据《民法典》的规定，判令其向无过错方承担损害赔偿责任。本案中，王某某在与他人婚姻关系存续期间隐瞒已婚事实与赵某登记结婚，其重婚行为构成犯罪被判处刑事处罚，同时其与赵某的婚姻关系应属无效。因此赵某主张确认婚姻无效并要求王某某给予精神损害赔偿，理由正当，于法有据。本案适用《民法典》关于无过错方可以依法请求损害赔偿的规定，体现了对婚姻关系中，无过错方合法权益的充分保障。

第一千零五十一条 婚姻无效的情形

有下列情形之一的，婚姻无效：

（一）重婚；

（二）有禁止结婚的亲属关系；

（三）未到法定婚龄。

◆ 要点提示

本条是对婚姻无效事由的规定，重婚、有禁止结婚的亲属关系以及未到法定婚龄可导致婚姻无效。

首先，重婚是导致婚姻无效的事由。重婚，即有配偶者又与第三人缔结婚姻关系，这违背了《民法典》第一千零四十一条规定的一夫一妻制度。《民法典》规定的重婚仅指存在双重或多重登记婚姻的情形，双重或多重"事实婚姻"并不构成此处的重婚。

其次，有禁止结婚的亲属关系是导致婚姻无效的事由。《民法典》第一千零四十八条规定了近亲结婚禁止规则，直系血亲或者三代以内的旁系血亲禁止结婚，而本条则是规定了违反该禁止要件的法律效果，即婚姻无效。

再次，未到法定婚龄是导致婚姻无效的事由。《民法典》第一千零四十七条规定了法定婚龄，男不得早于二十二周岁，女不得早于二十周岁，若缔结婚姻的任何一方当事人未到法定婚龄结婚，则属于此条规定的婚姻无效的情形。

最后，本条是关于婚姻无效事由的封闭性规定，从法条构造上来看，本条以完全列举的方式明确限定仅重婚、有禁止结婚的亲属关系和未到法定婚龄为婚姻无效的事由，不存在适用《民法典》总则编第一百四十六条和第一百五十三条规定的可能性。法律严格限制可以导致婚姻无效的事由，体现了对于当事人结婚自由的保护，也有利于维护婚姻关系的稳定性。

❖ 关联规定

1.《民法典》（2020 年 5 月 28 日）

第一百五十三条 违反法律、行政法规的强制性规定的民事法律行为无效。但是，该强制性规定不导致该民事法律行为无效的除外。

违背公序良俗的民事法律行为无效。

第一千零五十四条 无效的或者被撤销的婚姻自始没有法律约束力，当事人不具有夫妻的权利和义务。同居期间所得的财产，由当事人协议处理；协议不成的，由人民法院根据照顾无过错方的原则判决。对重婚导致的无效婚姻的财产处理，不得侵害合法婚姻当事人的财产权益。当事人所生的子女，适用本法关于父母子女的规定。

婚姻无效或者被撤销的，无过错方有权请求损害赔偿。

2.《最高人民法院关于适用〈中华人民共和国民法典〉婚姻家庭编的解释（二）》（2025年1月15日）

第一条　当事人依据民法典第一千零五十一条第一项规定请求确认重婚的婚姻无效，提起诉讼时合法婚姻当事人已经离婚或者配偶已经死亡，被告以此为由抗辩后一婚姻自以上情形发生时转为有效的，人民法院不予支持。

3.《最高人民法院关于适用〈中华人民共和国民法典〉婚姻家庭编的解释（一）》（2020年12月29日）

第九条　有权依据民法典第一千零五十一条规定向人民法院就已办理结婚登记的婚姻请求确认婚姻无效的主体，包括婚姻当事人及利害关系人。其中，利害关系人包括：

（一）以重婚为由的，为当事人的近亲属及基层组织；

（二）以未到法定婚龄为由的，为未到法定婚龄者的近亲属；

（三）以有禁止结婚的亲属关系为由的，为当事人的近亲属。

第十条　当事人依据民法典第一千零五十一条规定向人民法院请求确认婚姻无效，法定的无效婚姻情形在提起诉讼时已经消失的，人民法院不予支持。

第十一条　人民法院受理请求确认婚姻无效案件后，原告申请撤诉的，不予准许。

对婚姻效力的审理不适用调解，应当依法作出判决。

涉及财产分割和子女抚养的，可以调解。调解达成协议的，另行制作调解书；未达成调解协议的，应当一并作出判决。

第十二条　人民法院受理离婚案件后，经审理确属无效婚姻的，应当将婚姻无效的情形告知当事人，并依法作出确认婚姻无效的判决。

第十三条　人民法院就同一婚姻关系分别受理了离婚和请求确认婚姻无效案件的，对于离婚案件的审理，应当待请求确认婚姻无效案件作出判决后进行。

第十四条　夫妻一方或者双方死亡后，生存一方或者利害关系人依据民法典第一千零五十一条的规定请求确认婚姻无效的，人民法院应当受理。

第十五条　利害关系人依据民法典第一千零五十一条的规定，请求人民法院确认婚姻无效的，利害关系人为原告，婚姻关系当事人双方为被告。

夫妻一方死亡的，生存一方为被告。

第十六条　人民法院审理重婚导致的无效婚姻案件时，涉及财产处理的，应当准许合法婚姻当事人作为有独立请求权的第三人参加诉讼。

第十七条　当事人以民法典第一千零五十一条规定的三种无效婚姻以外的情形请求确认婚姻无效的，人民法院应当判决驳回当事人的诉讼请求。

当事人以结婚登记程序存在瑕疵为由提起民事诉讼，主张撤销结婚登记的，告知其可以依法申请行政复议或者提起行政诉讼。

◈ 典型案例

张某诉李某离婚纠纷案[1]

◎ 基本案情

原告张某在起诉状中要求与被告李女士离婚，并提供了李女士的身份证复印件、户口簿，以及张某与李女士于2013年10月在安徽省登记结婚的相关材料。张某提出离婚的理由是：其与李女士是2013年在安徽省经人介绍相识，并于同年10月登记结婚，结婚一年后，李女士负气离家出走，至今一直未回来。

为了澄清事实，李女士按时参加了庭审，到庭后发现并不认识原告张某。李女士向法庭提交了户口簿、结婚登记材料及《出生医学证明》，证明原告张某提交的户口簿是伪造的，自己从2013年4月起至今与王某一直处于婚姻登记状态，同年7月生育一女。

---

[1] 参见中国法院网，https://www.chinacourt.org/article/detail/2023/05/id/7273420.shtml，最后访问时间：2025年2月14日。

法院经审理认为，李女士曾于2010年11月将居民身份证遗失，并于2010年11月在报纸刊登遗失声明。庭审中，原告张某与被告李女士均确认相互不认识。2013年10月与原告张某在安徽省某市民政局登记结婚的"李女士"，并非本案被告李女士，属于他人冒用本案被告李女士身份与原告张某进行的结婚登记。原告张某起诉要求与被告李女士离婚，因被告的主体不适格，不符合《民事诉讼法》第一百二十二条规定的起诉条件，本院应依法驳回原告张某的起诉。原告张某可向婚姻登记机关所在地法院提起行政诉讼，撤销该婚姻登记行为。

◎ **典型意义**

《民法典》规定的有效婚姻，应是满足婚姻的实质要件，即男女双方有结婚的合意、达到最低婚龄、无禁止结婚的情形、一夫一妻，还应满足婚姻的形式要件，即登记。可见，李女士这样身份被他人冒用，因与对方并无结婚的合意，甚至素不相识，该婚姻是不满足有效婚姻的要件的。

但《民法典》第一千零五十一条仅列举规定了三种无效婚姻的情形，即重婚、有禁止结婚的亲属关系以及未到法定婚龄。《最高人民法院关于适用〈中华人民共和国民法典〉婚姻家庭编的解释（一）》第十七条第一款规定："当事人以民法典第一千零五十一条规定的三种无效婚姻以外的情形请求确认婚姻无效的，人民法院应当判决驳回当事人的诉讼请求。"

显然，李女士这样身份被他人冒用的情形，并不属于无效婚姻的情形，也不符合起诉离婚的条件，遇到这样的情况，建议当事人通过行政复议或提起行政诉讼方式来获得救济。身份证是证明持有人身份的法定证件，包含非常重要的个人信息。一旦丢失被不法分子利用，会给自己及他人的生活和工作带来不小的麻烦，身份证丢失后，应及时办理挂失。

第一千零五十二条　胁迫婚姻

因胁迫结婚的，受胁迫的一方可以向人民法院请求撤销婚姻。

> 请求撤销婚姻的，应当自胁迫行为终止之日起一年内提出。
>
> 被非法限制人身自由的当事人请求撤销婚姻的，应当自恢复人身自由之日起一年内提出。

☀ 要点提示

本条是对可撤销婚姻制度的规定，明确了胁迫结婚是导致婚姻可撤的事由、可以请求撤销婚姻的权利人、受理婚姻撤销事宜的权力机关以及可以请求撤销婚姻的除斥期间。只有人民法院是可以撤销婚姻的权力机关，婚姻登记机关不再具有撤销婚姻的权限。

首先，缔结婚姻的当事人受胁迫缔结的婚姻为可撤销婚姻。构成受胁迫缔结婚姻应满足以下要件：其一，存在胁迫行为；其二，被胁迫人因胁迫行为而产生恐惧；其三，被胁迫人因为恐惧，在违反自己真实意愿的情况下与另一方缔结婚姻关系。其四，胁迫行为人具有胁迫的故意，胁迫人旨在通过其胁迫行为干涉被胁迫人的意思自由。[1]

其次，有权请求撤销婚姻的权利人为受胁迫缔结婚姻的一方，婚姻关系中的另一方或者任何其他人均没有申请撤销该婚姻的权利。在婚姻无效制度中，导致婚姻无效的事由在更大程度上触犯的是社会公共利益，因此可以申请宣告婚姻无效的主体，就不仅局限于一方当事人甚至双方当事人。

再次，撤销婚姻的机关是人民法院。婚姻是否可撤销，涉及对于实体法律关系的判断，婚姻登记机关并非裁判机关，因此不应具有此项职权。

最后，撤销婚姻的申请必须在一定期间内作出，即除斥期间。结婚登记之日并非胁迫行为终止之日，有些情况下，被胁迫人可能在结婚登记后的一年内一直处于被胁迫的状态。只有自胁迫行为终止之日起，受胁迫人才有申请撤销婚姻的可能性，因此应将胁迫行为终止之日作为除斥期间的起算点。

---

[1] 参见吴高盛主编：《〈中华人民共和国婚姻法〉释义及实用指南》，中国民主法制出版社2014年版，第49页。

❃ 关联规定

1.《民法典》（2020 年 5 月 28 日）

第一百五十条　一方或者第三人以胁迫手段，使对方在违背真实意思的情况下实施的民事法律行为，受胁迫方有权请求人民法院或者仲裁机构予以撤销。

第一百五十二条　有下列情形之一的，撤销权消灭：

（一）当事人自知道或者应当知道撤销事由之日起一年内、重大误解的当事人自知道或者应当知道撤销事由之日起九十日内没有行使撤销权；

（二）当事人受胁迫，自胁迫行为终止之日起一年内没有行使撤销权；

（三）当事人知道撤销事由后明确表示或者以自己的行为表明放弃撤销权。

当事人自民事法律行为发生之日起五年内没有行使撤销权的，撤销权消灭。

2.《最高人民法院关于适用〈中华人民共和国民法典〉时间效力的若干规定》（2020 年 12 月 29 日）

第二十六条　当事人以民法典施行前受胁迫结婚为由请求人民法院撤销婚姻的，撤销权的行使期限适用民法典第一千零五十二条第二款的规定。

3.《婚姻登记条例》（2025 年 4 月 6 日）

第十二条　因胁迫结婚的，受胁迫的当事人可以依据民法典第一千零五十二条的规定向人民法院请求撤销婚姻。一方当事人患有重大疾病的，应当在结婚登记前如实告知另一方当事人；不如实告知的，另一方当事人可以依据民法典第一千零五十三条的规定向人民法院请求撤销婚姻。

4.《中国边民与毗邻国边民婚姻登记办法》（2012 年 8 月 8 日）

第十一条　因受胁迫结婚的，受胁迫的边民可以依据《中华人民共和国婚姻法》第十一条的规定向婚姻登记机关请求撤销其婚姻。受胁迫方应当出具下列证件、证明材料：

（一）本人的身份证件；

（二）结婚证；

（三）要求撤销婚姻的书面申请；

（四）公安机关出具或者人民法院作出的能够证明当事人被胁迫结婚的证明材料。

受胁迫方为毗邻国边民的，其身份证件包括能够证明边民身份的有效护照、国际旅行证件或者边境地区出入境通行证件。

婚姻登记机关经审查认为受胁迫结婚的情况属实且不涉及子女抚养、财产及债务问题的，应当撤销该婚姻，宣告结婚证作废。

5.《婚姻登记档案管理办法》（2006年1月23日）

第六条 办理撤销婚姻形成的下列材料应当归档：

（一）婚姻登记机关关于撤销婚姻的决定；

（二）《撤销婚姻申请书》；

（三）当事人的结婚证原件；

（四）公安机关出具的当事人被拐卖、解救证明，或人民法院作出的能够证明当事人被胁迫结婚的判决书；

（五）当事人身份证件复印件；

（六）其他有关材料。

6.《最高人民法院关于适用〈中华人民共和国民法典〉婚姻家庭编的解释（一）》（2020年12月29日）

第十八条 行为人以给另一方当事人或者其近亲属的生命、身体、健康、名誉、财产等方面造成损害为要挟，迫使另一方当事人违背真实意愿结婚的，可以认定为民法典第一千零五十二条所称的"胁迫"。

因受胁迫而请求撤销婚姻的，只能是受胁迫一方的婚姻关系当事人本人。

第十九条　民法典第一千零五十二条规定的"一年",不适用诉讼时效中止、中断或者延长的规定。

受胁迫或者被非法限制人身自由的当事人请求撤销婚姻的,不适用民法典第一百五十二条第二款的规定。

典型案例

周某诉付某撤销婚姻纠纷案①

◎ 基本案情

女孩周某在其母亲安排下与付某相亲。因付某家庭条件较好,两家又系远房亲戚,周某母亲非常希望周某与付某缔结婚姻。在周某明确拒绝与付某交往后,周某母亲强行将在外地工作的周某接回家,并以死相逼,表示如周某不同意该婚事就将其赶出家门。周某害怕家庭关系破裂,又担心母亲寻短见,不得不与付某登记结婚并举办婚礼。婚后近一年时间里,双方并未建立夫妻感情,也从未有过夫妻生活。但周某母亲仍不准许周某提出离婚,母女俩多次争吵并发生肢体冲突。周某诉至人民法院,请求撤销其与付某之间的婚姻关系。

◎ 裁判要旨

《民法典》第一千零五十二条第一款规定:"因胁迫结婚的,受胁迫的一方可以向人民法院请求撤销婚姻。"结婚应当是男女双方完全自愿的行为,禁止任何一方对另一方加以胁迫,禁止任何组织或者个人加以干涉。在周某多次明确提出不愿意和付某恋爱、结婚的情况下,周某母亲仍以将周某赶出家门、"死给周某看"等作为要挟,导致周某在违背自由意志的情况下与付某结婚。周某母亲的行为严重干涉了周某的婚姻自由,其行为构成胁迫。现周某要求撤销其与付某之间的婚姻符合法律规定,为维护当事人的合法权益,弘扬自由、文明的社会主义核心价值观,故判决撤销周某与付某之间的婚姻关系。

---

① 参见中华人民共和国最高人民法院网站,https://www.court.gov.cn/zixun/xiangqing/390531.html,最后访问时间:2025年2月14日。

◎ **典型意义**

母亲要求女儿按自己的意愿组建家庭，虽然本意是希望女儿能有一个幸福的归宿，但以死相逼，胁迫女儿与相亲对象结婚，不仅没有让女儿获得如期的幸福，反而给女儿带来痛苦和绝望。在子女婚恋问题上，父母"该放手时应放手"，可以做好参谋但不能代作决断、强行干预，否则不但会侵害子女的婚姻自由、伤害父母子女之间的血脉亲情，也会违反法律规定。本案判决撤销周某与付某之间的婚姻关系，既保护了周某个人的合法权益，也向整个社会传达了婚姻自由的理念，有利于倡导独立、自主的婚姻观和自由、法治的社会主义核心价值观。

第一千零五十三条　隐瞒疾病的可撤销婚姻

一方患有重大疾病的，应当在结婚登记前如实告知另一方；不如实告知的，另一方可以向人民法院请求撤销婚姻。

请求撤销婚姻的，应当自知道或者应当知道撤销事由之日起一年内提出。

◆ **要点提示**

本条是对可撤销婚姻制度的规定，明确了重大疾病未如实告知是可以导致婚姻可撤销的事由，并且规定了可以请求撤销婚姻的权利人、受理婚姻撤销事宜的权力机关以及可以请求撤销婚姻的除斥期间。

首先，重大疾病未告知是可以导致婚姻可撤销的事由。需要满足的条件包括：其一，缔结婚姻的一方当事人在缔结婚姻时患有重大疾病。其二，患有重大疾病的一方知晓病情而未在婚姻登记前如实告知另一方；患病方应当在结婚登记前告知另一方。其三，在缔结婚姻时，另一方不知晓患病方患有重大疾病的事实。

其次，未被如实告知的另一方当事人是可以请求撤销婚姻的权利人，未如实告知病情的一方或者任何其他人没有申请撤销婚姻的权利。

再次，撤销婚姻的机关是人民法院。与《民法典》第一千零五十二条规定保持一致。

复次，权利人应当自知道或者应当知道撤销事由之日起一年内行使其撤销诉权。在重大疾病未告知的情形中，除斥期间的起算点与胁迫婚姻中除斥期间的起算点不同，即起算点为未被如实告知的一方知道或者应当知道患病方患有重大疾病时。

最后，对于其他事实的欺诈，如隐瞒职业或者婚姻状态等，是否同样可以导致婚姻可撤销？理论上的通说是不应仅仅局限在重大疾病未告知的情形中，对于其他与缔结婚姻相关的重要事实的隐瞒同样构成欺诈，因为如同未被告知重大疾病的情形一样，在其他的欺诈情形中，另一方的意思决定自由、结婚自由也受到了侵害。[①]

关联规定

1.《民法典》（2020年5月28日）

第一百四十八条 一方以欺诈手段，使对方在违背真实意思的情况下实施的民事法律行为，受欺诈方有权请求人民法院或者仲裁机构予以撤销。

第一百五十二条 有下列情形之一的，撤销权消灭：

（一）当事人自知道或者应当知道撤销事由之日起一年内、重大误解的当事人自知道或者应当知道撤销事由之日起九十日内没有行使撤销权；

（二）当事人受胁迫，自胁迫行为终止之日起一年内没有行使撤销权；

（三）当事人知道撤销事由后明确表示或者以自己的行为表明放弃撤销权。

当事人自民事法律行为发生之日起五年内没有行使撤销权的，撤销权消灭。

---

① 参见陈苇主编：《婚姻家庭继承法学》，中国政法大学出版社2018年版，第81页；马忆南：《婚姻家庭继承法学》，北京大学出版社2019年版，第75页；余延满：《亲属法原论》，法律出版社2007年版，第204页。

第二百九十九条 共同共有人对共有的不动产或者动产共同享有所有权。

2.《母婴保健法》(2017年11月4日)

第八条 婚前医学检查包括对下列疾病的检查：

（一）严重遗传性疾病；

（二）指定传染病；

（三）有关精神病。

经婚前医学检查，医疗保健机构应当出具婚前医学检查证明。

第九条 经婚前医学检查，对患指定传染病在传染期内或者有关精神病在发病期内的，医师应当提出医学意见；准备结婚的男女双方应当暂缓结婚。

第十条 经婚前医学检查，对诊断患医学上认为不宜生育的严重遗传性疾病的，医师应当向男女双方说明情况，提出医学意见；经男女双方同意，采取长效避孕措施或者施行结扎手术后不生育的，可以结婚。但《中华人民共和国婚姻法》规定禁止结婚的除外。

第三十八条 本法下列用语的含义：

指定传染病，是指《中华人民共和国传染病防治法》中规定的艾滋病、淋病、梅毒、麻疯病以及医学上认为影响结婚和生育的其他传染病。

严重遗传性疾病，是指由于遗传因素先天形成，患者全部或者部分丧失自主生活能力，后代再现风险高，医学上认为不宜生育的遗传性疾病。

有关精神病，是指精神分裂症、躁狂抑郁型精神病以及其他重型精神病。

产前诊断，是指对胎儿进行先天性缺陷和遗传性疾病的诊断。

3.《涉外民事关系法律适用法》(2010年10月28日)

第二十一条 结婚条件，适用当事人共同经常居所地法律；没有共同经常居所地的，适用共同国籍国法律；没有共同国籍，在一方当事人经常居所地或者国籍国缔结婚姻的，适用婚姻缔结地法律。

典型案例

林某诉张某撤销婚姻纠纷案①

◎ 基本案情

林某和张某经人介绍相识，于 2020 年 6 月 28 日登记结婚。在登记之后，张某向林某坦白其患有艾滋病多年，并且长期吃药。2020 年 7 月，林某被迫人工终止妊娠。2020 年 10 月，林某提起诉讼要求宣告婚姻无效。诉讼中，林某明确若婚姻无效不能成立，则请求撤销婚姻，对此，张某亦无异议。

◎ 裁判结果

生效裁判认为，自然人依法享有缔结婚姻等合法权益，张某虽患有艾滋病，但不属于婚姻无效的情形。林某又提出撤销婚姻的请求，张某对此亦无异议，为减少当事人讼累，人民法院一并予以处理。张某所患疾病对婚姻生活有重大影响，属于婚前应告知林某的重大疾病，但张某未在结婚登记前告知林某，显属不当。故依照《民法典》第一千零五十三条的规定，判决撤销林某与张某的婚姻关系。判决后，双方均未上诉。

◎ 典型意义

本案是依法适用《民法典》相关规定判决撤销婚姻的典型案例。对于一方患有重大疾病，未在结婚登记前如实告知另一方的情形，《民法典》明确另一方可以向人民法院请求撤销婚姻。本案中，人民法院依法适用《民法典》相关规定，判决撤销双方的婚姻关系，不仅有效保护了案件中无过错方的合法权益，也符合社会大众对公平正义、诚实信用的良好期待，弘扬了社会主义核心价值观。

---

① 参见中国法院网，https://www.chinacourt.org/article/detail/2023/01/id/7100145.shtml，最后访问时间：2025 年 2 月 14 日。

第一千零五十四条　婚姻无效和被撤销的法律后果

无效的或者被撤销的婚姻自始没有法律约束力，当事人不具有夫妻的权利和义务。同居期间所得的财产，由当事人协议处理；协议不成的，由人民法院根据照顾无过错方的原则判决。对重婚导致的无效婚姻的财产处理，不得侵害合法婚姻当事人的财产权益。当事人所生的子女，适用本法关于父母子女的规定。

婚姻无效或者被撤销的，无过错方有权请求损害赔偿。

❀ 要点提示

本条是对婚姻被宣告无效和被撤销后的法律效果的规定，明确了原则上无效效果溯及既往，同时具体规定了当事人之间的财产法效果和父母子女关系问题，第二款规定了无过错方的损害赔偿请求权。

首先，婚姻被宣告无效和被撤销后的法律效果相同，统一被规定在本条。婚姻被宣告无效和被撤销后导致的无效都是溯及既往的无效，该婚姻自始没有法律约束力，当事人不具有夫妻的权利和义务。

其次，本条第一款第二句和第三句对当事人之间的财产关系进行了规定。首先肯定了双方当事人协议的优先性，只有在未达成协议时，才由人民法院判决；本句还使用了"同居期间"一词，其仅仅指的是婚姻被宣告无效或被撤销之后，双方当事人处于一种共同居住和生活的关系之中。所谓"照顾无过错方"并非在确定是否为共同财产时考虑谁是过错方、谁是无过错方，而是在对共同财产进行分割时，照顾无过错方的利益，可能的途径是无过错方获得共同财产的较大份额。无过错并不等同于善意或诚信，前者需要当事人在客观上尽到了注意义务，后者只需当事人主观上处于善意信赖的状态。[1]

本条第一款第三句考虑到了重婚情形的特殊性，规定在重婚的情形中，对财产的处理不得侵害合法婚姻当事人的财产权益。法院在审判实践

---

[1] 徐国栋：《无效与可撤销婚姻中诚信当事人的保护》，载《中国法学》2013年第5期。

中要注意的是，重婚的当事人已经处于一段合法的婚姻关系中，若其与合法的配偶没有约定，重婚方婚后所得的财产为夫妻共同财产，而非重婚方的个人财产。①

再次，本条第一款第四句规定了婚姻被宣告无效或被撤销后的父母子女关系，"当事人所生的子女，适用本法有关父母子女的规定"，因此在婚姻被宣告无效或被撤销后，子女由谁直接抚养、抚养费如何负担、子女的探望权等问题，便可以依据《民法典》关于离婚后子女抚养等的规定来处理，即《民法典》第一千零八十四条、第一千零八十五条和第一千零八十六条。

最后，本条第二款是新增规定，明确了无过错方的损害赔偿请求权。理论上认为损害既可以是财产损害，也可以是非财产损害。②

关联规定

1.《民法典》（2020 年 5 月 28 日）

第一百五十五条　无效的或者被撤销的民事法律行为自始没有法律约束力。

第一百五十七条　民事法律行为无效、被撤销或者确定不发生效力后，行为人因该行为取得的财产，应当予以返还；不能返还或者没有必要返还的，应当折价补偿。有过错的一方应当赔偿对方由此所受到的损失；各方都有过错的，应当各自承担相应的责任。法律另有规定的，依照其规定。

第一千零五十一条　有下列情形之一的，婚姻无效：

（一）重婚；

（二）有禁止结婚的亲属关系；

（三）未到法定婚龄。

---

① 参见余延满：《亲属法原论》，法律出版社 2007 年版，第 215 页。
② 参见余延满：《亲属法原论》，法律出版社 2007 年版，第 218 页。

2.《最高人民法院关于适用〈中华人民共和国民法典〉婚姻家庭编的解释（二）》（2025年1月15日）

第四条 双方均无配偶的同居关系析产纠纷案件中，对同居期间所得的财产，有约定的，按照约定处理；没有约定且协商不成的，人民法院按照以下情形分别处理：

（一）各自所得的工资、奖金、劳务报酬、知识产权收益，各自继承或者受赠的财产以及单独生产、经营、投资的收益等，归各自所有；

（二）共同出资购置的财产或者共同生产、经营、投资的收益以及其他无法区分的财产，以各自出资比例为基础，综合考虑共同生活情况、有无共同子女、对财产的贡献大小等因素进行分割。

3.《最高人民法院关于适用〈中华人民共和国民法典〉婚姻家庭编的解释（一）》（2020年12月29日）

第三条 当事人提起诉讼仅请求解除同居关系的，人民法院不予受理；已经受理的，裁定驳回起诉。

当事人因同居期间财产分割或者子女抚养纠纷提起诉讼的，人民法院应当受理。

第十一条 人民法院受理请求确认婚姻无效案件后，原告申请撤诉的，不予准许。

对婚姻效力的审理不适用调解，应当依法作出判决。

涉及财产分割和子女抚养的，可以调解。调解达成协议的，另行制作调解书；未达成调解协议的，应当一并作出判决。

第十六条 人民法院审理重婚导致的无效婚姻案件时，涉及财产处理的，应当准许合法婚姻当事人作为有独立请求权的第三人参加诉讼。

第二十条 民法典第一千零五十四条所规定的"自始没有法律约束力"，是指无效婚姻或者可撤销婚姻在依法被确认无效或者被撤销时，才确定该婚姻自始不受法律保护。

第二十一条 人民法院根据当事人的请求，依法确认婚姻无效或者撤销婚姻的，应当收缴双方的结婚证书并将生效的判决书寄送当地婚姻登记

第二十二条 被确认无效或者被撤销的婚姻，当事人同居期间所得的财产，除有证据证明为当事人一方所有的以外，按共同共有处理。

4.《最高人民法院关于确定民事侵权精神损害赔偿责任若干问题的解释》（2020年12月29日）

第一条 因人身权益或者具有人身意义的特定物受到侵害，自然人或者其近亲属向人民法院提起诉讼请求精神损害赔偿的，人民法院应当依法予以受理。

❀ 典型案例

王某诉毛某同居关系析产案[①]
——老年人财产权益保护

◎ **基本案情**

原告王某与被告毛某于1995年举办婚礼后同居，但并未办理结婚登记。多年的共同生活使双方积累了一定的财产。然而，由于年龄和健康原因，双方现在无法继续共同生活并决定分居。在分居之际，原告要求分割共同财产中的12万元。经司法所调解，目前被告已支付6万元给原告，但双方在剩余财产分割上无法达成一致意见，原告遂诉至法院要求给付剩余财产。

经审理查明，原被告于1995年举办婚礼而共同居住，但未办理结婚登记，属于同居关系，且在1994年2月1日以后法律取消事实婚姻的时间节点后而办理的婚礼，从而不属于事实婚姻，因此婚姻关系不受法律保护，但在同居期间所得的合法收入财产会受到法律保护。

本案原、被告双方没有登记结婚，且又因案涉财产的时间处于原、被告以夫妻名义同居生活期间，应当视为原、被告双方对案涉财产共同享

[①] 参见辽宁省阜新市中级人民法院网站，http://fx.lncourt.gov.cn/article/detail/2024/10/id/8145577.shtml，最后访问时间：2025年2月19日。

有。在本案中，被告误以为原告曾到银行擅自取走部分存款。但经查明原告其实去银行是办理定期转存且依然存在被告名下，未擅自取走卡内存款。

依据《民法典》第一千零五十四条，《最高人民法院关于适用〈中华人民共和国民法典〉婚姻家庭编的解释（一）》第三条第二款、第二十二条，《民事诉讼法》第六十七条之规定，原告以同居关系析产纠纷为由提起诉讼，法院应当进行处理。同时，关于案涉财产的分割，原、被告双方并无特别协议约定，原告享有分割案涉款项，被告无权予以拒绝。遂根据该具体情况，王某要求毛某再给付共有财产分割款6万元，具有事实和法律依据，应予支持。

◎ 典型意义

在审理同居关系纠纷时，对当事人同居期间所得的工资、奖金和生产、经营的收益以及因继承、赠与等途径所得的合法收入，原则上归其本人所有；如果双方在同居期间有共同购置的财产或有共同经营所得的收入，应当按照双方的出资份额、所作贡献等公平合理地予以分割。本案中，王某与毛某两位老年人自1995年起至2024年止，以夫妻关系同居生活长达20余年。在同居期间，双方积攒了可观的收入，尽管他们没有提供证据来证明这些款项的具体来源，但考虑到他们共同生活了20多年，财产可能存在混同的情况，且双方对同居期间的财产形成和积累都有一定贡献。考虑到双方都已经高龄，法院在判断时应兼顾老年人的实际情况和生活需要。敬老、爱老、助老是中华民族的传统美德，也是社会主义优越性的具体体现。因此，根据以上因素，法院最终判决支持了原告的诉讼请求。

第三章 家庭关系

第一节 夫妻关系

第一千零五十五条 夫妻地位平等

夫妻在婚姻家庭中地位平等。

要点提示

本条的规范对象是"夫妻",按照通常的说法,夫妻是以共同生活为目的而结合的伴侣。① 结合的方式包括法律婚、仪式婚。我国采用的是结婚登记制度,申请结婚的双方当事人在符合法定结婚条件的情况下,履行法定的结婚登记程序,从而取得夫妻的身份。②

夫妻家庭地位平等是民法总则中平等原则的具体化,也是婚姻家庭法中男女平等原则的具体体现,是指导夫妻关系的总原则。夫妻家庭地位平等意味着夫妻双方在家庭生活中的人格平等,享有平等的权利义务,共同承担对家庭和社会的责任。结合《民法典》中的具体规定,对于夫妻平等可以从人身关系和财产关系两个方面来理解。在人身关系方面,根据《民法典》第一千零四十三条规定,夫妻之间应当互负忠实义务,《民法典》第一千零五十六条规定了夫妻姓名权,第一千零五十七条规定了夫妻人身自由权,第一千零五十八条规定了父母对未成年子女抚养、教育和保护的权利等。在财产关系方面,《民法典》第一千零六十五条规定了夫妻财产约定制,没有约定或者约定不明确的,适用法定财产制。夫妻双方处分共同财产的地位平等,夫妻对共同财产有平等的处理权。③

在实际适用中,应当注意以下几点:第一,本条不能作为直接的请求

---

① 胡康生主编:《中华人民共和国婚姻法释义》,法律出版社2001年版,第49页。
② 《民法典》第一千零四十九条。
③ 《民法典》第一千零六十二条第二款。

权基础以主张权利。本条作为夫妻关系的指导原则，是确定夫妻各项权利义务的基础，而不是对于夫妻在家庭中具体权利义务的规定。第二，本条规定意在强调夫妻双方人格上的平等以及权利义务的平等。第三，规定夫妻在家庭中地位平等，不是指夫妻在家庭中权利义务一一对等，也不是指夫妻要平均承担家庭劳务。① 其主要目的在于引导夫妻双方共同承担对家庭和社会的责任。

关联规定

1.《宪法》（2018年3月11日）

第四十八条 中华人民共和国妇女在政治的、经济的、文化的、社会的和家庭的生活等各方面享有同男子平等的权利。

国家保护妇女的权利和利益，实行男女同工同酬，培养和选拔妇女干部。

2.《民法典》（2020年5月28日）

第四条 民事主体在民事活动中的法律地位一律平等。

第一千零四十一条 婚姻家庭受国家保护。

实行婚姻自由、一夫一妻、男女平等的婚姻制度。

保护妇女、未成年人、老年人、残疾人的合法权益。

第一千零五十三条 一方患有重大疾病的，应当在结婚登记前如实告知另一方；不如实告知的，另一方可以向人民法院请求撤销婚姻。

请求撤销婚姻的，应当自知道或者应当知道撤销事由之日起一年内提出。

第一千零五十八条 夫妻双方平等享有对未成年子女抚养、教育和保护的权利，共同承担对未成年子女抚养、教育和保护的义务。

第一千零六十条 夫妻一方因家庭日常生活需要而实施的民事法律行为，对夫妻双方发生效力，但是夫妻一方与相对人另有约定的除外。

---

① 胡康生主编：《中华人民共和国婚姻法释义》，法律出版社2001年版，第49页。

夫妻之间对一方可以实施的民事法律行为范围的限制，不得对抗善意相对人。

3.《妇女权益保障法》（2022年10月30日）

第二条　男女平等是国家的基本国策。妇女在政治的、经济的、文化的、社会的和家庭的生活等各方面享有同男子平等的权利。

国家采取必要措施，促进男女平等，消除对妇女一切形式的歧视，禁止排斥、限制妇女依法享有和行使各项权益。

国家保护妇女依法享有的特殊权益。

第六十条　国家保障妇女享有与男子平等的婚姻家庭权利。

4.《涉外民事关系法律适用法》（2010年10月28日）

第二十三条　夫妻人身关系，适用共同经常居所地法律；没有共同经常居所地的，适用共同国籍国法律。

❖ 典型案例

顾某某、刘某某等不当得利纠纷案[①]

◎ **基本案情**

一审法院经审理查明：刘某与李某为夫妻关系，双方于2004年登记结婚。2015年李某与顾某相识，后产生婚外恋情直至2020年结束。在李某和顾某某交往期间，李某多次向顾某某转账。2016年，顾某某因流产住院。李某以患者家属身份在手术同意书上签名，并在医患沟通记录中与患者关系处签署为夫妻关系。

一审诉讼过程中刘某及李某均主张顾某某在其与李某恋情存续期间及关系结束后相继在李某处获得价值15万元以上财物，并提供记录为证。在刘某与顾某某短信聊天记录中，当刘某问顾某某"在我老公处拿了十多

---

① 参见（2022）苏07民终506号民事判决书，载中国裁判文书网，最后访问时间：2025年4月24日。

万，这个钱准备什么时候还"时，顾某某仅强调钱是李某自愿给的，并未对款项数额予以否认，后主动提出每个月进行偿还。而在通话录音中，顾某某同意返还5万元，并与刘某达成分期还款数额及方式。

◎ **裁判理由**

一审法院认为，夫妻应当互相忠诚，互相尊重，互相关爱，顾某与李某在各自婚姻关系存续期间，与婚外异性保持不正当男女关系，违反了婚姻法关于夫妻之间忠实义务的规定，严重违反了社会公序良俗、婚姻伦理秩序。《民法典》第一千零五十五条规定："夫妻在婚姻家庭中地位平等。"第一千零六十二条第二款规定："夫妻对共同所有的财产，有平等的处理权。"李某在未与刘某协商一致的情况下，非因日常生活需要，而是基于不正当男女关系向顾某某支付款项，属于擅自处分夫妻共同财产行为，违背了公序良俗和社会道德，亦不符合法律的规定，该行为应认定为无效。顾某某取得该款项缺乏合法依据，造成刘某损失，构成不当得利。故顾某某应当予以返还。关于返还数额的确定，刘某所提供的微信转账记录无法认定刘某主张李某给付的数额达十几万元。顾某某在与刘某通话录音已经做出返还5万元的承诺，虽不能认定该行为属于自认行为但并不影响该录音作为有效证据予以使用。顾某某虽辩称同意偿还5万元系胁迫所致但未能提供证据证明。

◎ **裁判结果**

刘某要求顾某某返还不当得利款5万元，具有事实和法律依据，一审法院依法予以支持。二审期间，各方当事人均未提交新证据。二审法院经审理查明，一审判决认定基本事实清楚，本院予以确认。一审判决认定事实清楚，适用法律正确，判决结果正确，依法应予维持。

第一千零五十六条　夫妻姓名权

夫妻双方都有各自使用自己姓名的权利。

要点提示

本条的规范对象是夫妻，同上文所述。根据《民法典》人格权编第一千零一十二条规定，姓名权是自然人在不违背公序良俗的情况下，决定、使用和依法变更自己姓名，并排除他人干涉或非法使用的权利。夫妻双方均享有各自使用自己姓名的权利，是《民法典》第一千零五十五条规定的夫妻平等原则的具体体现，也是《民法典》人格权编中规定的姓名权在婚姻家庭编中的具体化。本条规定对于保障已婚妇女的独立人格，促进夫妻在婚姻家庭关系中地位平等，具有积极意义。

对于本条规定，可以从以下几个方面理解。第一，法律所保护的"姓名"范畴。法律上姓名不仅包括正式的登记姓名，而且包括其他类似于姓名的笔名、艺名、绰号、网名等非正式姓名。[①] 第二，本条与《民法典》第一千零一十二条的关系在于，夫妻双方在行使本条规定之夫妻姓名权的同时，应当受到《民法典》第一千零一十二条之规定的限制，不得违背公序良俗原则。第三，本条强调的是夫妻双方对自己姓名自主使用的权利。其一，姓名权是一种人格权，夫妻双方使用各自姓名的权利是平等的，不存在依附的关系。其二，对本条规定的"使用"应当作广义理解，即包含决定、使用和变更，与本法人格权编中对姓名权的规定保持体系上的一致性。在不违背公序良俗的情况下，妇女结婚后申请冠以夫姓或妇女原冠夫姓申请去掉夫姓的，只要符合变更后的姓名没有违背公序良俗或引起重大误解的，都可以作为姓名变更的申请理由。其三，夫妻双方能够使用的姓名仅限于本人的姓名，不包含对配偶一方姓名的使用。

在实际适用中应当注意，夫妻一方使用配偶的姓名实施民事法律行为时，应当证明自己的使用行为已经获得配偶一方的许可，并对此承担证明责任。如果构成对配偶一方姓名权的侵犯，则应当依照《民法典》侵权责任编的相关规定，承担相应的侵权责任。

---

① 《民法典》第一千零一十七条。

关联规定

1.《民法典》（2020 年 5 月 28 日）

第一百一十条 自然人享有生命权、身体权、健康权、姓名权、肖像权、名誉权、荣誉权、隐私权、婚姻自主权等权利。

法人、非法人组织享有名称权、名誉权和荣誉权。

第一百一十二条 自然人因婚姻家庭关系等产生的人身权利受法律保护。

第九百九十条 人格权是民事主体享有的生命权、身体权、健康权、姓名权、名称权、肖像权、名誉权、荣誉权、隐私权等权利。

除前款规定的人格权外，自然人享有基于人身自由、人格尊严产生的其他人格权益。

第九百九十五条 人格权受到侵害的，受害人有权依照本法和其他法律的规定请求行为人承担民事责任。受害人的停止侵害、排除妨碍、消除危险、消除影响、恢复名誉、赔礼道歉请求权，不适用诉讼时效的规定。

第一千零一条 对自然人因婚姻家庭关系等产生的身份权利的保护，适用本法第一编、第五编和其他法律的相关规定；没有规定的，可以根据其性质参照适用本编人格权保护的有关规定。

第一千零一十二条 自然人享有姓名权，有权依法决定、使用、变更或者许可他人使用自己的姓名，但是不得违背公序良俗。

2.《涉外民事关系法律适用法》（2010 年 10 月 28 日）

第二十三条 夫妻人身关系，适用共同经常居所地法律；没有共同经常居所地的，适用共同国籍国法律。

典型案例

郭某某与杨某某生命权、身体权等案[1]

◎ 基本案情

原告郭某某曾用名为郭某。2000年前,被告杨某某曾支付给原告郭某某30000元,原告后欲将该款退还未果。原告要求被告支付扶养费、精神抚慰金共计800000元,庭审中原告陈述其和被告未办理过结婚登记,亦没有以夫妻名义共同生活,其提交的证据亦不能证明其主张。

◎ 裁判理由

一审法院认为,当事人对其主张应当提供证据予以证明。根据法律规定,夫妻有相互扶养的义务,父母对未成年子女和不能独立生活的成年子女有抚养义务,成年子女对父母有赡养义务。侵害自然人人身权益造成严重精神损害的,被侵权人有权请求精神损害赔偿;若被告对原告实施了侵权,原告向人民法院请求保护民事权利的诉讼时效为二年,身体受到伤害的诉讼时效为一年(2021年1月1日施行的《民法典》将诉讼时效修改为三年),诉讼时效期间自权利人知道或者应当知道权利受到损害以及义务人之日起计算,自权利受到损害之日起超过二十年的,人民法院不予保护。原告要求被告支付扶养费、精神抚慰金共计800000元,庭审中原告陈述其和被告未办理过结婚登记,亦没有以夫妻名义共同生活,其提交的证据亦不能证明其主张;另外,即使存在侵权,原告请求保护民事权利亦超过诉讼时效;故本院对原告提出的诉讼请求不予支持。

二审法院认为,本案争议焦点为上诉人郭某某要求被上诉人杨某某给付生活费的诉求能否得到支持。《最高人民法院关于适用〈中华人民共和国民事诉讼法〉的解释》第九十条规定:"当事人对自己提出的诉讼请求所依据的事实或者反驳对方诉讼请求所依据的事实,应当提供证据加以证明,但法律另有规定的除外。在作出判决前,当事人未能提供证据或者证

---

[1] 参见(2024)鲁04民终830号民事判决书,载中国裁判文书网,最后访问时间:2025年4月24日。

据不足以证明其事实主张的,由负有举证证明责任的当事人承担不利的后果"。《民法典》第一百三十三条规定,民事法律行为是民事主体通过意思表示设立、变更、终止民事法律关系的行为。本案中,上诉人郭某某主张被上诉人杨某某对其"承诺到他七十岁时候会娶她"却未做到的行为对自己构成伤害,要求被上诉人杨某某承担侵权责任,但未提交有效证据证明该事实的存在,且被上诉人杨某某对此不予认可。退一步讲,假设不违反法律法规、正当合法的男女关系双方均认可"承诺"属实,此种"承诺"亦属于一方对另一方所做的情感表达,没有法律意义,违背此"感情承诺"的行为人不承担责任,故上诉人郭某某的该项主张无事实和法律依据,一审法院不予支持,并无不当。《民法典》第一千零五十九条规定夫妻有相互扶养的义务,上诉人郭某某要求被上诉人杨某某支付其生活费,但其提交的证据不能证明与被上诉人杨某某办理过结婚登记,双方亦无事实婚姻,因此,一审法院依据查明的事实及法律规定,对上诉人郭某某提出的诉讼请求不予支持,本院予以确认。

◎ 裁判结果

一审法院判决:驳回原告郭某某的诉讼请求。

二审法院判决:驳回上诉,维持原判。

第一千零五十七条　夫妻参加各种活动的自由

夫妻双方都有参加生产、工作、学习和社会活动的自由,一方不得对另一方加以限制或者干涉。

◆ 要点提示

人身自由权是每个公民的一项基本权利,夫妻人身自由权是夫妻法律地位平等的具体表现。本条的立法精神在于倡导夫妻之间相互尊重、互谅互让、互相协商,将参加工作、劳动和社会活动与尽到对家庭的责任协调一致。① 本条的规范对象是夫妻双方，夫妻双方均享有夫妻人身自由的权利以及承担配合配偶一方实现夫妻人身自由权的义务。因此，这种"夫妻人身自由权"并非毫无限制，而是应当体现出以家庭责任为核心的夫妻平等与互相尊重。

本条规定的夫妻人身自由权的主要内容有三：第一，参加生产、工作的自由。这里的生产、工作泛指一切正常的社会性劳动，凡是能够取得劳动报酬或者收入的一切社会劳动及无酬的社会工作，都包含在内。确保妇女享有参加生产、工作的自由权而不受干涉，是妇女享有与丈夫平等地位的前提。② 第二，参加学习的自由。这里的"学习"，包括接受正规的学校教育，也包括扫盲学习、职业培训以及其他各种形式的专业知识或技能学习。第三，参加社会活动的自由。这里的社会活动，包括参政、议政活动，科学、技术、文学、艺术和其他文化活动，各种群众组织、社会团体的活动以及各种形式的公益活动等。

关联规定

1.《民法典》（2020 年 5 月 28 日）

第一百零九条 自然人的人身自由、人格尊严受法律保护。

第一百一十二条 自然人因婚姻家庭关系等产生的人身权利受法律保护。

第九百九十条 人格权是民事主体享有的生命权、身体权、健康权、姓名权、名称权、肖像权、名誉权、荣誉权、隐私权等权利。

除前款规定的人格权外，自然人享有基于人身自由、人格尊严产生的其他人格权益。

第一千零一条 对自然人因婚姻家庭关系等产生的身份权利的保护，适用本法第一编、第五编和其他法律的相关规定；没有规定的，可以根据其性质参照适用本编人格权保护的有关规定。

---

① 胡康生主编：《中华人民共和国婚姻法释义》，法律出版社2001年版，第56页。
② 胡康生主编：《中华人民共和国婚姻法释义》，法律出版社2001年版，第55页。

2.《妇女权益保障法》(2022年10月30日)

第二条 男女平等是国家的基本国策。妇女在政治的、经济的、文化的、社会的和家庭的生活等各方面享有同男子平等的权利。

国家采取必要措施,促进男女平等,消除对妇女一切形式的歧视,禁止排斥、限制妇女依法享有和行使各项权益。

国家保护妇女依法享有的特殊权益。

第十二条 国家保障妇女享有与男子平等的政治权利。

第十三条 妇女有权通过各种途径和形式,依法参与管理国家事务、管理经济和文化事业、管理社会事务。

妇女和妇女组织有权向各级国家机关提出妇女权益保障方面的意见和建议。

第十四条 妇女享有与男子平等的选举权和被选举权。

全国人民代表大会和地方各级人民代表大会的代表中,应当保证有适当数量的妇女代表。国家采取措施,逐步提高全国人民代表大会和地方各级人民代表大会的妇女代表的比例。

居民委员会、村民委员会成员中,应当保证有适当数量的妇女成员。

3.《劳动法》(2018年12月29日)

第三条 劳动者享有平等就业和选择职业的权利、取得劳动报酬的权利、休息休假的权利、获得劳动安全卫生保护的权利、接受职业技能培训的权利、享受社会保险和福利的权利、提请劳动争议处理的权利以及法律规定的其他劳动权利。

劳动者应当完成劳动任务,提高职业技能,执行劳动安全卫生规程,遵守劳动纪律和职业道德。

第十二条 劳动者就业,不因民族、种族、性别、宗教信仰不同而受歧视。

第十三条 妇女享有与男子平等的就业权利。在录用职工时,除国家规定的不适合妇女的工种或者岗位外,不得以性别为由拒绝录用妇女或者提高对妇女的录用标准。

4. 《就业促进法》（2015年4月24日）

第三条 劳动者依法享有平等就业和自主择业的权利。

劳动者就业，不因民族、种族、性别、宗教信仰等不同而受歧视。

第二十七条 国家保障妇女享有与男子平等的劳动权利。

用人单位招用人员，除国家规定的不适合妇女的工种或者岗位外，不得以性别为由拒绝录用妇女或者提高对妇女的录用标准。

用人单位录用女职工，不得在劳动合同中规定限制女职工结婚、生育的内容。

5. 《涉外民事关系法律适用法》（2010年10月28日）

第二十三条 夫妻人身关系，适用共同经常居所地法律；没有共同经常居所地的，适用共同国籍国法律。

✦ 典型案例

薛某、张某某等不当得利纠纷案[1]

◎ 基本案情

原告薛某与第三人刘某某于2010年12月20日登记结婚。自2018年至2023年，第三人刘某某向被告张某某通过微信转款共计512732元。原告薛某认为，第三人赠与被告的钱款属于原告与第三人的夫妻共同财产，第三人未经原告同意擅自将夫妻共同财产赠与被告，该赠与行为既违背夫妻间的忠实义务，也违反共同共有财产的处置规则。被告张某某则认为，其与第三人之间不存在不正当男女关系，二者只是朋友关系和生意合作伙伴，所有经济往来均属于正常的生意往来。

◎ 裁判理由

一审法院认为，根据《民法典》相关规定，夫妻双方对共同财产有平

---

[1] 参见（2024）冀10民终980号民事判决书，载中国裁判文书网，最后访问时间：2025年4月24日。

等的处理权，夫或妻对共同共有的财产具有一定程度的自主处分权，不必事无巨细均征得对方同意。第三人刘某某作为夫妻一方应享有部分财产的独立处分权，其处分财产的行为并未影响到原告的生活，这些财产完全在妻子允许丈夫自由处分的范围内。即使第三人刘某某侵犯了原告薛某的夫妻共有财产权，也应由第三人对原告承担责任，而不应由被告承担责任。因此，一审法院对原告薛某的诉讼请求不予支持。

二审法院认为，通过审查刘某某与张某某的交易流水，其中涉及520、1314等金额的转账共计119177.03元，扣减张某某向刘某某具有特殊意义的转账四笔共计5019.99元后，刘某某向张某某具有特殊意义的转账114157.04元可以认定为赠与，被上诉人应予以返还。被上诉人主张上述转款系正常经营支出理据明显不能成立，本院对其抗辩意见不予采信。原告主张的其他转款也系赠与，理据不足，本院不予支持。

◎ 裁判结果

一审法院判决：驳回原告薛某的全部诉讼请求。

二审法院判决：撤销一审判决；被告张某某于本判决生效后十日内返还原告薛某114157.04元；如果未按本判决指定的期间履行给付金钱义务，应当按照《民事诉讼法》第二百六十条之规定，加倍支付迟延履行期间的债务利息。

第一千零五十八条　夫妻抚养、教育和保护子女的权利义务平等

夫妻双方平等享有对未成年子女抚养、教育和保护的权利，共同承担对未成年子女抚养、教育和保护的义务。

❀ 要点提示

我国《宪法》第四十九条规定了父母有抚养教育未成年子女的义务，成年子女有赡养扶助父母的义务。《民法典》第一千零五十八条将夫妻双方对成年子女的抚养排除在法律管辖之外，究其原因在于，随着我国九年

义务制教育的普及以及高等教育的发展，越来越多的年轻人选择成年之后继续读书深造，基于这样的现实情况，给予民事主体以更大的自由空间，符合我国社会发展的现状。

依据本条规定，夫妻双方平等享有对未成年子女抚养、教育和保护的权利以及承担相应的义务，这是夫妻在婚姻家庭中地位平等的具体体现。本条所称的未成年子女是指未满十八周岁的子女，对此应当作广义理解。即，本条适用于婚生父母子女之间、非婚生父母子女之间、继父母子女之间以及养父母子女之间的关系。从本条权利义务的具体内容上看，包括抚养、教育与保护三个方面。

在司法实践中，当父母不履行本条规定的权利义务时，未成年人有以下救济途径。其一，当监护人不履行法定职责，符合法定情形时，人民法院可以根据有关个人或者组织的申请，撤销其监护人资格。其二，因父母不履行法定义务而引起的纠纷，可由有关部门调解或向人民法院提出追索抚养费的诉讼。其三，对拒不履行抚养义务，恶意遗弃未成年子女的父母，情节严重，构成犯罪的，应根据我国《刑法》的有关规定追究刑事责任。

关联规定

1.《宪法》（2018 年 3 月 11 日）

第四十九条　婚姻、家庭、母亲和儿童受国家的保护。

夫妻双方有实行计划生育的义务。

父母有抚养教育未成年子女的义务，成年子女有赡养扶助父母的义务。

禁止破坏婚姻自由，禁止虐待老人、妇女和儿童。

2.《民法典》（2020 年 5 月 28 日）

第二十六条　父母对未成年子女负有抚养、教育和保护的义务。

成年子女对父母负有赡养、扶助和保护的义务。

第二十七条　父母是未成年子女的监护人。

未成年人的父母已经死亡或者没有监护能力的，由下列有监护能力的人按顺序担任监护人：

（一）祖父母、外祖父母；

（二）兄、姐；

（三）其他愿意担任监护人的个人或者组织，但是须经未成年人住所地的居民委员会、村民委员会或者民政部门同意。

第二十八条 无民事行为能力或者限制民事行为能力的成年人，由下列有监护能力的人按顺序担任监护人：

（一）配偶；

（二）父母、子女；

（三）其他近亲属；

（四）其他愿意担任监护人的个人或者组织，但是须经被监护人住所地的居民委员会、村民委员会或者民政部门同意。

第三十四条 监护人的职责是代理被监护人实施民事法律行为，保护被监护人的人身权利、财产权利以及其他合法权益等。

监护人依法履行监护职责产生的权利，受法律保护。

监护人不履行监护职责或者侵害被监护人合法权益的，应当承担法律责任。

因发生突发事件等紧急情况，监护人暂时无法履行监护职责，被监护人的生活处于无人照料状态的，被监护人住所地的居民委员会、村民委员会或者民政部门应当为被监护人安排必要的临时生活照料措施。

第三十五条 监护人应当按照最有利于被监护人的原则履行监护职责。监护人除为维护被监护人利益外，不得处分被监护人的财产。

未成年人的监护人履行监护职责，在作出与被监护人利益有关的决定时，应当根据被监护人的年龄和智力状况，尊重被监护人的真实意愿。

成年人的监护人履行监护职责，应当最大程度地尊重被监护人的真实意愿，保障并协助被监护人实施与其智力、精神健康状况相适应的民事法律行为。对被监护人有能力独立处理的事务，监护人不得干涉。

第三十六条 监护人有下列情形之一的，人民法院根据有关个人或者组织的申请，撤销其监护人资格，安排必要的临时监护措施，并按照最有利于被监护人的原则依法指定监护人：

（一）实施严重损害被监护人身心健康的行为；

（二）怠于履行监护职责，或者无法履行监护职责且拒绝将监护职责部分或者全部委托给他人，导致被监护人处于危困状态；

（三）实施严重侵害被监护人合法权益的其他行为。

本条规定的有关个人、组织包括：其他依法具有监护资格的人，居民委员会、村民委员会、学校、医疗机构、妇女联合会、残疾人联合会、未成年人保护组织、依法设立的老年人组织、民政部门等。

前款规定的个人和民政部门以外的组织未及时向人民法院申请撤销监护人资格的，民政部门应当向人民法院申请。

第三十七条 依法负担被监护人抚养费、赡养费、扶养费的父母、子女、配偶等，被人民法院撤销监护人资格后，应当继续履行负担的义务。

第三十八条 被监护人的父母或者子女被人民法院撤销监护人资格后，除对被监护人实施故意犯罪的外，确有悔改表现的，经其申请，人民法院可以在尊重被监护人真实意愿的前提下，视情况恢复其监护人资格，人民法院指定的监护人与被监护人的监护关系同时终止。

第三十九条 有下列情形之一的，监护关系终止：

（一）被监护人取得或者恢复完全民事行为能力；

（二）监护人丧失监护能力；

（三）被监护人或者监护人死亡；

（四）人民法院认定监护关系终止的其他情形。

监护关系终止后，被监护人仍然需要监护的，应当依法另行确定监护人。

第一千零一条 对自然人因婚姻家庭关系等产生的身份权利的保护，适用本法第一编、第五编和其他法律的相关规定；没有规定的，可以根据其性质参照适用本编人格权保护的有关规定。

第一千零三十一条 民事主体享有荣誉权。任何组织或者个人不得非法剥夺他人的荣誉称号，不得诋毁、贬损他人的荣誉。

获得的荣誉称号应当记载而没有记载的，民事主体可以请求记载；获得的荣誉称号记载错误的，民事主体可以请求更正。

第一千零五十五条 夫妻在婚姻家庭中地位平等。

第一千零六十七条 父母不履行抚养义务的，未成年子女或者不能独立生活的成年子女，有要求父母给付抚养费的权利。

成年子女不履行赡养义务的，缺乏劳动能力或者生活困难的父母，有要求成年子女给付赡养费的权利。

第一千零六十八条 父母有教育、保护未成年子女的权利和义务。未成年子女造成他人损害的，父母应当依法承担民事责任。

第一千零八十八条 夫妻一方因抚育子女、照料老年人、协助另一方工作等负担较多义务的，离婚时有权向另一方请求补偿，另一方应当给予补偿。具体办法由双方协议；协议不成的，由人民法院判决。

第一千零八十九条 离婚时，夫妻共同债务应当共同偿还。共同财产不足清偿或者财产归各自所有的，由双方协议清偿；协议不成的，由人民法院判决。

3.《家庭教育促进法》（2021年10月23日）

第二条 本法所称家庭教育，是指父母或者其他监护人为促进未成年人全面健康成长，对其实施的道德品质、身体素质、生活技能、文化修养、行为习惯等方面的培育、引导和影响。

第四条 未成年人的父母或者其他监护人负责实施家庭教育。

国家和社会为家庭教育提供指导、支持和服务。

国家工作人员应当带头树立良好家风，履行家庭教育责任。

第十四条 父母或者其他监护人应当树立家庭是第一个课堂、家长是第一任老师的责任意识，承担对未成年人实施家庭教育的主体责任，用正确思想、方法和行为教育未成年人养成良好思想、品行和习惯。

共同生活的具有完全民事行为能力的其他家庭成员应当协助和配合未成年人的父母或者其他监护人实施家庭教育。

第十五条 未成年人的父母或者其他监护人及其他家庭成员应当注重

家庭建设，培育积极健康的家庭文化，树立和传承优良家风，弘扬中华民族家庭美德，共同构建文明、和睦的家庭关系，为未成年人健康成长营造良好的家庭环境。

4.《未成年人保护法》(2024年4月26日)

第十五条　未成年人的父母或者其他监护人应当学习家庭教育知识，接受家庭教育指导，创造良好、和睦、文明的家庭环境。

共同生活的其他成年家庭成员应当协助未成年人的父母或者其他监护人抚养、教育和保护未成年人。

第十六条　未成年人的父母或者其他监护人应当履行下列监护职责：

（一）为未成年人提供生活、健康、安全等方面的保障；

（二）关注未成年人的生理、心理状况和情感需求；

（三）教育和引导未成年人遵纪守法、勤俭节约，养成良好的思想品德和行为习惯；

（四）对未成年人进行安全教育，提高未成年人的自我保护意识和能力；

（五）尊重未成年人受教育的权利，保障适龄未成年人依法接受并完成义务教育；

（六）保障未成年人休息、娱乐和体育锻炼的时间，引导未成年人进行有益身心健康的活动；

（七）妥善管理和保护未成年人的财产；

（八）依法代理未成年人实施民事法律行为；

（九）预防和制止未成年人的不良行为和违法犯罪行为，并进行合理管教；

（十）其他应当履行的监护职责。

第十七条　未成年人的父母或者其他监护人不得实施下列行为：

（一）虐待、遗弃、非法送养未成年人或者对未成年人实施家庭暴力；

（二）放任、教唆或者利用未成年人实施违法犯罪行为；

（三）放任、唆使未成年人参与邪教、迷信活动或者接受恐怖主义、分裂主义、极端主义等侵害；

（四）放任、唆使未成年人吸烟（含电子烟，下同）、饮酒、赌博、流浪乞讨或者欺凌他人；

（五）放任或者迫使应当接受义务教育的未成年人失学、辍学；

（六）放任未成年人沉迷网络，接触危害或者可能影响其身心健康的图书、报刊、电影、广播电视节目、音像制品、电子出版物和网络信息等；

（七）放任未成年人进入营业性娱乐场所、酒吧、互联网上网服务营业场所等不适宜未成年人活动的场所；

（八）允许或者迫使未成年人从事国家规定以外的劳动；

（九）允许、迫使未成年人结婚或者为未成年人订立婚约；

（十）违法处分、侵吞未成年人的财产或者利用未成年人牟取不正当利益；

（十一）其他侵犯未成年人身心健康、财产权益或者不依法履行未成年人保护义务的行为。

5.《义务教育法》（2018 年 12 月 29 日）

第五条 各级人民政府及其有关部门应当履行本法规定的各项职责，保障适龄儿童、少年接受义务教育的权利。

适龄儿童、少年的父母或者其他法定监护人应当依法保证其按时入学接受并完成义务教育。

依法实施义务教育的学校应当按照规定标准完成教育教学任务，保证教育教学质量。

社会组织和个人应当为适龄儿童、少年接受义务教育创造良好的环境。

6.《妇女权益保障法》（2022 年 10 月 30 日）

第七十条 父母双方对未成年子女享有平等的监护权。

父亲死亡、无监护能力或者有其他情形不能担任未成年子女的监护人的，母亲的监护权任何组织和个人不得干涉。

7.《涉外民事关系法律适用法》（2010年10月28日）

第二十三条　夫妻人身关系，适用共同经常居所地法律；没有共同经常居所地的，适用共同国籍国法律。

8.《最高人民法院关于适用〈中华人民共和国民法典〉婚姻家庭编的解释（二）》（2025年1月15日）

第十五条　父母双方以法定代理人身份处分用夫妻共同财产购买并登记在未成年子女名下的房屋后，又以违反民法典第三十五条规定损害未成年子女利益为由向相对人主张该民事法律行为无效的，人民法院不予支持。

9.《最高人民法院关于适用〈中华人民共和国民法典〉婚姻家庭编的解释（一）》（2020年12月29日）

第六十条　在离婚诉讼期间，双方均拒绝抚养子女的，可以先行裁定暂由一方抚养。

第六十一条　对拒不履行或者妨害他人履行生效判决、裁定、调解书中有关子女抚养义务的当事人或者其他人，人民法院可依照民事诉讼法第一百一十一条的规定采取强制措施。

❀ 典型案例

1. 某区民政局申请撤销谢某监护人资格纠纷案[①]
——监护人无法履行监护职责的，民政部门有权申请撤销监护人资格

◎ 关键词

民事　监护权　不履行监护职责　撤销监护权　民政部门

---

① 参见人民法院案例库，入库编号：2024-07-2-026-001。

◎ **基本案情**

谢某于2017年3月非婚生育一女李某某（父亲不详）。谢某因涉嫌贩毒，经法院判处有期徒刑四年，于2022年9月刑满释放。谢某在服刑期间，书面委托某区民政局代为监护照料李某某。某区公安分局、某区民政局转托某儿童福利院代养，并签订代养协议，相关费用由某区民政局承担。谢某刑满释放后，某区民政局为督促谢某履行监护照料李某某职责，于2022年9月致函某区某街道，寻找谢某并通知谢某与某区民政局一起去某儿童福利院，将李某某领回家监护养育。某街道及社区工作人员通知谢某及其父母后，多次做谢某及其父母的思想工作，要求将李某某领回家监护养育，谢某及其父母均表示无力抚养。2023年5月，某区民政局再次到所在社区做谢某的工作，均未果。谢某于当日向某区民政局出具了声明："由于我自身原因，不能从事长时间劳动，就业困难，无能力抚养非婚生女李某某，自愿放弃其抚养权，并声明不知道李某某的父亲是谁。"2023年5月，某街道出具声明："社区不具备监护李某某的条件，故放弃李某某的监护权。"现李某某已成为事实上无人抚养儿童。谢某刑满释放后，无固定住所，没有工作和收入来源，和父母兄弟住在一起。谢某父亲现年80岁，母亲71岁，年龄已大，无精力再照顾小孩，谢某的大女儿和其兄弟的儿子都是由谢某父母带大。谢某兄弟患淋巴癌，均靠谢某父母每月约3000元的养老金生活，家庭经济特别困难。由于家庭环境和年龄原因，谢某及其父母均表示无能力抚养，拒绝领回。为有利于李某某的健康成长，申请撤销谢某为其非婚生女李某某的监护人资格，并申请指定某区民政局为李某某的监护人。

◎ **裁判理由**

法院生效裁判认为，父母是未成年人子女的法定监护人，负有保护被监护人的身体健康、照顾被监护人的生活、管理和教育被监护人等的法定职责。根据《民法典》第三十六条第一款之规定，谢某对李某某怠于履行监护职责的行为已构成撤销监护人资格的情形，加之谢某亦自愿被撤销监护人资格，故对申请人某区民政局要求撤销谢某对李某某的监护人资格的请求予以支持。

关于指定监护的问题，指定监护人应当按照最有利于被监护人的原则。本案中，谢某的监护人资格被撤销，李某某父亲不明，李某某的外祖父母、姐姐及其所在社区居民委员会均表示无力履行监护职责，放弃对李某某的监护权。根据《民法典》第三十二条"没有依法具有监护资格的人的，监护人由民政部门担任，也可以由具备履行监护职责条件的被监护人住所地的居民委员会、村民委员会担任"的规定，李某某现实际由某区民政局进行托养，为保护李某某的生存、医疗、教育等合法权益，按照最有利于被监护人的原则，法院指定某区民政局为李某某的监护人。

◎ 裁判结果

四川省乐山市市中区人民法院于2023年6月13日作出（2023）川××××民特××号民事判决：一、撤销谢某为李某某的监护人的资格；二、指定某区民政局为李某某的监护人。

◎ 典型意义

未成年人的监护人长期怠于履行义务，导致未成年人缺乏生活关怀、处于危困状态的，符合《民法典》规定的撤销监护人资格的情形。民政部门提出撤销监护人资格申请的，人民法院应当依法撤销；民政部门同时申请指定其为监护人的，人民法院经审查，由民政部门担任监护人最有利于被监护人的，应当依法支持。

2. 张某甲、张某乙诉董某抚养费纠纷案①

◎ 基本案情

张某甲、张某乙向东营市河口区人民法院起诉称：两原告均系被告董某的女儿，2016年9月，被告与原告的父亲因夫妻感情不和协议离婚，离婚时双方协商，两原告均由父亲抚养，被告每月支付抚育费300元。被告与原告的父亲离婚后，两原告一直随父亲共同生活，被告没有按时支付抚

---

① 参见山东省高级人民法院微信公众号，https://mp.weixin.qq.com/s/d3T23Ri4yNcbEfAtdB3BJw，最后访问时间：2025年2月14日。

养费用。现在随着两原告年龄的增长、物价的提高，被告每月支付300元的抚养费远远不够两原告的需求，原告的父亲收入有限，独立承担原告的抚养费非常困难。为维护原告之合法权益，向法院提起诉讼，诉请依法判令被告向原告支付欠付的抚养费14400元；依法判令被告自2021年1月1日之日起向原告支付抚养费每月2000元；本案诉讼费由被告承担。

董某辩称，抚养费只能按每月300元支付。

东营市河口区人民法院经审理查明：张某甲、张某乙系张某与董某的婚生女，张某甲于2004年10月出生，现就读于某学校，上中专一年级，张某乙于2012年2月出生，现就读于某小学，上小学三年级。2016年9月张某与董某在利津县民政局协议离婚，约定张某甲、张某乙由张某抚养，董某每月支付抚养费300元；2017年4月23日张某与董某在东营市河口区人民法院主持下调解约定自2017年5月起董某每月支付张某甲、张某乙抚养费300元至张某甲、张某乙独立生活为止。

另查明，自2016年9月起至今，董某仅支付过张某甲、张某乙3个月的抚养费。

◎ 裁判要旨

夫妻离婚后，子女由一方直接抚养的，另一方应当负担部分或者全部抚养费。抚养费应当根据子女正常生活的实际需要，综合考虑当地实际生活水平、父母双方的经济收入、费用支出、现有生活负担、履行义务的可能性等因素作出合理认定。

◎ 裁判结果

东营市河口区人民法院判决：一、被告董某于本判决生效之日起十日内支付原告张某甲、张某乙欠付的抚养费14400元；二、被告董某自2020年1月起每月25日前支付原告张某甲、张某乙抚养费800元，至原告张某甲、张某乙独立生活为止；三、驳回原告张某甲、张某乙的其他诉讼请求。

判决后双方当事人未提出上诉。

◎ 典型意义

《民法典》第一千零五十八条明确规定，"夫妻双方平等享有对未成年子女抚养、教育和保护的权利，共同承担对未成年子女抚养、教育和保护的义务。"同时第一千零六十七条第一款规定，"父母不履行抚养义务的，未成年子女或者不能独立生活的成年子女，有要求父母给付抚养费的权利。"这是立法对家庭关系中父母与子女之间的法定权利与义务的基本要求。按照上述规定，离婚后，子女与一方共同生活，另一方的法定抚养义务并没有免除，因此应负担必要的抚养费，是其法定义务的要求。这里的抚养费具体来说应当包含生活费、教育费、医疗费等必要的费用，关于抚养费的给付数额如何确定，《民法典》第一千零八十五条规定，"离婚后，子女由一方直接抚养的，另一方应当负担部分或者全部抚养费。负担费用的多少和期限的长短，由双方协议；协议不成的，由人民法院判决。前款规定的协议或者判决，不妨碍子女在必要时向父母任何一方提出超过协议或者判决原定数额的合理要求。"根据上述规定，子女的生活费及教育费由一方承担部分或者全部承担均可；在子女抚养费数额的具体确定上，首先根据子女正常生活的实际需要，应能维持其衣、食、住、行、学、医的正常需求，同时需要综合考虑当地实际生活水平、父母双方的经济收入、费用支出、现有生活负担、履行义务的可能性等因素作出合理的认定。

关于抚养费的给付请求权主体及给付方式，根据《民法典》第一千零六十七条的规定，抚养费的给付请求权主体仅包括两类人：一是未成年子女；二是不能独立生活的成年子女。前者是指未满十八周岁的未成年人，而后者中"不能独立生活的成年子女"是指尚在校接受高中及其以下学历教育，或者丧失或未完全丧失劳动能力等非因主观原因而无法维持正常生活的成年子女。我国立法对抚养费的给付方式未作出明确要求，从实践来看，抚养费一般应当以金钱方式给付，且应当定期给付，有条件的可一次性给付。

实践中，随着我国高等教育及各类职业教育的普及，大中专院校及各类职业技术学校越来越成为适龄青少年的普遍选择。就我国传统习惯和绝大多数的家庭选择而言，未获得经济独立的子女就读大中专院校或职业类学校的费用，由有经济能力的父母支付已然成为社会广泛认同的惯例。

本案中，张某与被告董某约定离婚后被告董某每月支付抚养费300元，而原告张某甲目前就读中专类院校，张某乙系小学生，其二人均已入学，其生活、学习等需要一定的费用，300元难以维系张某甲和张某乙正常的生活、学习。综合考虑张某甲、张某乙实际需要、父母双方的经济收入、负担能力及当地实际生活水平等因素，法院酌情增加了抚养费数额。而张某与被告董某约定离婚后被告董某每月支付抚养费300元，故被告应按约定支付抚养费，其未按约支付，应承担全部责任，故原告要求被告支付所欠付抚养费14400元的主张，法院予以支持。

第一千零五十九条　夫妻相互扶养义务

夫妻有相互扶养的义务。

需要扶养的一方，在另一方不履行扶养义务时，有要求其给付扶养费的权利。

❋ 要点提示

对于本条的理解，需要注意以下几个方面：第一，夫妻之间的扶养，是指夫妻在物质上和精神上互相扶助、互相供养。这种权利和义务夫妻双方完全平等，有扶养能力的一方须自觉承担这一义务。在我国一些家庭中，妻子可能承担着更多的家庭、生育的责任，丈夫相比之下一般收入较高，夫妻双方的经济收入存在一定差距，在司法实践中，处理夫妻互相扶养的问题上，也更注重保护女方的合法权益。[1] 第二，这种互相扶养的权利义务因婚姻的存续而存在，而且该义务属于法定的夫妻互相扶养的义务，不得由夫妻双方约定排除。根据《民法典》第一千零六十五条规定，男女双方可以约定婚姻关系存续期间所得的财产以及婚前财产的归属，无论夫妻就财产的问题作出何种约定，都不能免除法定的扶养义务。[2] 第三，从内容上看，本条既规定了夫妻双方有扶养对方的义务，也规定了需要扶养的一方，有权请求对方履行扶养义务的权利。同时，本条规定了给付扶

---

[1] 黄薇主编：《中华人民共和国民法典婚姻家庭编解读》，中国法制出版社2020年版，第85页。
[2] 胡康生主编：《中华人民共和国婚姻法释义》，法律出版社2001年版，第81页。

养费的给付要件：其一，夫妻一方为需要扶养的人；其二，另一方有能力扶养但不履行扶养义务。依据本条第二款的规定，当一方违反这一义务，另一方有权要求其履行。第四，如果夫或妻一方因患病或者没有独立生活能力的，有扶养义务的配偶拒绝履行扶养义务，情节恶劣，构成犯罪的，应根据我国刑法的有关规定追究刑事责任。

关联规定

1.《民法典》（2020年5月28日）

第三十七条　依法负担被监护人抚养费、赡养费、扶养费的父母、子女、配偶等，被人民法院撤销监护人资格后，应当继续履行负担的义务。

第一百一十二条　自然人因婚姻家庭关系等产生的人身权利受法律保护。

第一百三十一条　民事主体行使权利时，应当履行法律规定的和当事人约定的义务。

第一百四十三条　具备下列条件的民事法律行为有效：

（一）行为人具有相应的民事行为能力；

（二）意思表示真实；

（三）不违反法律、行政法规的强制性规定，不违背公序良俗。

第一百五十三条　违反法律、行政法规的强制性规定的民事法律行为无效。但是，该强制性规定不导致该民事法律行为无效的除外。

违背公序良俗的民事法律行为无效。

第一百六十二条　代理人在代理权限内，以被代理人名义实施的民事法律行为，对被代理人发生效力。

第一百六十五条　委托代理授权采用书面形式的，授权委托书应当载明代理人的姓名或者名称、代理事项、权限和期限，并由被代理人签名或者盖章。

第一百六十六条　数人为同一代理事项的代理人的，应当共同行使代理权，但是当事人另有约定的除外。

第一百七十五条　有下列情形之一的，法定代理终止：

（一）被代理人取得或者恢复完全民事行为能力；

（二）代理人丧失民事行为能力；

（三）代理人或者被代理人死亡；

（四）法律规定的其他情形。

第一千零一条 对自然人因婚姻家庭关系等产生的身份权利的保护，适用本法第一编、第五编和其他法律的相关规定；没有规定的，可以根据其性质参照适用本编人格权保护的有关规定。

第一千零五条 自然人的生命权、身体权、健康权受到侵害或者处于其他危难情形的，负有法定救助义务的组织或者个人应当及时施救。

2.《刑法》（2023年12月29日）

第二百六十一条 对于年老、年幼、患病或者其他没有独立生活能力的人，负有扶养义务而拒绝扶养，情节恶劣的，处五年以下有期徒刑、拘役或者管制。

3.《老年人权益保障法》（2018年12月29日）

第二十三条 老年人与配偶有相互扶养的义务。

由兄、姐扶养的弟、妹成年后，有负担能力的，对年老无赡养人的兄、姐有扶养的义务。

4.《涉外民事关系法律适用法》（2010年10月28日）

第二十三条 夫妻人身关系，适用共同经常居所地法律；没有共同经常居所地的，适用共同国籍国法律。

第二十九条 扶养，适用一方当事人经常居所地法律、国籍国法律或者主要财产所在地法律中有利于保护被扶养人权益的法律。

5.《最高人民法院关于适用〈中华人民共和国民事诉讼法〉的解释》（2022年4月1日）

第二百一十八条 赡养费、扶养费、抚养费案件，裁判发生法律效力后，因新情况、新理由，一方当事人再行起诉要求增加或者减少费用的，人民法院应作为新案受理。

6. 《最高人民法院关于适用〈中华人民共和国民法典〉婚姻家庭编的解释（一）》（2020年12月29日）

第二十八条 一方未经另一方同意出售夫妻共同所有的房屋，第三人善意购买、支付合理对价并已办理不动产登记，另一方主张追回该房屋的，人民法院不予支持。

夫妻一方擅自处分共同所有的房屋造成另一方损失，离婚时另一方请求赔偿损失的，人民法院应予支持。

典型案例

1. 易某与张某扶养费纠纷案[1]

◎ **基本案情**

易某（女）与张某（男）系夫妻关系，共育一女。易某依靠自己打零工赚取生活费补贴家用，张某在某装饰公司任项目经理。易某体弱多病，2022年12月，易某在家中突发疾病晕倒，先后在长沙三家医院转诊治疗，被诊断患有大面积脑梗等疾病，花费医疗费13000余元。其间，张某仅通过微信转账900元给易某。出院后，张某将住院费报销据为己有，并在过完年后将易某送回娘家，此后对易某不闻不问。2023年7月，易某再次病重住院，其亲属无法联系到张某。2023年9月，易某诉至法院，要求张某承担扶养义务。

◎ **裁判要旨**

法院经审理认为，婚姻关系存续期间，夫妻负有相互扶养的义务，包括在生活上互相照应，在经济上互相供养，在精神上互为支柱，此义务具有法定性、强制性，一方不履行扶养义务时，另一方有要求给付扶养费的

---

[1] 参加湖南省高级人民法院网站，http：//hngy.hunancourt.gov.cn/article/detail/2024/04/id/7903607.shtml，最后访问时间：2025年2月14日。

权利。易某目前身患疾病，暂不能务工，且无其他经济来源，需扶养帮助。张某作为扶养人，应在能够承受的范围内对易某进行经济帮扶。法院根据张某的收入水平，考虑其赡养老人、抚养小孩及个人生活等支出情况，综合易某的医疗费用，最终酌情判决在婚姻关系存续期间，张某按每月500元的标准负担易某自2023年5月至2025年5月的扶养费。关于已住院的医疗费，双方以共同财产支付了部分，该院酌定张某承担易某三分之一的医疗费5479元。若婚姻关系解除、发生新的情况或2025年5月以后仍需要扶养的，则根据实际情况再行主张和调整。

◎ **典型意义**

《民法典》第一千零五十九条规定，夫妻有相互扶养的义务。需要扶养的一方，在另一方不履行扶养义务时，有要求其给付扶养费的权利。该义务基于夫妻身份关系而产生，是婚姻共同体的本质要求。婚内扶养不仅仅是一个道德问题，更是夫妻之间的法定义务，必须自觉履行。本案易某与张某系合法夫妻，易某长期患病，张某作为丈夫负有法定的扶养义务，应当在经济上供养、精神上慰藉和生活上照顾。本案裁判明确夫妻之间具有扶养的义务，充分保护了需要扶养一方的权利，也对不尽夫妻扶养义务的另一方起到警示作用。弘扬了社会主义核心价值观，倡导和谐、互助家庭关系，起到了法律对公民行为指引和思想教育的效果。

2. 张某与罗某扶养纠纷案[①]

◎ **基本案情**

张某（女）与罗某于2013年12月登记结婚。张某婚前患有疾病，在生育二胎后病情加重，罗某将张某送回娘家后，对张某的生活起居及治疗就医等漠不关心，也未主动承担相关费用。张某诉至法院要求罗某履行对其的扶养义务。

---

① 参见江西政法网，https：//www.jxzfw.gov.cn/2023/0330/2023033047488.html，最后访问时间：2025年2月14日。

◎ **裁判要旨**

江西省奉新县人民法院经审理认为，张某因罹患疾病，生活难以自理，罗某作为丈夫应当妥善照顾妻子，共渡难关。据此，依法判决罗某给付张某已花费的生活费，承担医疗费用等。宣判后，法院联合当地调解组织支月英工作室，多次上门开展家庭教育，罗某认识到错误，主动将张某接回家中共同生活，悉心照料并安排就医。

◎ **典型意义**

夫妻之间相互扶助、患难与共，不仅是道德上的义务，更受法律的约束。《民法典》第一千零五十九条明确了夫妻有相互扶养的法定义务。在夫妻一方失去独立生活能力，或因患病、年老等原因需要扶养时，另一方应当主动尽责、积极作为，而不能推脱逃避。本案中，法院依法判决支持张某诉请，彰显了夫妻间扶养义务的法定强制性，同时又积极对罗某进行教育引导，宣扬夫妻间互相尊重、互相关爱的家庭美德，让家庭顺利重回正轨，解决了患病妻子的后顾之忧，实现了法律效果和社会效果的有机统一。

3. 马某某与任某离婚纠纷案①

◎ **基本案情**

马某某（男）与任某（女）于2007年登记结婚，婚后育有一女。双方婚前、婚初感情较好。任某于2015年确诊患有甲状腺乳头状癌、颈部淋巴结转移癌。后马某某曾两次起诉要求离婚，法院均判决驳回马某某的诉讼请求。现马某某再次诉至法院，称夫妻感情已经破裂，要求判决离婚。

◎ **裁判结果**

法院生效裁判认为，双方系自由恋爱、自主婚姻，婚前感情基础深厚，婚后感情融洽，婚龄已达十二年之久，并育有一女。现任某身患多种

---

① 参见天津法院网，https://tjfy.tjcourt.gov.cn/article/detail/2021/03/id/5853293.shtml，最后访问时间：2025年2月14日。

疾病，需要家人照顾和家庭温暖帮助其渡过难关，任某在庭审中多次表示希望马某某回归家庭。法院念及任某患有重大疾病，更需要马某某的关心及照顾，希望双方在生活中能够互相理解、互相体谅，共同增进夫妻感情，维护好家庭生活，故判决驳回马某某离婚的诉讼请求。

◎ 典型意义

本案是女方患有重大疾病，法院判决不准男方离婚，保护妇女权益的典型案例。根据《民法典》第一千零四十三条、第一千零五十九条之规定，夫妻双方应互相关爱、互相帮助，并负有法律上相互扶养的义务。本案中，女方患有多项癌症，且难以治愈，男方现提起离婚，如果法院机械适用法律规定判决双方离婚，可能导致女方情感和经济双重受挫，尤其是在女方患有癌症的情况下更是难以承受。故法院通过裁判对于男方不履行夫妻义务，抛弃患有重大疾病的配偶这一行为作出了否定性评价。

第一千零六十条　日常家事代理权

> 夫妻一方因家庭日常生活需要而实施的民事法律行为，对夫妻双方发生效力，但是夫妻一方与相对人另有约定的除外。
>
> 夫妻之间对一方可以实施的民事法律行为范围的限制，不得对抗善意相对人。

※ 要点提示

本条是对婚姻关系存续期间日常家事代理权的规定，规范意旨在于便利夫妻实施日常生活需要范围内的民事法律行为，保护交易安全。[①]

关于日常家事代理权的效力。日常家事代理权与一般的代理制度存在的差异是：在一般的代理中，代理人所实施的民事法律行为仅对被代理人

[①] 参见黄薇主编：《中华人民共和国民法典婚姻家庭编解读》，中国法制出版社2020年版，第87页；江莹：《日常家事代理权的构成要件及探讨》，载《法学杂志》2011年第7期；马忆南、杨朝：《日常家事代理权研究》，载《法学家》2000年第4期。

发生效力，在日常家事代理权中，夫妻一方所从事的民事法律行为的效力不仅仅及于被代理人，同时也对代理人发生效力，"对夫妻双方发生效力"即为日常家事代理权法律效力特殊性的体现。对夫妻双方发生效力意味着夫妻双方应当对日常家事代理权范围内的民事法律行为产生的债务承担连带责任，夫妻双方应以个人财产以及夫妻共同财产中的潜在份额清偿债务。① 针对日常家事代理权的判断，关键在于夫妻一方实施的是不是日常生活需要范围内的民事法律行为。一般而言，满足夫妻基本需求的衣食住行、医疗服务、为抚养及教育子女所实施的民事法律行为属日常生活需要范围。②

本条第二款是对夫妻内部作出的限制一方实施民事法律行为约定效力的规定，夫妻之间的此种限制约定无法为第三人所知晓，为保护交易安全，此种约定不得对抗善意第三人。在举证责任上，适用本条第一款时，第三人负有举证责任以证明所实施的民事法律行为属于日常生活需要范围内，但第三人只需证明：站在客观理性第三人的视角，当事人所实施的民事法律行为属日常生活需要范围内的事务，无须举证证明所实施的民事法律行为实际服务于日常生活。③ 在适用本条第二款时，夫妻负有举证责任以证明第三人并非善意。

关联规定

1. 《民法典》（2020 年 5 月 28 日）

第一千零一条 对自然人因婚姻家庭关系等产生的身份权利的保护，适用本法第一编、第五编和其他法律的相关规定；没有规定的，可以根据

---

① 夫妻应就因行使日常家事代理权所产生债务承担连带责任这一结论在理论界得到广泛支持，参见朱虎：《夫妻债务的具体类型和责任承担》，载《法学评论》2019 年第 5 期；汪洋：《夫妻债务的基本类型、责任基础与责任财产——最高人民法院〈夫妻债务解释〉实体法评析》，载《当代法学》2019 年第 3 期。

② 参见叶名怡：《"共债共签"原则应写入〈民法典〉》，载《东方法学》2019 年第 1 期；冉克平：《论因"家庭日常生活需要"引起的夫妻共同债务》，载《江汉论坛》2018 年第 7 期。但购买不动产一般涉及的金额较大，不宜界定为因日常家庭生活需要而实施的民事法律行为。

③ 参见朱虎：《夫妻债务的具体类型和责任承担》，载《法学评论》2019 年第 5 期。

其性质参照适用本编人格权保护的有关规定。

第一千零五十五条 夫妻在婚姻家庭中地位平等。

第一千零六十四条 夫妻双方共同签名或者夫妻一方事后追认等共同意思表示所负的债务，以及夫妻一方在婚姻关系存续期间以个人名义为家庭日常生活需要所负的债务，属于夫妻共同债务。

夫妻一方在婚姻关系存续期间以个人名义超出家庭日常生活需要所负的债务，不属于夫妻共同债务；但是，债权人能够证明该债务用于夫妻共同生活、共同生产经营或者基于夫妻双方共同意思表示的除外。

2.《涉外民事关系法律适用法》（2010年10月28日）

第二十三条 夫妻人身关系，适用共同经常居所地法律；没有共同经常居所地的，适用共同国籍国法律。

3.《最高人民法院关于适用〈中华人民共和国民法典〉婚姻家庭编的解释（一）》（2020年12月29日）

第三十三条 债权人就一方婚前所负个人债务向债务人的配偶主张权利的，人民法院不予支持。但债权人能够证明所负债务用于婚后家庭共同生活的除外。

第三十四条 夫妻一方与第三人串通，虚构债务，第三人主张该债务为夫妻共同债务的，人民法院不予支持。

夫妻一方在从事赌博、吸毒等违法犯罪活动中所负债务，第三人主张该债务为夫妻共同债务的，人民法院不予支持。

第三十五条 当事人的离婚协议或者人民法院生效判决、裁定、调解书已经对夫妻财产分割问题作出处理的，债权人仍有权就夫妻共同债务向男女双方主张权利。

一方就夫妻共同债务承担清偿责任后，主张由另一方按照离婚协议或者人民法院的法律文书承担相应债务的，人民法院应予支持。

第三十六条 夫或者妻一方死亡的，生存一方应当对婚姻关系存续期间的夫妻共同债务承担清偿责任。

❋ 典型案例

某某银行金融借款合同纠纷[①]

◎ 基本案情

某某银行申请再审称：根据《民法典》第一千零六十条的规定："夫妻一方因家庭日常生活需要而实施的民事法律行为，对夫妻双方发生效力，但是夫妻一方与相对人另有约定的除外。"以及第一千零六十四条的规定："……以及夫妻一方在婚姻关系存续期间以个人名义为家庭日常生活需要所负的债务，属于夫妻共同债务。"本案中，借款人刘某2（2020年6月28日死亡）与王某于2011年登记结婚，婚姻关系存续期间双方没有约定夫妻分别财产制等财产制度，刘某2与王某婚姻关系存续期间所得的财产为夫妻共同财产；刘某2、王某均为农业户口，职业均为农民，刘某2所借案涉贷款用途为农村生产经营，刘某2是因家庭日常生活所需而与某某银行签订《某河e贷授信借款合同》，并将某某银行实际发放的案涉贷款80000元用于了农村生产生活，故该笔借款行为对于刘某2及其妻子王某是具有法律效力的，案涉债务属于刘某2及其妻子王某的夫妻共同债务；虽然刘某2已经死亡，其民事主体资格已丧失，但王某仍然有义务清偿该笔夫妻共同债务。

◎ 裁判理由

再审法院经审查认为，案涉《某河e贷授信借款合同》载明的借款人为刘某2，王某并未被列为共同借款人，且王某在借款发放后亦未对案涉借款进行追认，某某银行亦未提交充分证据证明案涉借款系用于王某与刘某2夫妻共同生活生产经营需要。故一、二审法院对某某银行要求王某对案涉借款承担偿还责任的诉讼请求不予支持并无不当，某某银行的再审申请理由不能成立。

[①] 参见（2023）宁民申1191号民事裁定书，载中国裁判文书网，最后访问时间：2025年4月24日。

◎ **裁判结果**

某某银行的再审申请不符合《民事诉讼法》第二百零七条第二项、第六项规定的情形。依照规定，裁定如下：驳回某某银行的再审申请。

第一千零六十一条　夫妻相互继承权

夫妻有相互继承遗产的权利。

❋ **要点提示**

本条是对夫妻遗产继承权的规定。《民法典》第一千一百二十六条对继承权男女平等予以规定，按照《民法典》第一千一百二十七条规定，配偶属于法定继承中第一顺序的继承人，享有与其他第一顺序的继承人共同继承遗产的权利，本条是对第一千一百二十六条、第一千一百二十七条规定的贯彻。

首先，本条的适用对象。只有夫妻才享有相互继承遗产的权利，在双方符合结婚实质要件但尚未办理结婚登记时，应区分不同情形作不同处理：其一，双方在1994年2月1日《婚姻登记管理条例》公布实施之前，已经符合结婚实质要件的，应当视为当事人之间具有婚姻关系，男女双方可主张行使继承权。其二，双方在1994年2月1日之后符合结婚实质要件的，若双方已补办结婚登记，则结婚登记溯及双方符合结婚实质要件时生效，一方在另一方死亡后可主张继承权；若双方拒绝补办结婚登记，则双方不得主张行使继承权；若一方死亡，由于另一方无法申请办理结婚登记，不能取得配偶身份，此时尚未死亡的一方仍无法依据本条主张行使对死亡一方遗产的继承权。

其次，本条的适用范围。在婚姻关系存续期间夫妻分居之时、在双方诉讼离婚但法院尚未作出离婚判决之时、在双方协议离婚但尚未完成离婚登记之时，一方死亡的，另一方也享有继承对方遗产的权利。[1]

---

[1] 参见邹伟：《配偶法定继承权重塑中对婚姻家庭伦理的考量》，载《现代法学》2014年第3期。

最后，夫妻遗产继承权与遗嘱自由之间的协调。当不存在遗嘱、遗赠、遗赠扶养协议时，配偶的继承权按照法定继承规则即可实现。但是，死亡一方却可能通过遗赠等形式排除生存配偶一方的继承权，此时，死亡一方的意思自治与配偶继承权的保护之间发生冲突。我国并未对特留份制度予以规定，在此背景下应当结合公序良俗原则等民法基本原则判断被继承人的遗嘱自由是否损害配偶的继承权。

关联规定

1.《民法典》（2020 年 5 月 28 日）

第一百一十二条　自然人因婚姻家庭关系等产生的人身权利受法律保护。

第一千一百二十二条　遗产是自然人死亡时遗留的个人合法财产。

依照法律规定或者根据其性质不得继承的遗产，不得继承。

第一千一百二十七条　遗产按照下列顺序继承：

（一）第一顺序：配偶、子女、父母；

（二）第二顺序：兄弟姐妹、祖父母、外祖父母。

继承开始后，由第一顺序继承人继承，第二顺序继承人不继承；没有第一顺序继承人继承的，由第二顺序继承人继承。

本编所称子女，包括婚生子女、非婚生子女、养子女和有扶养关系的继子女。

本编所称父母，包括生父母、养父母和有扶养关系的继父母。

本编所称兄弟姐妹，包括同父母的兄弟姐妹、同父异母或者同母异父的兄弟姐妹、养兄弟姐妹、有扶养关系的继兄弟姐妹。

第一千一百五十三条　夫妻共同所有的财产，除有约定的外，遗产分割时，应当先将共同所有的财产的一半分出为配偶所有，其余的为被继承人的遗产。

遗产在家庭共有财产之中的，遗产分割时，应当先分出他人的财产。

第一千一百五十七条　夫妻一方死亡后另一方再婚的，有权处分所继承的财产，任何组织或者个人不得干涉。

2.《农村土地承包法》（2018年12月29日）

第三十二条　承包人应得的承包收益，依照继承法的规定继承。

林地承包的承包人死亡，其继承人可以在承包期内继续承包。

第五十四条　依照本章规定通过招标、拍卖、公开协商等方式取得土地经营权的，该承包人死亡，其应得的承包收益，依照继承法的规定继承；在承包期内，其继承人可以继续承包。

3.《妇女权益保障法》（2022年10月30日）

第五十八条　妇女享有与男子平等的继承权。妇女依法行使继承权，不受歧视。

丧偶妇女有权依法处分继承的财产，任何组织和个人不得干涉。

4.《涉外民事关系法律适用法》（2010年10月28日）

第二十三条　夫妻人身关系，适用共同经常居所地法律；没有共同经常居所地的，适用共同国籍国法律。

第二十四条　夫妻财产关系，当事人可以协议选择适用一方当事人经常居所地法律、国籍国法律或者主要财产所在地法律。当事人没有选择的，适用共同经常居所地法律；没有共同经常居所地的，适用共同国籍国法律。

5.《最高人民法院关于适用〈中华人民共和国民法典〉婚姻家庭编的解释（一）》（2020年12月29日）

第八条　未依据民法典第一千零四十九条规定办理结婚登记而以夫妻名义共同生活的男女，一方死亡，另一方以配偶身份主张享有继承权的，依据本解释第七条的原则处理。

❋ 典型案例

张某某、某镇某村民委员会土地承包经营权纠纷案①

◎ 基本案情

上诉人张某某因与被上诉人某镇某村民委员会土地承包经营权纠纷一案，不服鞍山市千山区人民法院（2022）辽××××民初×××号民事裁定，向本院提起上诉。张某某上诉请求：（1）撤销鞍山市千山区人民法院（2022）辽××××民初×××民事裁定，并给予改判；（2）撤销被上诉人委托诉讼代理人谷某某诉讼职权；（3）判令被上诉人承担全部诉讼费。事实和理由：被上诉人欠配上诉人等四人荒山合同份额计1500平方米。本案起因被上诉人于1983年全国实行联产承包责任制时，对全村实行统一按居住人口制定的分配荒山流水合同。陈某1代全家四口人签字认领三亩地合同。但经实际经营考察欠缺一半计1500平方米荒山。随后上诉人相继多年向被上诉人追讨，均以各种借口推脱。1987年经时任村支部书记王某某派人测查确认欠配上诉人荒山，1987年5月间上诉人亲自向王某某书记申请荒山欠配补偿。据测查郭某某（多年的村会计）等人证实"误把三角形差当四边形计算"。于是经王某某书记带领本人落实村办企业采石场一角补偿（非3000平方米）。采石场一角石块横飞，杂草丛生、且石块叠加3-4尺厚，又是村集体采石场作业区无法经营。故此拒绝接收。2000年被上诉人故意回避上诉人完善承包合同。2000年全村大部分实行完善单独承包荒山合同，因上诉人涉及补偿纠纷未果，所以当时被上诉人因忌惮故意不予通知上诉人补充完善承包合同，其责任在被上诉人。原审2022年3月4日立案，3月22日开庭，5月16日组织调解。被上诉人只电话承诺补偿山顶39棵果树，且被上诉人有权随时无偿收回。原裁定违反《民法典》第一千零六十一条"夫妻有相互继承遗产的权利"的规定，应当撤销。

---

① 参见（2022）辽03民终2672号民事裁定书，载中国裁判文书网，最后访问时间：2025年4月24日。

◎ 裁判理由

一审法院认为,张某某提供的土地附记账显示,陈某1户分得的荒地为4人份,对此陈家村委会未提出异议。陈某1去世后,现张某某作为权利人之一提起诉讼,主张两人土地份额,属于缺主体,故一审法院先行裁定驳回起诉,当事人可待主体等问题解决后另行主张权利。依照《民事诉讼法》第一百二十二条、第一百五十七条第一款第三项规定,裁定:驳回张某某的起诉。张某某已预交案件受理费100元退还张某某。

二审法院认为,本案系上诉人张某某与被上诉人某镇某村委会就土地承包经营权所产生的纠纷,故本案案由应为土地承包经营权纠纷,一审法院确定案由为物权纠纷不当,本院二审予以变更。根据上诉人张某某提供的被上诉人陈家村委会附记账复印件所载,上诉人丈夫陈某1所认领的为4人份额3亩荒地,而当时上诉人的家庭成员除陈某1及上诉人张某某外,尚有二人之女陈某2、二人之子陈某3。故在陈某1去世后,张某某所主张的土地承包经营权的权利主体应为张某某、陈某2、陈某3三人,现仅张某某一人起诉,陈某2、陈某3未参加诉讼,张某某亦无证据证明其起诉获得陈某2、陈某3的授权。据此,一审法院先行裁定驳回起诉并无不当,本院予以维持。

◎ 裁判结果

一审法院裁定:驳回张某某的起诉。

二审法院裁定:驳回上诉,维持原裁定。

第一千零六十二条　夫妻共同财产

夫妻在婚姻关系存续期间所得的下列财产,为夫妻的共同财产,归夫妻共同所有:

(一)工资、奖金、劳务报酬;

(二)生产、经营、投资的收益;

(三)知识产权的收益;

（四）继承或者受赠的财产，但是本法第一千零六十三条第三项规定的除外；

（五）其他应当归共同所有的财产。

夫妻对共同财产，有平等的处理权。

要点提示

本条是对夫妻共同财产制的规定，新增规定劳务报酬、投资收益为夫妻共同财产。夫妻婚后所得共同制的基础在于协力理论，在婚姻关系存续期间，推定夫妻任何一方对另一方取得收入、获得财产作出贡献，夫妻双方对各自所获得的财产为共同所有。[1] 协力或贡献并非仅仅指的是夫妻另一方实际参与到财产的取得过程中，还包括夫妻另一方抽象地为配偶取得财产作出贡献。对夫妻共同财产制的理解应从如下几个方面把握：

首先，夫妻对婚后所得财产的共同所有与物权编中共同共有之间的关系。对于夫妻共同财产而言，应当与《民法典》第三百零八条所规定的家庭成员之间的共同共有关系进行区分，对于婚姻关系被宣告无效或者被撤销的当事人，同居期间的财产应按照共同共有处理，而婚姻效力不存在瑕疵的夫妻共同财产并非物权法意义上的共同共有。

其次，夫妻共同财产的类型，除工资、奖金、劳务报酬，生产、经营、投资的收益因体现夫妻之间的相互贡献与协力为夫妻共同财产外，还存在多种其他类型的夫妻共同财产：婚姻关系存续期间知识产权收益为夫妻共同财产；婚后夫妻继承或受赠的财产原则上为夫妻共同财产；其他应归夫妻共同所有的财产，包括一方以个人财产投资取得的收益，夫妻双方实际取得或应当取得的住房补贴、住房公积金，夫妻双方实际取得或应当取得的养老保险金、破产安置补偿费。[2]

最后，夫妻共同财产制并不排斥夫妻之间在婚姻关系存续期间内产生

---

[1] 参见龙俊：《夫妻共同财产的潜在共有》，载《法学研究》2017年第4期。
[2] 《最高人民法院关于适用〈中华人民共和国婚姻法〉若干问题的解释（二）》第十一条。

债权债务关系。夫妻一方婚前购买房屋并支付首付款,房屋登记在首付款支付方名下,婚后夫妻以共同财产偿还贷款时,双方共同还贷支付的款项及其相对应增值部分应当由产权登记一方对另一方进行补偿。婚姻关系存续期间,夫妻以共同财产出资购买以一方父母名义参加房改的房屋,产权登记在一方父母名下,在离婚时购买该房屋的出资可作为债权予以处理。

关联规定

1.《民法典》(2020年5月28日)

第二百九十九条　共同共有人对共有的不动产或者动产共同享有所有权。

第一千零五十二条　因胁迫结婚的,受胁迫的一方可以向人民法院请求撤销婚姻。

请求撤销婚姻的,应当自胁迫行为终止之日起一年内提出。

被非法限制人身自由的当事人请求撤销婚姻的,应当自恢复人身自由之日起一年内提出。

第一千零五十三条　一方患有重大疾病的,应当在结婚登记前如实告知另一方;不如实告知的,另一方可以向人民法院请求撤销婚姻。

请求撤销婚姻的,应当自知道或者应当知道撤销事由之日起一年内提出。

第一千零五十九条　夫妻有相互扶养的义务。

需要扶养的一方,在另一方不履行扶养义务时,有要求其给付扶养费的权利。

第一千零八十七条　离婚时,夫妻的共同财产由双方协议处理;协议不成的,由人民法院根据财产的具体情况,按照照顾子女、女方和无过错方权益的原则判决。

对夫或者妻在家庭土地承包经营中享有的权益等,应当依法予以保护。

第一千零九十二条　夫妻一方隐藏、转移、变卖、毁损、挥霍夫妻共同财产,或者伪造夫妻共同债务企图侵占另一方财产的,在离婚分割夫妻共同财产时,对该方可以少分或者不分。离婚后,另一方发现有上述行为的，可以向人民法院提起诉讼，请求再次分割夫妻共同财产。

2. 《涉外民事关系法律适用法》（2010年10月28日）

第二十四条 夫妻财产关系，当事人可以协议选择适用一方当事人经常居所地法律、国籍国法律或者主要财产所在地法律。当事人没有选择的，适用共同经常居所地法律；没有共同经常居所地的，适用共同国籍国法律。

3. 《最高人民法院关于适用〈中华人民共和国民法典〉婚姻家庭编的解释（二）》（2025年1月15日）

第六条 夫妻一方未经另一方同意，在网络直播平台用夫妻共同财产打赏，数额明显超出其家庭一般消费水平，严重损害夫妻共同财产利益的，可以认定为民法典第一千零六十六条和第一千零九十二条规定的"挥霍"。另一方请求在婚姻关系存续期间分割夫妻共同财产，或者在离婚分割夫妻共同财产时请求对打赏一方少分或者不分的，人民法院应予支持。

第七条 夫妻一方为重婚、与他人同居以及其他违反夫妻忠实义务等目的，将夫妻共同财产赠与他人或者以明显不合理的价格处分夫妻共同财产，另一方主张该民事法律行为违背公序良俗无效的，人民法院应予支持并依照民法典第一百五十七条规定处理。

夫妻一方存在前款规定情形，另一方以该方存在转移、变卖夫妻共同财产行为，严重损害夫妻共同财产利益为由，依据民法典第一千零六十六条规定请求在婚姻关系存续期间分割夫妻共同财产，或者依据民法典第一千零九十二条规定请求在离婚分割夫妻共同财产时对该方少分或者不分的，人民法院应予支持。

第八条 婚姻关系存续期间，夫妻购置房屋由一方父母全额出资，如果赠与合同明确约定只赠与自己子女一方的，按照约定处理；没有约定或者约定不明确的，离婚分割夫妻共同财产时，人民法院可以判决该房屋归出资人子女一方所有，并综合考虑共同生活及孕育共同子女情况、离婚过错、对家庭的贡献大小以及离婚时房屋市场价格等因素，确定是否由获得房屋一方对另一方予以补偿以及补偿的具体数额。

婚姻关系存续期间，夫妻购置房屋由一方父母部分出资或者双方父母出资，如果赠与合同明确约定相应出资只赠与自己子女一方的，按照约定处理；没有约定或者约定不明确的，离婚分割夫妻共同财产时，人民法院可以根据当事人诉讼请求，以出资来源及比例为基础，综合考虑共同生活及孕育共同子女情况、离婚过错、对家庭的贡献大小以及离婚时房屋市场价格等因素，判决房屋归其中一方所有，并由获得房屋一方对另一方予以合理补偿。

第九条 夫妻一方转让用夫妻共同财产出资但登记在自己名下的有限责任公司股权，另一方以未经其同意侵害夫妻共同财产利益为由请求确认股权转让合同无效的，人民法院不予支持，但有证据证明转让人与受让人恶意串通损害另一方合法权益的除外。

第十条 夫妻以共同财产投资有限责任公司，并均登记为股东，双方对相应股权的归属没有约定或者约定不明确，离婚时，一方请求按照股东名册或者公司章程记载的各自出资额确定股权分割比例的，人民法院不予支持；对当事人分割夫妻共同财产的请求，人民法院依照民法典第一千零八十七条规定处理。

第十一条 夫妻一方以另一方可继承的财产为夫妻共同财产、放弃继承侵害夫妻共同财产利益为由主张另一方放弃继承无效的，人民法院不予支持，但有证据证明放弃继承导致放弃一方不能履行法定扶养义务的除外。

4.《最高人民法院关于适用〈中华人民共和国民法典〉婚姻家庭编的解释（一）》（2020年12月29日）

第二十四条 民法典第一千零六十二条第一款第三项规定的"知识产权的收益"，是指婚姻关系存续期间，实际取得或者已经明确可以取得的财产性收益。

第二十五条 婚姻关系存续期间，下列财产属于民法典第一千零六十二条规定的"其他应当归共同所有的财产"：

（一）一方以个人财产投资取得的收益；

（二）男女双方实际取得或者应当取得的住房补贴、住房公积金；

（三）男女双方实际取得或者应当取得的基本养老金、破产安置补偿费。

第二十六条　夫妻一方个人财产在婚后产生的收益，除孳息和自然增值外，应认定为夫妻共同财产。

第二十七条　由一方婚前承租、婚后用共同财产购买的房屋，登记在一方名下的，应当认定为夫妻共同财产。

第二十八条　一方未经另一方同意出售夫妻共同所有的房屋，第三人善意购买、支付合理对价并已办理不动产登记，另一方主张追回该房屋的，人民法院不予支持。

夫妻一方擅自处分共同所有的房屋造成另一方损失，离婚时另一方请求赔偿损失的，人民法院应予支持。

第二十九条　当事人结婚前，父母为双方购置房屋出资的，该出资应当认定为对自己子女个人的赠与，但父母明确表示赠与双方的除外。

当事人结婚后，父母为双方购置房屋出资的，依照约定处理；没有约定或者约定不明确的，按照民法典第一千零六十二条第一款第四项规定的原则处理。

第七十一条　人民法院审理离婚案件，涉及分割发放到军人名下的复员费、自主择业费等一次性费用的，以夫妻婚姻关系存续年限乘以年平均值，所得数额为夫妻共同财产。

前款所称年平均值，是指将发放到军人名下的上述费用总额按具体年限均分得出的数额。其具体年限为人均寿命七十岁与军人入伍时实际年龄的差额。

第七十二条　夫妻双方分割共同财产中的股票、债券、投资基金份额等有价证券以及未上市股份有限公司股份时，协商不成或者按市价分配有困难的，人民法院可以根据数量按比例分配。

第七十三条　人民法院审理离婚案件，涉及分割夫妻共同财产中以一方名义在有限责任公司的出资额，另一方不是该公司股东的，按以下情形分别处理：

（一）夫妻双方协商一致将出资额部分或者全部转让给该股东的配偶，其他股东过半数同意，并且其他股东均明确表示放弃优先购买权的，该股东的配偶可以成为该公司股东；

（二）夫妻双方就出资额转让份额和转让价格等事项协商一致后，其他股东半数以上不同意转让，但愿意以同等条件购买该出资额的，人民法院可以对转让出资所得财产进行分割。其他股东半数以上不同意转让，也不愿意以同等条件购买该出资额的，视为其同意转让，该股东的配偶可以成为该公司股东。

用于证明前款规定的股东同意的证据，可以是股东会议材料，也可以是当事人通过其他合法途径取得的股东的书面声明材料。

第七十四条 人民法院审理离婚案件，涉及分割夫妻共同财产中以一方名义在合伙企业中的出资，另一方不是该企业合伙人的，当夫妻双方协商一致，将其合伙企业中的财产份额全部或者部分转让给对方时，按以下情形分别处理：

（一）其他合伙人一致同意的，该配偶依法取得合伙人地位；

（二）其他合伙人不同意转让，在同等条件下行使优先购买权的，可以对转让所得的财产进行分割；

（三）其他合伙人不同意转让，也不行使优先购买权，但同意该合伙人退伙或者削减部分财产份额的，可以对结算后的财产进行分割；

（四）其他合伙人既不同意转让，也不行使优先购买权，又不同意该合伙人退伙或者削减部分财产份额的，视为全体合伙人同意转让，该配偶依法取得合伙人地位。

第七十五条 夫妻以一方名义投资设立个人独资企业的，人民法院分割夫妻在该个人独资企业中的共同财产时，应当按照以下情形分别处理：

（一）一方主张经营该企业的，对企业资产进行评估后，由取得企业资产所有权一方给予另一方相应的补偿；

（二）双方均主张经营该企业的，在双方竞价基础上，由取得企业资产所有权的一方给予另一方相应的补偿；

（三）双方均不愿意经营该企业的，按照《中华人民共和国个人独资企业法》等有关规定办理。

第七十六条　双方对夫妻共同财产中的房屋价值及归属无法达成协议时，人民法院按以下情形分别处理：

（一）双方均主张房屋所有权并且同意竞价取得的，应当准许；

（二）一方主张房屋所有权的，由评估机构按市场价格对房屋作出评估，取得房屋所有权的一方应当给予另一方相应的补偿；

（三）双方均不主张房屋所有权的，根据当事人的申请拍卖、变卖房屋，就所得价款进行分割。

第七十九条　婚姻关系存续期间，双方用夫妻共同财产出资购买以一方父母名义参加房改的房屋，登记在一方父母名下，离婚时另一方主张按照夫妻共同财产对该房屋进行分割的，人民法院不予支持。购买该房屋时的出资，可以作为债权处理。

第八十条　离婚时夫妻一方尚未退休、不符合领取基本养老金条件，另一方请求按照夫妻共同财产分割基本养老金的，人民法院不予支持；婚后以夫妻共同财产缴纳基本养老保险费，离婚时一方主张将养老金账户中婚姻关系存续期间个人实际缴纳部分及利息作为夫妻共同财产分割的，人民法院应予支持。

第八十一条　婚姻关系存续期间，夫妻一方作为继承人依法可以继承的遗产，在继承人之间尚未实际分割，起诉离婚时另一方请求分割的，人民法院应当告知当事人在继承人之间实际分割遗产后另行起诉。

第八十三条　离婚后，一方以尚有夫妻共同财产未处理为由向人民法院起诉请求分割的，经审查该财产确属离婚时未涉及的夫妻共同财产，人民法院应当依法予以分割。

第八十五条　夫妻一方申请对配偶的个人财产或者夫妻共同财产采取保全措施的，人民法院可以在采取保全措施可能造成损失的范围内，根据实际情况，确定合理的财产担保数额。

典型案例

雷某某诉宋某某离婚纠纷案[1]

◎ **关键词**

民事　离婚　离婚时　擅自处分共同财产

◎ **裁判要点**

一方在离婚诉讼期间或离婚诉讼前，隐藏、转移、变卖、毁损夫妻共同财产，或伪造债务企图侵占另一方财产的，离婚分割夫妻共同财产时，依照《婚姻法》第四十七条的规定可以少分或不分财产。

◎ **基本案情**

原告雷某某（女）和被告宋某某于 2003 年 5 月 19 日登记结婚，双方均系再婚，婚后未生育子女。双方婚后因琐事感情失和，于 2013 年上半年产生矛盾，并于 2014 年 2 月分居。雷某某曾于 2014 年 3 月起诉要求与宋某某离婚，经法院驳回后，双方感情未见好转。2015 年 1 月，雷某某再次诉至法院要求离婚，并依法分割夫妻共同财产。宋某某认为夫妻感情并未破裂、不同意离婚。

雷某某称宋某某名下在乙银行的账户内有共同存款 37 万元，并提交存取款凭单、转账凭单作为证据。宋某某称该 37 万元，来源于婚前房屋拆迁补偿款及养老金，现尚剩余 20 万元左右（含养老金 14322.48 元），并提交账户记录、判决书、案款收据等证据。

宋某某称雷某某名下有共同存款 25 万元，要求依法分割。雷某某对此不予认可，一审庭审中其提交在甲银行尾号为 4179 账户自 2014 年 1 月 26 日起的交易明细，显示至 2014 年 12 月 21 日该账户余额为 262.37 元。二审审理期间，应宋某某的申请，法院调取了雷某某上述甲银行账号自 2012 年 11 月 26 日开户后的银行流水明细，显示雷某某于 2013 年 4 月 30 日通过 ATM 转账及卡取的方式将该账户内的 195000 元转至案外人雷某齐

---

[1] 参见中华人民共和国最高人民法院网站，https://www.court.gov.cn/shenpan/xiangqing/27821.html，最后访问时间：2025 年 2 月 14 日。

名下。宋某某认为该存款是其婚前房屋出租所得，应归双方共同所有，雷某某在离婚之前即将夫妻共同存款转移。雷某某提出该笔存款是其经营饭店所得收益，开始称该笔款已用于夫妻共同开销，后又称用于偿还其外甥女的借款，但雷某某对其主张均未提供相应证据证明。另，雷某某在庭审中曾同意各自名下存款归各自所有，其另行支付宋某某 10 万元存款，后雷某某反悔，不同意支付。

◎ 裁判理由

法院生效裁判认为：婚姻关系以夫妻感情为基础。宋某某、雷某某共同生活过程中因琐事产生矛盾，在法院判决不准离婚后，双方感情仍未好转，经法院调解不能和好，双方夫妻感情确已破裂，应当判决准予双方离婚。

本案二审期间双方争议的焦点在于雷某某是否转移夫妻共同财产和夫妻双方名下的存款应如何分割。《婚姻法》第十七条第二款①规定："夫妻对共同所有的财产，有平等的处理权。"第四十七条②第一款规定："离婚时，一方隐藏、转移、变卖、毁损夫妻共同财产，或伪造债务企图侵占另一方财产的，分割夫妻共同财产时，对隐藏、转移、变卖、毁损夫妻共同财产或伪造债务的一方，可以少分或不分。离婚后，另一方发现有上述行为的，可以向人民法院提起诉讼，请求再次分割夫妻共同财产。"这就是说，一方在离婚诉讼期间或离婚诉讼前，隐藏、转移、变卖、毁损夫妻共同财产，或伪造债务企图侵占另一方财产的，侵害了夫妻对共同财产的平等处理权，离婚分割夫妻共同财产时，应当依照《婚姻法》第四十七条的规定少分或不分财产。

本案中，关于双方名下存款的分割，结合相关证据，宋某某婚前房屋拆迁款转化的存款，应归宋某某个人所有，宋某某婚后所得养老保险金，应属夫妻共同财产。雷某某名下甲银行尾号为 4179 账户内的存款为夫妻

---

① 《民法典》第一千零六十二条第二款规定："夫妻对共同财产，有平等的处理权。"
② 《民法典》第一千零九十二条规定："夫妻一方隐藏、转移、变卖、毁损、挥霍夫妻共同财产，或者伪造夫妻共同债务企图侵占另一方财产的，在离婚分割夫妻共同财产时，对该方可以少分或者不分。离婚后，另一方发现有上述行为的，可以向人民法院提起诉讼，请求再次分割夫妻共同财产。"

关系存续期间的收入，应作为夫妻共同财产予以分割。雷某某于 2013 年 4 月 30 日通过 ATM 转账及卡取的方式，将尾号为 4179 账户内的 195000 元转至案外人名下。雷某某始称该款用于家庭开销，后又称用于偿还外债，前后陈述明显矛盾，对其主张亦未提供证据证明，对钱款的去向不能作出合理的解释和说明。结合案件事实及相关证据，认定雷某某存在转移、隐藏夫妻共同财产的情节。根据上述法律规定，对雷某某名下甲银行尾号 4179 账户内的存款，雷某某可以少分。宋某某主张对雷某某名下存款进行分割，符合法律规定，予以支持。故判决宋某某婚后养老保险金 14322.48 元归宋某某所有，对于雷某某转移的 19.5 万元存款，由雷某某补偿宋某某 12 万元。

◎ 裁判结果

北京市朝阳区人民法院于 2015 年 4 月 16 日作出民事判决：准予雷某某与宋某某离婚；雷某某名下甲银行尾号为 4179 账户内的存款归雷某某所有，宋某某名下乙银行账号尾号为 7101、9389 及 1156 账户内的存款归宋某某所有，并对其他财产和债务问题进行了处理。宣判后，宋某某提出上诉，提出对夫妻共同财产雷某某名下存款分割等请求。北京市第三中级人民法院于 2015 年 10 月 19 日作出民事判决：维持一审判决其他判项，撤销一审判决第三项，改判雷某某名下甲银行尾号为 4179 账户内的存款归雷某某所有，宋某某名下乙银行尾号为 7101 账户、9389 账户及 1156 账户内的存款归宋某某所有，雷某某于本判决生效之日起七日内支付宋某某 12 万元。

第一千零六十三条　夫妻个人财产

下列财产为夫妻一方的个人财产：

（一）一方的婚前财产；

（二）一方因受到人身损害获得的赔偿或者补偿；

（三）遗嘱或者赠与合同中确定只归一方的财产；

（四）一方专用的生活用品；

（五）其他应当归一方的财产。

❊ 要点提示

本条是对我国法定财产制之下夫妻个人财产的规定。我国法定财产制采取的是婚后所得共同制，夫妻共同财产建立在配偶双方对婚后财产的获得提供协力的基础之上，在配偶双方未对财产的取得提供协力之时，配偶一方所获得的财产即为个人财产。夫妻一方个人财产主要包括：

第一，夫妻一方的婚前财产并不因婚姻关系的长时间存续而转化为夫妻共同财产。第二，夫妻一方因受到人身损害获得的赔偿或补偿具有人身专属性，故将其排除在夫妻共同财产范围之外。第三，为了尊重被继承人或赠与人的意思自治，遗嘱或赠与合同中确定只归夫妻一方的财产为夫妻个人财产，此时被继承人或赠与人的意思明显推翻了夫妻双方均对此部分财产获得作出贡献的推定，为夫妻个人财产。第四，夫或妻专用的生活用品无论是在婚姻关系存续期间，还是双方解除婚姻关系之时，对另一方均无价值，为夫或妻个人财产。第五，本条第五项为兜底条款，为保护夫妻其他个人财产预留空间，如在人身保险中，既存在填补被保险人所支出医疗费的费用补偿型保险，也存在不以填补被保险人实际损害为目的的定额给付型保险，[①]旨在填补被保险人所支出医疗费用等实际损失的保险是以救治被保险人为目的，具有人身专属性，不属于夫妻共同财产，定额给付型保险同自然增值并无本质差异，因而宜界定为个人财产。需注意的是，人寿保险中的生存保险具有投资、储蓄的意味，因此所获得的保险金应界定为夫妻共同财产。[②]

[①] 中国银行保险监督管理委员会发布的《健康保险管理办法》第五条规定："医疗保险按照保险金的给付性质分为费用补偿型医疗保险和定额给付型医疗保险。费用补偿型医疗保险，是指根据被保险人实际发生的医疗、康复费用支出，按照约定的标准确定保险金数额的医疗保险。定额给付型医疗保险，是指按照约定的数额给付保险金的医疗保险。费用补偿型医疗保险的给付金额不得超过被保险人实际发生的医疗、康复费用金额。"

[②] 当夫妻双方投保而指定其他人为受益人时，类似于对他人的赠与，保险金既非夫妻共同财产也非夫妻个人财产。

关联规定

1.《民法典》(2020年5月28日)

第一千零八十七条 离婚时,夫妻的共同财产由双方协议处理;协议不成的,由人民法院根据财产的具体情况,按照照顾子女、女方和无过错方权益的原则判决。

对夫或者妻在家庭土地承包经营中享有的权益等,应当依法予以保护。

第一千一百五十二条 继承开始后,继承人于遗产分割前死亡,并没有放弃继承的,该继承人应当继承的遗产转给其继承人,但是遗嘱另有安排的除外。

第一千一百五十三条 夫妻共同所有的财产,除有约定的外,遗产分割时,应当先将共同所有的财产的一半分出为配偶所有,其余的为被继承人的遗产。

遗产在家庭共有财产之中的,遗产分割时,应当先分出他人的财产。

第一千一百七十九条 侵害他人造成人身损害的,应当赔偿医疗费、护理费、交通费、营养费、住院伙食补助费等为治疗和康复支出的合理费用,以及因误工减少的收入。造成残疾的,还应当赔偿辅助器具费和残疾赔偿金;造成死亡的,还应当赔偿丧葬费和死亡赔偿金。

2.《信托法》(2001年4月28日)

第十三条 设立遗嘱信托,应当遵守继承法关于遗嘱的规定。

遗嘱指定的人拒绝或者无能力担任受托人的,由受益人另行选任受托人;受益人为无民事行为能力人或者限制民事行为能力人的,依法由其监护人代行选任。遗嘱对选任受托人另有规定的,从其规定。

3.《涉外民事关系法律适用法》(2010年10月28日)

第二十四条 夫妻财产关系,当事人可以协议选择适用一方当事人经常居所地法律、国籍国法律或者主要财产所在地法律。当事人没有选择的，适用共同经常居所地法律；没有共同经常居所地的，适用共同国籍国法律。

4.《最高人民法院关于适用〈中华人民共和国民法典〉婚姻家庭编的解释（二）》（2025年1月15日）

第五条 婚前或者婚姻关系存续期间，当事人约定将一方所有的房屋转移登记至另一方或者双方名下，离婚诉讼时房屋所有权尚未转移登记，双方对房屋归属或者分割有争议且协商不成的，人民法院可以根据当事人诉讼请求，结合给予目的，综合考虑婚姻关系存续时间、共同生活及孕育共同子女情况、离婚过错、对家庭的贡献大小以及离婚时房屋市场价格等因素，判决房屋归其中一方所有，并确定是否由获得房屋一方对另一方予以补偿以及补偿的具体数额。

婚前或者婚姻关系存续期间，一方将其所有的房屋转移登记至另一方或者双方名下，离婚诉讼中，双方对房屋归属或者分割有争议且协商不成的，如果婚姻关系存续时间较短且给予方无重大过错，人民法院可以根据当事人诉讼请求，判决该房屋归给予方所有，并结合给予目的，综合考虑共同生活及孕育共同子女情况、离婚过错、对家庭的贡献大小以及离婚时房屋市场价格等因素，确定是否由获得房屋一方对另一方予以补偿以及补偿的具体数额。

给予方有证据证明另一方存在欺诈、胁迫、严重侵害给予方或者其近亲属合法权益、对给予方有扶养义务而不履行等情形，请求撤销前两款规定的民事法律行为的，人民法院依法予以支持。

第八条 婚姻关系存续期间，夫妻购置房屋由一方父母全额出资，如果赠与合同明确约定只赠与自己子女一方的，按照约定处理；没有约定或者约定不明确的，离婚分割夫妻共同财产时，人民法院可以判决该房屋归出资人子女一方所有，并综合考虑共同生活及孕育共同子女情况、离婚过错、对家庭的贡献大小以及离婚时房屋市场价格等因素，确定是否由获得房屋一方对另一方予以补偿以及补偿的具体数额。

婚姻关系存续期间，夫妻购置房屋由一方父母部分出资或者双方父母出资，如果赠与合同明确约定相应出资只赠与自己子女一方的，按照约定处理；没有约定或者约定不明确的，离婚分割夫妻共同财产时，人民法院可以根据当事人诉讼请求，以出资来源及比例为基础，综合考虑共同生活及孕育共同子女情况、离婚过错、对家庭的贡献大小以及离婚时房屋市场价格等因素，判决房屋归其中一方所有，并由获得房屋一方对另一方予以合理补偿。

第九条　夫妻一方转让用夫妻共同财产出资但登记在自己名下的有限责任公司股权，另一方以未经其同意侵害夫妻共同财产利益为由请求确认股权转让合同无效的，人民法院不予支持，但有证据证明转让人与受让人恶意串通损害另一方合法权益的除外。

5. 《最高人民法院关于适用〈中华人民共和国民法典〉婚姻家庭编的解释（一）》（2020年12月29日）

第二十九条　当事人结婚前，父母为双方购置房屋出资的，该出资应当认定为对自己子女个人的赠与，但父母明确表示赠与双方的除外。

当事人结婚后，父母为双方购置房屋出资的，依照约定处理；没有约定或者约定不明确的，按照民法典第一千零六十二条第一款第四项规定的原则处理。

第三十条　军人的伤亡保险金、伤残补助金、医药生活补助费属于个人财产。

第三十一条　民法典第一千零六十三条规定为夫妻一方的个人财产，不因婚姻关系的延续而转化为夫妻共同财产。但当事人另有约定的除外。

第八十五条　夫妻一方申请对配偶的个人财产或者夫妻共同财产采取保全措施的，人民法院可以在采取保全措施可能造成损失的范围内，根据实际情况，确定合理的财产担保数额。

第一千零六十四条　夫妻共同债务

> 夫妻双方共同签名或者夫妻一方事后追认等共同意思表示所负的债务，以及夫妻一方在婚姻关系存续期间以个人名义为家庭日常生活需要所负的债务，属于夫妻共同债务。
>
> 夫妻一方在婚姻关系存续期间以个人名义超出家庭日常生活需要所负的债务，不属于夫妻共同债务；但是，债权人能够证明该债务用于夫妻共同生活、共同生产经营或者基于夫妻双方共同意思表示的除外。

要点提示

本条是关于夫妻债务的规定，旨在解决涉及婚内各方的财产权利以及债权人利益保护的问题，具有重要的实务意义。

对本条包含以下几点理解：夫妻债务具体可分为夫妻连带债务、夫妻共同债务与夫妻一方的个人债务。本条的立法目的在于合理配置夫妻债务关系中当事人的权益，而准确地区分不同类型的夫妻债务是实现平等保护各方合法权益的核心。[①]

所谓夫妻连带债务，是指夫妻双方就同一债务统一对债权人负全部清偿责任，且债权人有权同时或先后向夫妻之一或全部要求清偿。具体包括两个方面：一是夫妻之间的大额连带债务应当以夫妻共同意思表示为基础；二是夫妻之间的小额连带债务以家事代理为基础。

所谓夫妻共同债务，是指夫妻法定共同财产制而生成的特殊债务，为夫妻一方对外负担，且因夫妻共同受益而牵涉共同财产。为了平衡债权人利益与负债方配偶利益，责任财产除负债方的全部财产外，负债方配偶仅以夫妻共同财产中的份额承担有限连带责任。

除此之外，不属于连带债务与共同债务的夫妻债务均为个人债务，其

[①] 本理解来源于对于汪洋老师文章的学习整理，参见汪洋：《夫妻债务的基本类型、责任基础与责任财产》，载《当代法学》2019年第3期。

责任财产的范围是负债方的全部财产,具体包括其个人财产和夫妻共同财产中的份额。所谓个人的份额本质上是各共有人对由全部财产客体所构成的总财产的价值比例意义上份额,[①] 它指向的是集合物整体,而非单个物。个人债务先以个人财产清偿,不足清偿时才涉及夫妻共同财产中负债方的相应份额。

❋ 关联规定

1. 《民法典》(2020 年 5 月 28 日)

第一百一十八条 民事主体依法享有债权。

债权是因合同、侵权行为、无因管理、不当得利以及法律的其他规定,权利人请求特定义务人为或者不为一定行为的权利。

第一千零六十条 夫妻一方因家庭日常生活需要而实施的民事法律行为,对夫妻双方发生效力,但是夫妻一方与相对人另有约定的除外。

夫妻之间对一方可以实施的民事法律行为范围的限制,不得对抗善意相对人。

第一千零八十九条 离婚时,夫妻共同债务应当共同偿还。共同财产不足清偿或者财产归各自所有的,由双方协议清偿;协议不成的,由人民法院判决。

---

2. 《涉外民事关系法律适用法》(2010 年 10 月 28 日)

第二十四条 夫妻财产关系,当事人可以协议选择适用一方当事人经常居所地法律、国籍国法律或者主要财产所在地法律。当事人没有选择的,适用共同经常居所地法律;没有共同经常居所地的,适用共同国籍国法律。

---

3. 《最高人民法院关于适用〈中华人民共和国民法典〉婚姻家庭编的解释(二)》(2025 年 1 月 15 日)

第三条 夫妻一方的债权人有证据证明离婚协议中财产分割条款影响

---

① 戴永盛:《共有释论》,载《法学》2013 年第 12 期。

其债权实现，请求参照适用民法典第五百三十八条或者第五百三十九条规定撤销相关条款的，人民法院应当综合考虑夫妻共同财产整体分割及履行情况、子女抚养费负担、离婚过错等因素，依法予以支持。

4.《最高人民法院关于适用〈中华人民共和国民法典〉婚姻家庭编的解释（一）》（2020年12月29日）

第三十三条　债权人就一方婚前所负个人债务向债务人的配偶主张权利的，人民法院不予支持。但债权人能够证明所负债务用于婚后家庭共同生活的除外。

第三十四条　夫妻一方与第三人串通，虚构债务，第三人主张该债务为夫妻共同债务的，人民法院不予支持。

夫妻一方在从事赌博、吸毒等违法犯罪活动中所负债务，第三人主张该债务为夫妻共同债务的，人民法院不予支持。

第三十五条　当事人的离婚协议或者人民法院生效判决、裁定、调解书已经对夫妻财产分割问题作出处理的，债权人仍有权就夫妻共同债务向男女双方主张权利。

一方就夫妻共同债务承担清偿责任后，主张由另一方按照离婚协议或者人民法院的法律文书承担相应债务的，人民法院应予支持。

第三十六条　夫或者妻一方死亡的，生存一方应当对婚姻关系存续期间的夫妻共同债务承担清偿责任。

5.《最高人民法院关于依法妥善审理涉及夫妻债务案件有关问题的通知》（2017年2月28日）

二、保障未具名举债夫妻一方的诉讼权利。在审理以夫妻一方名义举债的案件中，原则上应当传唤夫妻双方本人和案件其他当事人本人到庭；需要证人出庭作证的，除法定事由外，应当通知证人出庭作证。在庭审中，应当按照《最高人民法院关于适用〈中华人民共和国民事诉讼法〉的解释》的规定，要求有关当事人和证人签署保证书，以保证当事人陈述和证人证言的真实性。未具名举债一方不能提供证据，但能够提供证据线索的，人民法院应当根据当事人的申请进行调查取证；对伪造、隐藏、毁灭证据的要依法予以惩处。未经审判程序，不得要求未举债的夫妻一方承担民事责任。

三、审查夫妻债务是否真实发生。债权人主张夫妻一方所负债务为夫妻共同债务的，应当结合案件的具体情况，按照《最高人民法院关于审理民间借贷案件适用法律若干问题的规定》第十六条第二款、第十九条规定，结合当事人之间关系及其到庭情况、借贷金额、债权凭证、款项交付、当事人的经济能力、当地或者当事人之间的交易方式、交易习惯、当事人财产变动情况以及当事人陈述、证人证言等事实和因素，综合判断债务是否发生。防止违反法律和司法解释规定，仅凭借条、借据等债权凭证就认定存在债务的简单做法。

在当事人举证基础上，要注意依职权查明举债一方作出有悖常理的自认的真实性。对夫妻一方主动申请人民法院出具民事调解书的，应当结合案件基础事实重点审查调解协议是否损害夫妻另一方的合法权益。对人民调解协议司法确认案件，应当按照《最高人民法院关于适用〈中华人民共和国民事诉讼法〉的解释》要求，注重审查基础法律关系的真实性。

四、区分合法债务和非法债务，对非法债务不予保护。在案件审理中，对夫妻一方在从事赌博、吸毒等违法犯罪活动中所负的债务，不予法律保护；对债权人知道或者应当知道夫妻一方举债用于赌博、吸毒等违法犯罪活动而向其出借款项，不予法律保护；对夫妻一方以个人名义举债后用于个人违法犯罪活动，举债人就该债务主张按夫妻共同债务处理的，不予支持。

五、把握不同阶段夫妻债务的认定标准。依照婚姻法第十七条、第十八条、第十九条和第四十一条有关夫妻共同财产制、分别财产制和债务偿还原则以及有关婚姻法司法解释的规定，正确处理夫妻一方以个人名义对外所负债务问题。

第一千零六十五条　　夫妻约定财产制

男女双方可以约定婚姻关系存续期间所得的财产以及婚前财产归各自所有、共同所有或者部分各自所有、部分共同所有。约定应当采用书面形式。没有约定或者约定不明确的，适用本法第一千零六十二条、第一千零六十三条的规定。

夫妻对婚姻关系存续期间所得的财产以及婚前财产的约定，对双方具有法律约束力。

夫妻对婚姻关系存续期间所得的财产约定归各自所有，夫或者妻一方对外所负的债务，相对人知道该约定的，以夫或者妻一方的个人财产清偿。

❋ 要点提示

本条是对夫妻约定财产制的规定。我国夫妻法定财产制为婚后所得共同制，婚后所得共同制适用于夫妻就婚姻关系存续期间所取得财产未作任何约定或约定不明的情形下，在夫妻双方就婚姻关系存续期间财产归属作约定的情况下，则应当排除法定财产制的适用。

第一，关于夫妻财产约定的成立。若夫妻双方就婚姻关系存续期间所取得的财产及婚前财产的归属订立协议，应坚持书面形式的要求，仅仅就财产归属作出口头约定的协议无法成立。

第二，关于夫妻财产约定订立的时间。针对婚姻关系存续期间所得财产以及婚前财产的约定，可在结婚之前、结婚之时、婚姻关系存续期间内订立。[1] 结婚之前所订立的财产约定应当以男女双方缔结婚姻关系并实际共同生活为生效条件，否则，构成男女双方之间的赠与协议或一方向另一方给付的彩礼；在婚姻关系已经结束后，即便离婚双方订立名为确定婚前及婚姻关系存续期间内财产归属的协议，也不宜将其界定为本条所规定的财产协议，可将其解释为赠与协议或者财产分割及补偿协议。

---

[1] 参见余延满：《亲属法原论》，法律出版社2007年版，第290页。

第三，关于夫妻财产约定与夫妻之间赠与的关系。按照本条规定，夫妻之间的财产约定可能体现为：夫妻一方将自己单独所有的婚前财产约定为夫妻共同财产或者是配偶另一方的单独所有财产，夫妻之间赠与财产的协议完全可涵摄进本条范围之内。

第四，有关夫妻财产约定的特殊性。虽然夫妻财产约定本质上属于以发生财产权变动为目的的合同，与纯粹的身份协议存在差异，但鉴于夫妻财产约定建立在双方具有高度紧密结合的人身关系基础之上，应当否定夫妻一方通过代理人与另一方订立夫妻财产约定的可能性。[①]

第五，有关夫妻财产约定的对抗效力问题。针对第三人与夫妻一方之间的债务，原则上应当由夫妻一方以自己的财产以及夫妻共同财产中的潜在份额用以履行对第三人的债务，而不涉及另一方配偶以自己的财产以及夫妻共同财产中属于自己的潜在份额向第三人偿还债务。

第六，在举证责任上，第三人知道夫妻财产约定为第三人主张债权的权利消灭规范，否认权利行使的当事人应当对权利消灭规范的要件事实承担举证责任，[②] 夫妻一方否认第三人向其主张债权，则对第三人知道夫妻财产约定负有举证责任。

关联规定

1. 《民法典》（2020 年 5 月 28 日）

第一百三十五条 民事法律行为可以采用书面形式、口头形式或者其他形式；法律、行政法规规定或者当事人约定采用特定形式的，应当采用特定形式。

第二百九十九条 共同共有人对共有的不动产或者动产共同享有所有权。

第三百零八条 共有人对共有的不动产或者动产没有约定为按份共有或者共同共有，或者约定不明确的，除共有人具有家庭关系等外，视为按

---

① 参见余延满：《亲属法原论》，法律出版社2007年版，第291~292页。
② 参见张卫平：《民事诉讼法》，法律出版社2019年版，第252页；易军：《原则/例外关系的民法阐释》，载《中国社会科学》2019年第9期。

份共有。

第一千一百五十三条 夫妻共同所有的财产，除有约定的外，遗产分割时，应当先将共同所有的财产的一半分出为配偶所有，其余的为被继承人的遗产。

遗产在家庭共有财产之中的，遗产分割时，应当先分出他人的财产。

第一千一百五十九条 分割遗产，应当清偿被继承人依法应当缴纳的税款和债务；但是，应当为缺乏劳动能力又没有生活来源的继承人保留必要的遗产。

2.《涉外民事关系法律适用法》（2010年10月28日）

第二十四条 夫妻财产关系，当事人可以协议选择适用一方当事人经常居所地法律、国籍国法律或者主要财产所在地法律。当事人没有选择的，适用共同经常居所地法律；没有共同经常居所地的，适用共同国籍国法律。

3.《最高人民法院关于适用〈中华人民共和国民法典〉婚姻家庭编的解释（一）》（2020年12月29日）

第三十七条 民法典第一千零六十五条第三款所称"相对人知道该约定的"，夫妻一方对此负有举证责任。

第八十二条 夫妻之间订立借款协议，以夫妻共同财产出借给一方从事个人经营活动或者用于其他个人事务的，应视为双方约定处分夫妻共同财产的行为，离婚时可以按照借款协议的约定处理。

典型案例

崔某某与陈某某离婚纠纷案[1]
——一方在结婚后将其婚前房产为另一方"加名",离婚分割夫妻共同财产时,人民法院可以判决房屋归予方所有,并综合考虑共同生活情况等因素合理补偿对方

◎ 基本案情

崔某某与陈某某（男）于2009年1月登记结婚。2009年2月,陈某某将其婚前购买的房屋转移登记至崔某某、陈某某双方名下。陈某某为再婚,与前妻育有一女陈某。崔某某与陈某某结婚时,陈某15岁,平时住校,周末及假期回家居住。崔某某与陈某某未生育子女。2020年,双方因家庭矛盾分居,崔某某提起本案诉讼,请求判决其与陈某某离婚,并由陈某某向其支付房屋折价款250万元。陈某某辩称,因崔某某与其女儿陈某关系紧张,超出其可忍受范围,双方感情已破裂,同意离婚。崔某某对房屋产权的取得没有贡献,而且,婚后陈某某的银行卡一直由崔某某保管,家庭开销均由陈某某负担,故只同意支付100万元补偿款。诉讼中,双方均认可案涉房屋市场价值600万元。

◎ 裁判结果

审理法院认为,崔某某与陈某某因生活琐事及与对方家人矛盾较深,以致感情破裂,双方一致同意解除婚姻关系,与法不悖,予以准许。案涉房屋系陈某某婚前财产,陈某某于婚后为崔某某"加名"系对个人财产的处分,该房屋现登记为共同共有,应作为夫妻共同财产予以分割。至于双方争议的房屋分割比例,该房屋原为陈某某婚前个人财产,崔某某对房屋产权的取得无贡献,但考虑到双方婚姻已存续十余年,结合双方对家庭的贡献以及双方之间的资金往来情况,酌定崔某某可分得房屋折价款120万元。该判决作出后,双方均未提出上诉,判决已发生法律效力。

---

[1] 参见中华人民共和国最高人民法院网站,https://www.court.gov.cn/zixun/xiangqing/452761.html,最后访问时间:2025年2月14日。

◎ **典型意义**

根据《民法典》第一千零六十五条规定，男女双方可以约定婚姻关系存续期间所得的财产以及婚前财产归各自所有、共同所有或者部分各自所有、部分共同所有。夫妻对婚姻关系存续期间所得的财产以及婚前财产的约定，对双方具有法律约束力。婚姻关系存续期间，夫妻一方将其个人所有的婚前财产变更为夫妻共同所有，该种给予行为一般是以建立、维持婚姻关系的长久稳定并期望共同享有房产利益为基础。离婚分割夫妻共同财产时，应当根据诚实信用原则妥善平衡双方利益。本案中，双方共同生活时间较长，但婚后给予方负担了较多的家庭开销，人民法院综合考虑共同生活情况、双方对家庭的贡献、房屋市场价格等因素，判决房屋归给予方所有，并酌定给予方补偿对方120万元，既保护了给予方的财产权益，也肯定了接受方对家庭付出的价值，较为合理。

第一千零六十六条　婚姻关系存续期间夫妻共同财产的分割

婚姻关系存续期间，有下列情形之一的，夫妻一方可以向人民法院请求分割共同财产：

（一）一方有隐藏、转移、变卖、毁损、挥霍夫妻共同财产或者伪造夫妻共同债务等严重损害夫妻共同财产利益的行为；

（二）一方负有法定扶养义务的人患重大疾病需要医治，另一方不同意支付相关医疗费用。

◆ **要点提示**

本条是对婚姻关系存续期间分割夫妻共同财产的规定。在夫妻双方未就婚姻关系存续期间夫妻财产归属作出约定时，意味着夫妻双方婚后所得为夫妻共同财产，按照《民法典》第一千零六十二条规定，夫妻对共同财产享有平等的处理权，如果夫妻一方实施侵害夫妻共同财产利益的行为，此时婚后所得共同制将成为侵害夫妻另一方合法权利的工具，为避免这一不合理结果的发生，本条规定了在特殊情形下夫妻一方向人民法院请求分割夫妻共同财产的权利。①

本条规定夫妻一方可主张分割共同财产的范围较窄，无法充分保护不愿诉诸离婚但又亟待维护夫妻共同财产利益的一方，② 解决这一问题的路径应借助于强制执行法律规则，依据《最高人民法院关于人民法院民事执行中查封、扣押、冻结财产的规定》第十四条规定，被执行人将其财产出卖给第三人，第三人已经支付部分价款并实际占有该财产，但根据合同约定被执行人保留所有权的，人民法院可以查封、扣押、冻结；第三人要求继续履行合同的，向人民法院交付全部余款后，裁定解除查封、扣押、冻结。同时，第二项虽只说明在夫妻一方负有法定扶养义务的人患重大疾病需要医治、另一方不同意支付医疗费用时，可请求法院分割夫妻共同财产，据此似乎无法得出，夫妻一方患重大疾病另一方不支付医疗费用时，可以请求分割夫妻共同财产的结论，但根据《民法典》第一千零五十九条规定，夫妻负有相互扶养的义务，在一方不履行扶养义务时，另一方可请求对方给付扶养费，这一条是对扶养义务及扶养费的规定，举轻明重，在夫妻一方患重大疾病而另一方不支付医疗费用时，亦可适用本条。

关联规定

1.《民法典》（2020年5月28日）

第三百零三条　共有人约定不得分割共有的不动产或者动产，以维持共有关系的，应当按照约定，但是共有人有重大理由需要分割的，可以请求分割；没有约定或者约定不明确的，按份共有人可以随时请求分割，共同共有人在共有的基础丧失或者有重大理由需要分割时可以请求分割。因分割造成其他共有人损害的，应当给予赔偿。

第一千零五十九条　夫妻有相互扶养的义务。

---

① 参见黄薇主编：《中华人民共和国婚姻家庭编解读》，中国法制出版社2020年版，第129页。
② 参见陈法：《论我国非常法定夫妻财产制的立法建构》，载《现代法学》2018年第1期。

需要扶养的一方，在另一方不履行扶养义务时，有要求其给付扶养费的权利。

2.《涉外民事关系法律适用法》(2010 年 10 月 28 日)

第二十四条 夫妻财产关系，当事人可以协议选择适用一方当事人经常居所地法律、国籍国法律或者主要财产所在地法律。当事人没有选择的，适用共同经常居所地法律；没有共同经常居所地的，适用共同国籍国法律。

3.《最高人民法院关于适用〈中华人民共和国民法典〉婚姻家庭编的解释（二）》(2025 年 1 月 15 日)

第六条 夫妻一方未经另一方同意，在网络直播平台用夫妻共同财产打赏，数额明显超出其家庭一般消费水平，严重损害夫妻共同财产利益的，可以认定为民法典第一千零六十六条和第一千零九十二条规定的"挥霍"。另一方请求在婚姻关系存续期间分割夫妻共同财产，或者在离婚分割夫妻共同财产时请求对打赏一方少分或者不分的，人民法院应予支持。

第七条 夫妻一方为重婚、与他人同居以及其他违反夫妻忠实义务等目的，将夫妻共同财产赠与他人或者以明显不合理的价格处分夫妻共同财产，另一方主张该民事法律行为违背公序良俗无效的，人民法院应予支持并依照民法典第一百五十七条规定处理。

夫妻一方存在前款规定情形，另一方以该方存在转移、变卖夫妻共同财产行为，严重损害夫妻共同财产利益为由，依据民法典第一千零六十六条规定请求在婚姻关系存续期间分割夫妻共同财产，或者依据民法典第一千零九十二条规定请求在离婚分割夫妻共同财产时对该方少分或者不分的，人民法院应予支持。

4.《最高人民法院关于适用〈中华人民共和国民法典〉婚姻家庭编的解释（一）》(2020 年 12 月 29 日)

第三十八条 婚姻关系存续期间，除民法典第一千零六十六条规定情形以外，夫妻一方请求分割共同财产的，人民法院不予支持。

第二节　父母子女关系和其他近亲属关系

第一千零六十七条　父母的抚养义务和子女的赡养义务

> 父母不履行抚养义务的，未成年子女或者不能独立生活的成年子女，有要求父母给付抚养费的权利。
>
> 成年子女不履行赡养义务的，缺乏劳动能力或者生活困难的父母，有要求成年子女给付赡养费的权利。

❋ 要点提示

本条规定的是违反父母对未成年子女的抚养义务和成年子女对父母的赡养义务的法律后果，即子女或父母有权要求不履行《民法典》第二十六条规定义务的父母或成年子女向其给付抚养费或者赡养费。

一、父母对子女的抚养义务

本条第1款规定的是父母对子女的抚养义务及父母不履行此义务时子女的法定权利。具体需要注意以下几点：

（一）何为"抚养义务"

抚养是指父母抚育子女的成长，并为他们的生活、学习提供一定的物质条件，包括给付抚养费等。抚养义务是一项积极义务。同时，在一定条件下，父母对成年子女也有抚养义务。而对于有独立生活能力的成年子女，父母自愿给予经济帮助的，法律并不干预。[①]

（二）权利主体与义务主体

1. 权利主体分析

权利主体分为两类：第一类是未成年子女；第二类是能独立生活的成年子女。对于未成年子女，父母对其的抚养原则是无条件的。《最高人民法院关于适用〈中华人民共和国民法典〉婚姻家庭编的解释（一）》第

---

① 胡康生主编：《中华人民共和国婚姻法释义》，法律出版社2001年版，第82页。

五十三条规定，抚养费的给付期限，一般至子女十八周岁为止。十六周岁以上不满十八周岁，以其劳动收入为主要生活来源，并能维持当地一般生活水平的，父母可以停止给付抚养费。

"不能独立生活的子女"是指尚在校接受高中及其以下学历教育，或者丧失或完全丧失劳动能力等非因主观原因而无法维持正常生活的成年子女，如身患残疾的子女。由此可见，司法机关把接受高中以上学历教育的成年学生排除在了"不能独立生活的子女"之列。因此，抚养有劳动能力、接受高中以上学历教育的成年子女不是父母的法定义务。

2. 义务主体分析

义务主体是父母，父或者母平等地负有抚养其子女的法定义务，且无论是父母离婚还是婚姻关系存续期间，该义务均不能免除。

（三）子女如何主张权利

当父母不履行抚养义务时，享有权利的子女可以向未成年保护组织等有关部门反映，由有关部门进行调解，也可以直接向人民法院提出追索抚养费的诉讼。

（四）抚养费及其范围

"抚养费"包括子女生活费、教育费、医疗费等费用。

一方面，父母抚养子女要保证其生存，即父母应在日常生活对子女予以照料，为子女提供必需的物质生活条件，在子女患病需要治疗时支付相应的医疗费用。另一方面，父母抚养子女要保证其接受基本的教育，包括家庭教育、学校教育和社会教育。《义务教育法》规定，父母或者其他监护人必须使适龄的子女或者被监护人按时入学，接受规定年限的义务教育。

人民法院在处理有关抚养费纠纷、判定抚养费给付数额时，应当根据子女的实际需要、父母双方的负担能力和当地的实际生活水平等因素综合考虑。

二、子女对父母的赡养义务

本条第二款规定的是子女对父母的赡养义务及子女不履行此义务时父母的法定权利。具体需要注意以下几点：

（一）何为"赡养义务"

赡养是指子女在物质上和精神上为父母提供必要的生活条件。赡养义务一般表现为以下几个方面：第一，子女应当妥善安排父母的住房。第二，子女应当照料父母的生活，并使其在精神上得到慰藉。第三，子女不得要求父母承担力所不能及的劳动。第四，子女不得以放弃继承权或其他理由，拒绝履行赡养义务。

（二）权利主体和义务主体

无论父母的婚姻关系是否变化，一切有经济能力的成年子女，均对缺乏劳动能力或者生活困难的父母负有赡养义务。本条同样适用于婚生父母子女、非婚生父母子女、构成抚养教育关系的父母子女和养父母子女之间的关系。

（三）父母如何行使权利

子女之间可以就履行赡养义务签订协议，并且该协议须征得父母同意。父母可以依据该协议要求子女履行赡养义务，居民委员会、村民委员会或者子女所在单位监督协议的履行。

（四）赡养费及其范围

赡养费应当包括父母的生活费、医疗费等。不与父母共同生活的子女，应当根据父母实际生活的需要和各自的负担能力，给予父母一定的赡养费用。

人民法院在处理有关赡养费纠纷、判定赡养费给付数额时，应当综合考虑子女是否与父母共同生活、父母实际生活需要、子女的负担能力、当地的平均生活水平等因素。尤其是有两个以上子女的，经济条件较好的子女，应当承担较大的责任。

关联规定

1.《宪法》（2018 年 3 月 11 日）

第四十九条 婚姻、家庭、母亲和儿童受国家的保护。

夫妻双方有实行计划生育的义务。

父母有抚养教育未成年子女的义务，成年子女有赡养扶助父母的义务。

禁止破坏婚姻自由，禁止虐待老人、妇女和儿童。

2.《民法典》（2020年5月28日）

第二十六条　父母对未成年子女负有抚养、教育和保护的义务。

成年子女对父母负有赡养、扶助和保护的义务。

第三十七条　依法负担被监护人抚养费、赡养费、扶养费的父母、子女、配偶等，被人民法院撤销监护人资格后，应当继续履行负担的义务。

第一百一十二条　自然人因婚姻家庭关系等产生的人身权利受法律保护。

第一百一十八条　民事主体依法享有债权。

债权是因合同、侵权行为、无因管理、不当得利以及法律的其他规定，权利人请求特定义务人为或者不为一定行为的权利。

第一百二十条　民事权益受到侵害的，被侵权人有权请求侵权人承担侵权责任。

第一百三十一条　民事主体行使权利时，应当履行法律规定的和当事人约定的义务。

第一百九十六条　下列请求权不适用诉讼时效的规定：

（一）请求停止侵害、排除妨碍、消除危险；

（二）不动产物权和登记的动产物权的权利人请求返还财产；

（三）请求支付抚养费、赡养费或者扶养费；

（四）依法不适用诉讼时效的其他请求权。

第一千零一条　对自然人因婚姻家庭关系等产生的身份权利的保护，适用本法第一编、第五编和其他法律的相关规定；没有规定的，可以根据其性质参照适用本编人格权保护的有关规定。

第一千零五十八条　夫妻双方平等享有对未成年子女抚养、教育和保护的权利，共同承担对未成年子女抚养、教育和保护的义务。

第一千零六十九条　子女应当尊重父母的婚姻权利，不得干涉父母离婚、再婚以及婚后的生活。子女对父母的赡养义务，不因父母的婚姻关系变化而终止。

第一千零七十一条　非婚生子女享有与婚生子女同等的权利，任何组织或者个人不得加以危害和歧视。

不直接抚养非婚生子女的生父或者生母，应当负担未成年子女或者不能独立生活的成年子女的抚养费。

第一千零七十二条 继父母与继子女间，不得虐待或者歧视。

继父或者继母和受其抚养教育的继子女间的权利义务关系，适用本法关于父母子女关系的规定。

第一千零八十五条 离婚后，子女由一方直接抚养的，另一方应当负担部分或者全部抚养费。负担费用的多少和期限的长短，由双方协议；协议不成的，由人民法院判决。

前款规定的协议或者判决，不妨碍子女在必要时向父母任何一方提出超过协议或者判决原定数额的合理要求。

第一千一百一十一条 自收养关系成立之日起，养父母与养子女间的权利义务关系，适用本法关于父母子女关系的规定；养子女与养父母的近亲属间的权利义务关系，适用本法关于子女与父母的近亲属关系的规定。

养子女与生父母以及其他近亲属间的权利义务关系，因收养关系的成立而消除。

3.《家庭教育促进法》（2021年10月23日）

第四条 未成年人的父母或者其他监护人负责实施家庭教育。

国家和社会为家庭教育提供指导、支持和服务。

国家工作人员应当带头树立良好家风，履行家庭教育责任。

第五条 家庭教育应当符合以下要求：

（一）尊重未成年人身心发展规律和个体差异；

（二）尊重未成年人人格尊严，保护未成年人隐私权和个人信息，保障未成年人合法权益；

（三）遵循家庭教育特点，贯彻科学的家庭教育理念和方法；

（四）家庭教育、学校教育、社会教育紧密结合、协调一致；

（五）结合实际情况采取灵活多样的措施。

4.《未成年人保护法》（2024 年 4 月 26 日）

第十五条　未成年人的父母或者其他监护人应当学习家庭教育知识，接受家庭教育指导，创造良好、和睦、文明的家庭环境。

共同生活的其他成年家庭成员应当协助未成年人的父母或者其他监护人抚养、教育和保护未成年人。

第二十二条　未成年人的父母或者其他监护人因外出务工等原因在一定期限内不能完全履行监护职责的，应当委托具有照护能力的完全民事行为能力人代为照护；无正当理由的，不得委托他人代为照护。

未成年人的父母或者其他监护人在确定被委托人时，应当综合考虑其道德品质、家庭状况、身心健康状况、与未成年人生活情感上的联系等情况，并听取有表达意愿能力未成年人的意见。

具有下列情形之一的，不得作为被委托人：

（一）曾实施性侵害、虐待、遗弃、拐卖、暴力伤害等违法犯罪行为；

（二）有吸毒、酗酒、赌博等恶习；

（三）曾拒不履行或者长期怠于履行监护、照护职责；

（四）其他不适宜担任被委托人的情形。

第一百零八条　未成年人的父母或者其他监护人不依法履行监护职责或者严重侵犯被监护的未成年人合法权益的，人民法院可以根据有关人员或者单位的申请，依法作出人身安全保护令或者撤销监护人资格。

被撤销监护人资格的父母或者其他监护人应当依法继续负担抚养费用。

5.《老年人权益保障法》（2018 年 12 月 29 日）

第十三条　老年人养老以居家为基础，家庭成员应当尊重、关心和照料老年人。

第十四条　赡养人应当履行对老年人经济上供养、生活上照料和精神上慰藉的义务，照顾老年人的特殊需要。

赡养人是指老年人的子女以及其他依法负有赡养义务的人。

赡养人的配偶应当协助赡养人履行赡养义务。

第十五条 赡养人应当使患病的老年人及时得到治疗和护理；对经济困难的老年人，应当提供医疗费用。

对生活不能自理的老年人，赡养人应当承担照料责任；不能亲自照料的，可以按照老年人的意愿委托他人或者养老机构等照料。

第十六条 赡养人应当妥善安排老年人的住房，不得强迫老年人居住或者迁居条件低劣的房屋。

老年人自有的或者承租的住房，子女或者其他亲属不得侵占，不得擅自改变产权关系或者租赁关系。

老年人自有的住房，赡养人有维修的义务。

第十八条 家庭成员应当关心老年人的精神需求，不得忽视、冷落老年人。

与老年人分开居住的家庭成员，应当经常看望或者问候老年人。

用人单位应当按照国家有关规定保障赡养人探亲休假的权利。

第十九条 赡养人不得以放弃继承权或者其他理由，拒绝履行赡养义务。

赡养人不履行赡养义务，老年人有要求赡养人付给赡养费等权利。

赡养人不得要求老年人承担力不能及的劳动。

第二十条 经老年人同意，赡养人之间可以就履行赡养义务签订协议。赡养协议的内容不得违反法律的规定和老年人的意愿。

基层群众性自治组织、老年人组织或者赡养人所在单位监督协议的履行。

第二十一条 老年人的婚姻自由受法律保护。子女或者其他亲属不得干涉老年人离婚、再婚及婚后的生活。

赡养人的赡养义务不因老年人的婚姻关系变化而消除。

6.《涉外民事关系法律适用法》（2010 年 10 月 28 日）

第二十五条 父母子女人身、财产关系，适用共同经常居所地法律；没有共同经常居所地的，适用一方当事人经常居所地法律或者国籍国法律中有利于保护弱者权益的法律。

第二十九条　扶养，适用一方当事人经常居所地法律、国籍国法律或者主要财产所在地法律中有利于保护被扶养人权益的法律。

7.《最高人民法院关于适用〈中华人民共和国民法典〉婚姻家庭编的解释（二）》（2025年1月15日）

第十七条　离婚后，不直接抚养子女一方未按照离婚协议约定或者以其他方式作出的承诺给付抚养费，未成年子女或者不能独立生活的成年子女请求其支付欠付的抚养费的，人民法院应予支持。

前款规定情形下，如果子女已经成年并能够独立生活，直接抚养子女一方请求另一方支付欠付的费用的，人民法院依法予以支持。

8.《最高人民法院关于适用〈中华人民共和国民法典〉婚姻家庭编的解释（一）》（2020年12月29日）

第四十条　婚姻关系存续期间，夫妻双方一致同意进行人工授精，所生子女应视为婚生子女，父母子女间的权利义务关系适用民法典的有关规定。

第四十一条　尚在校接受高中及其以下学历教育，或者丧失、部分丧失劳动能力等非因主观原因而无法维持正常生活的成年子女，可以认定为民法典第一千零六十七条规定的"不能独立生活的成年子女"。

第四十二条　民法典第一千零六十七条所称"抚养费"，包括子女生活费、教育费、医疗费等费用。

第四十三条　婚姻关系存续期间，父母双方或者一方拒不履行抚养子女义务，未成年子女或者不能独立生活的成年子女请求支付抚养费的，人民法院应予支持。

第四十六条　对已满两周岁的未成年子女，父母均要求直接抚养，一方有下列情形之一的，可予优先考虑：

（一）已做绝育手术或者因其他原因丧失生育能力；

（二）子女随其生活时间较长，改变生活环境对子女健康成长明显不利；

（三）无其他子女，而另一方有其他子女；

（四）子女随其生活，对子女成长有利，而另一方患有久治不愈的传染性疾病或者其他严重疾病，或者有其他不利于子女身心健康的情形，不宜与子女共同生活。

第四十七条 父母抚养子女的条件基本相同，双方均要求直接抚养子女，但子女单独随祖父母或者外祖父母共同生活多年，且祖父母或者外祖父母要求并且有能力帮助子女照顾孙子女或者外孙子女的，可以作为父或者母直接抚养子女的优先条件予以考虑。

第四十八条 在有利于保护子女利益的前提下，父母双方协议轮流直接抚养子女的，人民法院应予支持。

第四十九条 抚养费的数额，可以根据子女的实际需要、父母双方的负担能力和当地的实际生活水平确定。

有固定收入的，抚养费一般可以按其月总收入的百分之二十至三十的比例给付。负担两个以上子女抚养费的，比例可以适当提高，但一般不得超过月总收入的百分之五十。

无固定收入的，抚养费的数额可以依据当年总收入或者同行业平均收入，参照上述比例确定。

有特殊情况的，可以适当提高或者降低上述比例。

第五十条 抚养费应当定期给付，有条件的可以一次性给付。

第五十一条 父母一方无经济收入或者下落不明的，可以用其财物折抵抚养费。

第五十二条 父母双方可以协议由一方直接抚养子女并由直接抚养方负担子女全部抚养费。但是，直接抚养方的抚养能力明显不能保障子女所需费用，影响子女健康成长的，人民法院不予支持。

第五十三条 抚养费的给付期限，一般至子女十八周岁为止。

十六周岁以上不满十八周岁，以其劳动收入为主要生活来源，并能维持当地一般生活水平的，父母可以停止给付抚养费。

第五十四条 生父与继母离婚或者生母与继父离婚时，对曾受其抚养教育的继子女，继父或者继母不同意继续抚养的，仍应由生父或者生母抚养。

第五十五条　离婚后，父母一方要求变更子女抚养关系的，或者子女要求增加抚养费的，应当另行提起诉讼。

第五十六条　具有下列情形之一，父母一方要求变更子女抚养关系的，人民法院应予支持：

（一）与子女共同生活的一方因患严重疾病或者因伤残无力继续抚养子女；

（二）与子女共同生活的一方不尽抚养义务或有虐待子女行为，或者其与子女共同生活对子女身心健康确有不利影响；

（三）已满八周岁的子女，愿随另一方生活，该方又有抚养能力；

（四）有其他正当理由需要变更。

第五十七条　父母双方协议变更子女抚养关系的，人民法院应予支持。

第五十九条　父母不得因子女变更姓氏而拒付子女抚养费。父或者母擅自将子女姓氏改为继母或继父姓氏而引起纠纷的，应当责令恢复原姓氏。

第六十一条　对拒不履行或者妨害他人履行生效判决、裁定、调解书中有关子女抚养义务的当事人或者其他人，人民法院可依照民事诉讼法第一百一十一条的规定采取强制措施。

典型案例

1. 李某甲与邓某甲、邓某乙、某保险公司等机动车交通事故责任纠纷案[①]

◎ 基本案情

2020年9月24日，邓某甲驾驶轿车与同向前方左转弯的由李某甲驾驶的二轮自行车剐碰，造成李某甲受伤。经交通警察大队道路交通事故认定书认定，邓某甲负此次事故的全部责任，李某甲不负此次事故的责任。

---

① 参见江西省高级人民法院微信公众号，https://mp.weixin.qq.com/s/OSQDdZQybHbN2Vsc4gg1bg，最后访问时间：2025年2月14日。

邓某甲驾驶的轿车在某保险公司投保了交强险和机动车商业保险。事故发生后，李某甲被送往医院住院治疗。后经司法鉴定中心鉴定，李某甲在此次交通事故中所受损伤构成十级伤残。李某甲诉至法院，请求判令邓某甲、邓某乙、某保险公司赔偿医疗费、残疾赔偿金、被扶养人生活费等各项损失共计21万余元。事发时，李某甲已年满六十周岁，儿子李某乙已成年，但系肢体二级残疾且患有精神疾病。某保险公司在二审时提出李某乙每月领取了低保，应当冲抵被扶养人生活费。

◎ 裁判结果

江西省莲花县人民法院经审理认为，公民的健康权受法律保护，行为人因过错侵害他人健康权的，应按过错程度承担民事赔偿责任。本案事故经交警认定，邓某甲负事故全部责任，其驾驶的车辆在某保险公司投保了交强险及商业三者险，故对于李某甲的合理经济损失，应由某保险公司在保险限额内承担赔偿责任；保险理赔范围外的经济损失，由侵权人邓某甲予以赔偿。某保险公司认为李某乙已成年，其被扶养人生活费不应支持，即使支持也应当扣减其领取的低保收入。对此，审理法院认为，李某乙虽已成年，但因身体肢体二级残疾且患有精神疾病，不具有劳动能力，其仍应属于被扶养人范畴。另外，低保是政府为保障部分特殊人群的基本生活需求而设立的社会保障制度，不应作为侵权人减少赔偿的理由和依据。保险公司对此不服，提起上诉。萍乡市中级人民法经审理，对保险公司该项上诉请求依法驳回，维持了该项判决。

◎ 典型意义

残疾人作为社会特殊困难群体，需要社会平等关心、保护、理解、尊重，在审判中切实维护残疾人合法权益，是人民法院义不容辞的责任。《民法典》第一千零六十七条第一款规定，父母对不能独立生活的成年子女有抚养义务。本案父亲虽已达到退休年龄，但仍具有劳动能力，且是家中经济主要收入来源；儿子虽已成年，但因身体、精神双重残疾，且没有劳动能力，应被认定为被抚养人，获得被抚养人生活费赔偿。被扶养人虽然领取了低保补助金，但政府发放的低保补助系具有国家性、社会性、政策性的社会公共福利，不得以残疾被扶养人已领取低保为由减少其被扶养人生活费。该案裁判结果积极维护了残疾人等弱势群体的合法权益，让人民群众感受到了司法的温度，有利于培育和弘扬社会主义核心价值观的社会氛围，同时也充分体现了人民法院对残疾人福利保障政策的积极落实和人文关怀。

2. 母亲改嫁仍需赡养 婚姻自主权不容侵犯[①]

◎ 基本案情

方某 1990 年左右改嫁给赵大，当时赵大的儿子赵甲 10 岁左右。其后，方某与赵大、赵甲一起生活至赵甲成年。2020 年左右，方某因治疗乳腺癌花费医疗费 3 万余元。因已年近古稀，生活困顿，方某遂诉至法院，要求继子赵甲承担医疗费并每月给付赡养费 500 元。诉讼中，赵甲称方某未对其尽到抚养义务，小时候曾虐待赵甲，且双方曾约定方某不再改嫁，则由其给付赡养费，现在方某又改嫁他人，故不同意给付赡养费。赵甲向法院提交一份《协议书》，该《协议书》的当事人为方某及赵甲的妻子高某，双方约定若方某不再改嫁，家中房屋方某可居住终生，医疗费凭票据由高某给付。

◎ 裁判结果

江苏省无锡市惠山区人民法院经审理认为，方某年近古稀且患有疾病，缺乏劳动能力。赵甲虽称方某对其存在虐待及照顾不周的行为，但未举证证明，结合方某改嫁给赵大时赵甲尚年幼并共同生活的事实，可以认定方某对赵甲尽到了抚养教育义务，赵甲应对方某承担赡养义务。赵甲提交的《协议书》违反法律规定，赵甲不得以此为由拒绝履行赡养义务。遂判决：赵甲负担方某的医疗费，每月向方某给付赡养费 500 元。

[①] 参见江苏省高级人民法院微信公众号，https://mp.weixin.qq.com/s/TDWtWlcrWyghJ0B90VfCsQ，最后访问时间：2025 年 2 月 14 日。

◎ 典型意义

"哀哀父母,生我劬劳",父母将子女抚养成人实属不易,为人子女应常怀感恩之心。《民法典》第一千零六十七条第二款规定:"成年子女不履行赡养义务的,缺乏劳动能力或者生活困难的父母,有要求成年子女给付赡养费的权利。"第一千零七十二条第二款规定:"继父或者继母和受其抚养教育的继子女间的权利义务关系,适用本法关于父母子女关系的规定。"本案中,方某在赵甲年幼时改嫁至其家中,将赵甲抚养成人,双方形成有抚养教育关系的继母子关系,即使方某因赵大去世再行改嫁,方某与赵甲之间已经形成的继母子关系并不当然解除,赵甲仍应对方某履行赡养义务。《民法典》第一千零六十九条规定:"子女应当尊重父母的婚姻权利,不得干涉父母离婚、再婚以及婚后的生活。子女对父母的赡养义务,不因父母的婚姻关系变化而终止。"近年来,再婚老年人的赡养问题引起社会广泛关注,子女干涉老人再婚自由的现象屡见不鲜。子女对父母的赡养义务不因老年人婚姻关系的变化而终止,以父母不得再婚作为赡养条件的约定侵犯了父母婚姻自主权,当然无效。

第一千零六十八条　父母教育、保护未成年子女的权利义务

> 父母有教育、保护未成年子女的权利和义务。未成年子女造成他人损害的,父母应当依法承担民事责任。

※ 要点提示

《民法典》总则编第二十六条规定,父母对未成年子女负有抚养、教育和保护的义务。本条是对第二十六条的细化规定。

父母有对未成年子女教育和保护的权利和义务。教育是指父母按照法律和道德规范的要求,对未成年子女进行管理和必要的约束。[①] 法律赋予其父母对其进行引导、教育和管理的权利和义务,目的是保障未成年子女

[①] 蒋月主编:《婚姻家庭与继承法》,厦门大学出版社2014年版,第168页。

的身心健康、保护其合法权益，也防止其实施危害他人的行为。保护是指父母应当使未成年子女的人身、财产和其他合法权益免受侵害。具体来说：第一，此处的人身保护应当更侧重于保护未成年子女的人身权益免受不法侵害，以及受到侵害后的代为救济。第二，父母对未成年子女的财产保护，主要是指为未成年子女的利益管理和保护其财产权益。第三，父母对未成年子女的保护还体现在父母代理其实施民事法律行为。保护和教育未成年子女，既是父母的权利也是父母的义务。夫妻双方平等地享有对未成年子女抚养、教育和保护的权利，共同承担对未成年子女抚养、教育和保护的义务。

侵权的替代责任。本条还明确规定父母对未成年子女民事侵权的替代责任，另见《民法典》侵权责任编第一千一百八十八条、第一千一百八十九条规定。

❖ 关联规定

1.《宪法》（2018年3月11日）

第四十九条 婚姻、家庭、母亲和儿童受国家的保护。

夫妻双方有实行计划生育的义务。

父母有抚养教育未成年子女的义务，成年子女有赡养扶助父母的义务。

禁止破坏婚姻自由，禁止虐待老人、妇女和儿童。

2.《民法典》（2020年5月28日）

第十七条 十八周岁以上的自然人为成年人。不满十八周岁的自然人为未成年人。

第十八条 成年人为完全民事行为能力人，可以独立实施民事法律行为。

十六周岁以上的未成年人，以自己的劳动收入为主要生活来源的，视为完全民事行为能力人。

第二十六条 父母对未成年子女负有抚养、教育和保护的义务。

成年子女对父母负有赡养、扶助和保护的义务。

第二十七条 父母是未成年子女的监护人。

未成年人的父母已经死亡或者没有监护能力的，由下列有监护能力的人按顺序担任监护人：

（一）祖父母、外祖父母；

（二）兄、姐；

（三）其他愿意担任监护人的个人或者组织，但是须经未成年人住所地的居民委员会、村民委员会或者民政部门同意。

第三十四条 监护人的职责是代理被监护人实施民事法律行为，保护被监护人的人身权利、财产权利以及其他合法权益等。

监护人依法履行监护职责产生的权利，受法律保护。

监护人不履行监护职责或者侵害被监护人合法权益的，应当承担法律责任。

因发生突发事件等紧急情况，监护人暂时无法履行监护职责，被监护人的生活处于无人照料状态的，被监护人住所地的居民委员会、村民委员会或者民政部门应当为被监护人安排必要的临时生活照料措施。

第三十五条 监护人应当按照最有利于被监护人的原则履行监护职责。监护人除为维护被监护人利益外，不得处分被监护人的财产。

未成年人的监护人履行监护职责，在作出与被监护人利益有关的决定时，应当根据被监护人的年龄和智力状况，尊重被监护人的真实意愿。

成年人的监护人履行监护职责，应当最大程度地尊重被监护人的真实意愿，保障并协助被监护人实施与其智力、精神健康状况相适应的民事法律行为。对被监护人有能力独立处理的事务，监护人不得干涉。

第三十六条 监护人有下列情形之一的，人民法院根据有关个人或者组织的申请，撤销其监护人资格，安排必要的临时监护措施，并按照最有利于被监护人的原则依法指定监护人：

（一）实施严重损害被监护人身心健康的行为；

（二）怠于履行监护职责，或者无法履行监护职责且拒绝将监护职责部分或者全部委托给他人，导致被监护人处于危困状态；

（三）实施严重侵害被监护人合法权益的其他行为。

本条规定的有关个人、组织包括：其他依法具有监护资格的人，居民委员会、村民委员会、学校、医疗机构、妇女联合会、残疾人联合会、未成年人保护组织、依法设立的老年人组织、民政部门等。

前款规定的个人和民政部门以外的组织未及时向人民法院申请撤销监护人资格的，民政部门应当向人民法院申请。

第一百三十一条 民事主体行使权利时，应当履行法律规定的和当事人约定的义务。

第一百七十九条 承担民事责任的方式主要有：

（一）停止侵害；

（二）排除妨碍；

（三）消除危险；

（四）返还财产；

（五）恢复原状；

（六）修理、重作、更换；

（七）继续履行；

（八）赔偿损失；

（九）支付违约金；

（十）消除影响、恢复名誉；

（十一）赔礼道歉。

法律规定惩罚性赔偿的，依照其规定。

本条规定的承担民事责任的方式，可以单独适用，也可以合并适用。

第一千零一条 对自然人因婚姻家庭关系等产生的身份权利的保护，适用本法第一编、第五编和其他法律的相关规定；没有规定的，可以根据其性质参照适用本编人格权保护的有关规定。

第一千零五条 自然人的生命权、身体权、健康权受到侵害或者处于其他危难情形的，负有法定救助义务的组织或者个人应当及时施救。

第一千零五十八条 夫妻双方平等享有对未成年子女抚养、教育和保护的权利，共同承担对未成年子女抚养、教育和保护的义务。

第一千零七十一条 非婚生子女享有与婚生子女同等的权利，任何组织或者个人不得加以危害和歧视。

不直接抚养非婚生子女的生父或者生母，应当负担未成年子女或者不能独立生活的成年子女的抚养费。

第一千一百一十一条　自收养关系成立之日起，养父母与养子女间的权利义务关系，适用本法关于父母子女关系的规定；养子女与养父母的近亲属间的权利义务关系，适用本法关于子女与父母的近亲属关系的规定。

养子女与生父母以及其他近亲属间的权利义务关系，因收养关系的成立而消除。

第一千一百六十九条　教唆、帮助他人实施侵权行为的，应当与行为人承担连带责任。

教唆、帮助无民事行为能力人、限制民事行为能力人实施侵权行为的，应当承担侵权责任；该无民事行为能力人、限制民事行为能力人的监护人未尽到监护职责的，应当承担相应的责任。

第一千一百八十八条　无民事行为能力人、限制民事行为能力人造成他人损害的，由监护人承担侵权责任。监护人尽到监护职责的，可以减轻其侵权责任。

有财产的无民事行为能力人、限制民事行为能力人造成他人损害的，从本人财产中支付赔偿费用；不足部分，由监护人赔偿。

第一千一百八十九条　无民事行为能力人、限制民事行为能力人造成他人损害，监护人将监护职责委托给他人的，监护人应当承担侵权责任；受托人有过错的，承担相应的责任。

3.《家庭教育促进法》（2021年10月23日）

第二条　本法所称家庭教育，是指父母或者其他监护人为促进未成年人全面健康成长，对其实施的道德品质、身体素质、生活技能、文化修养、行为习惯等方面的培育、引导和影响。

第四条　未成年人的父母或者其他监护人负责实施家庭教育。

国家和社会为家庭教育提供指导、支持和服务。

国家工作人员应当带头树立良好家风，履行家庭教育责任。

第十四条 父母或者其他监护人应当树立家庭是第一个课堂、家长是第一任老师的责任意识，承担对未成年人实施家庭教育的主体责任，用正确思想、方法和行为教育未成年人养成良好思想、品行和习惯。

共同生活的具有完全民事行为能力的其他家庭成员应当协助和配合未成年人的父母或者其他监护人实施家庭教育。

第二十条 未成年人的父母分居或者离异的，应当相互配合履行家庭教育责任，任何一方不得拒绝或者怠于履行；除法律另有规定外，不得阻碍另一方实施家庭教育。

4.《教育法》（2021年4月29日）

第十九条 国家实行九年制义务教育制度。

各级人民政府采取各种措施保障适龄儿童、少年就学。

适龄儿童、少年的父母或者其他监护人以及有关社会组织和个人有义务使适龄儿童、少年接受并完成规定年限的义务教育。

第五十条 未成年人的父母或者其他监护人应当为其未成年子女或者其他被监护人受教育提供必要条件。

未成年人的父母或者其他监护人应当配合学校及其他教育机构，对其未成年子女或者其他被监护人进行教育。

学校、教师可以对学生家长提供家庭教育指导。

5.《预防未成年人犯罪法》（2020年12月26日）

第十五条 国家、社会、学校和家庭应当对未成年人加强社会主义核心价值观教育，开展预防犯罪教育，增强未成年人的法治观念，使未成年人树立遵纪守法和防范违法犯罪的意识，提高自我管控能力。

第十六条 未成年人的父母或者其他监护人对未成年人的预防犯罪教育负有直接责任，应当依法履行监护职责，树立优良家风，培养未成年人良好品行；发现未成年人心理或者行为异常的，应当及时了解情况并进行教育、引导和劝诫，不得拒绝或者怠于履行监护职责。

第二十二条 教育行政部门、学校应当通过举办讲座、座谈、培训等活动，介绍科学合理的教育方法，指导教职员工、未成年学生的父母或者其他监护人有效预防未成年人犯罪。

学校应当将预防犯罪教育计划告知未成年学生的父母或者其他监护人。未成年学生的父母或者其他监护人应当配合学校对未成年学生进行有针对性的预防犯罪教育。

第二十九条 未成年人的父母或者其他监护人发现未成年人有不良行为的，应当及时制止并加强管教。

第三十二条 学校和家庭应当加强沟通，建立家校合作机制。学校决定对未成年学生采取管理教育措施的，应当及时告知其父母或者其他监护人；未成年学生的父母或者其他监护人应当支持、配合学校进行管理教育。

第三十四条 未成年学生旷课、逃学的，学校应当及时联系其父母或者其他监护人，了解有关情况；无正当理由的，学校和未成年学生的父母或者其他监护人应当督促其返校学习。

第四十二条 公安机关在对未成年人进行矫治教育时，可以根据需要邀请学校、居民委员会、村民委员会以及社会工作服务机构等社会组织参与。

未成年人的父母或者其他监护人应当积极配合矫治教育措施的实施，不得妨碍阻挠或者放任不管。

6.《未成年人保护法》（2024年4月26日）

第十五条 未成年人的父母或者其他监护人应当学习家庭教育知识，接受家庭教育指导，创造良好、和睦、文明的家庭环境。

共同生活的其他成年家庭成员应当协助未成年人的父母或者其他监护人抚养、教育和保护未成年人。

第十六条 未成年人的父母或者其他监护人应当履行下列监护职责：

（一）为未成年人提供生活、健康、安全等方面的保障；

（二）关注未成年人的生理、心理状况和情感需求；

（三）教育和引导未成年人遵纪守法、勤俭节约，养成良好的思想品德和行为习惯；

（四）对未成年人进行安全教育，提高未成年人的自我保护意识和能力；

（五）尊重未成年人受教育的权利，保障适龄未成年人依法接受并完成义务教育；

（六）保障未成年人休息、娱乐和体育锻炼的时间，引导未成年人进行有益身心健康的活动；

（七）妥善管理和保护未成年人的财产；

（八）依法代理未成年人实施民事法律行为；

（九）预防和制止未成年人的不良行为和违法犯罪行为，并进行合理管教；

（十）其他应当履行的监护职责。

第十七条 未成年人的父母或者其他监护人不得实施下列行为：

（一）虐待、遗弃、非法送养未成年人或者对未成年人实施家庭暴力；

（二）放任、教唆或者利用未成年人实施违法犯罪行为；

（三）放任、唆使未成年人参与邪教、迷信活动或者接受恐怖主义、分裂主义、极端主义等侵害；

（四）放任、唆使未成年人吸烟（含电子烟，下同）、饮酒、赌博、流浪乞讨或者欺凌他人；

（五）放任或者迫使应当接受义务教育的未成年人失学、辍学；

（六）放任未成年人沉迷网络，接触危害或者可能影响其身心健康的图书、报刊、电影、广播电视节目、音像制品、电子出版物和网络信息等；

（七）放任未成年人进入营业性娱乐场所、酒吧、互联网上网服务营业场所等不适宜未成年人活动的场所；

（八）允许或者迫使未成年人从事国家规定以外的劳动；

（九）允许、迫使未成年人结婚或者为未成年人订立婚约；

（十）违法处分、侵吞未成年人的财产或者利用未成年人牟取不正当利益；

(十一) 其他侵犯未成年人身心健康、财产权益或者不依法履行未成年人保护义务的行为。

第十八条　未成年人的父母或者其他监护人应当为未成年人提供安全的家庭生活环境，及时排除引发触电、烫伤、跌落等伤害的安全隐患；采取配备儿童安全座椅、教育未成年人遵守交通规则等措施，防止未成年人受到交通事故的伤害；提高户外安全保护意识，避免未成年人发生溺水、动物伤害等事故。

第十九条　未成年人的父母或者其他监护人应当根据未成年人的年龄和智力发展状况，在作出与未成年人权益有关的决定前，听取未成年人的意见，充分考虑其真实意愿。

第二十条　未成年人的父母或者其他监护人发现未成年人身心健康受到侵害、疑似受到侵害或者其他合法权益受到侵犯的，应当及时了解情况并采取保护措施；情况严重的，应当立即向公安、民政、教育等部门报告。

第二十一条　未成年人的父母或者其他监护人不得使未满八周岁或者由于身体、心理原因需要特别照顾的未成年人处于无人看护状态，或者将其交由无民事行为能力、限制民事行为能力、患有严重传染性疾病或者其他不适宜的人员临时照护。

未成年人的父母或者其他监护人不得使未满十六周岁的未成年人脱离监护单独生活。

第二十二条　未成年人的父母或者其他监护人因外出务工等原因在一定期限内不能完全履行监护职责的，应当委托具有照护能力的完全民事行为能力人代为照护；无正当理由的，不得委托他人代为照护。

未成年人的父母或者其他监护人在确定被委托人时，应当综合考虑其道德品质、家庭状况、身心健康状况、与未成年人生活情感上的联系等情况，并听取有表达意愿能力未成年人的意见。

具有下列情形之一的，不得作为被委托人：

(一) 曾实施性侵害、虐待、遗弃、拐卖、暴力伤害等违法犯罪行为的；

(二) 有吸毒、酗酒、赌博等恶习的；

（三）曾拒不履行或者长期怠于履行监护、照护职责；

（四）其他不适宜担任被委托人的情形。

第二十三条 未成年人的父母或者其他监护人应当及时将委托照护情况书面告知未成年人所在学校、幼儿园和实际居住地的居民委员会、村民委员会，加强和未成年人所在学校、幼儿园的沟通；与未成年人、被委托人至少每周联系和交流一次，了解未成年人的生活、学习、心理等情况，并给予未成年人亲情关爱。

未成年人的父母或者其他监护人接到被委托人、居民委员会、村民委员会、学校、幼儿园等关于未成年人心理、行为异常的通知后，应当及时采取干预措施。

第二十四条 未成年人的父母离婚时，应当妥善处理未成年子女的抚养、教育、探望、财产等事宜，听取有表达意愿能力未成年人的意见。不得以抢夺、藏匿未成年子女等方式争夺抚养权。

未成年人的父母离婚后，不直接抚养未成年子女的一方应当依照协议、人民法院判决或者调解确定的时间和方式，在不影响未成年人学习、生活的情况下探望未成年子女，直接抚养的一方应当配合，但被人民法院依法中止探望权的除外。

7.《义务教育法》（2018 年 12 月 29 日）

第五条 各级人民政府及其有关部门应当履行本法规定的各项职责，保障适龄儿童、少年接受义务教育的权利。

适龄儿童、少年的父母或者其他法定监护人应当依法保证其按时入学接受并完成义务教育。

依法实施义务教育的学校应当按照规定标准完成教育教学任务，保证教育教学质量。

社会组织和个人应当为适龄儿童、少年接受义务教育创造良好的环境。

8.《涉外民事关系法律适用法》(2010年10月28日)

第二十五条 父母子女人身、财产关系，适用共同经常居所地法律；没有共同经常居所地的，适用一方当事人经常居所地法律或者国籍国法律中有利于保护弱者权益的法律。

9.《最高人民法院关于适用〈中华人民共和国民法典〉婚姻家庭编的解释（二）》(2025年1月15日)

第十二条 父母一方或者其近亲属等抢夺、藏匿未成年子女，另一方向人民法院申请人身安全保护令或者参照适用民法典第九百九十七条规定申请人格权侵害禁令的，人民法院依法予以支持。

抢夺、藏匿未成年子女一方以另一方存在赌博、吸毒、家庭暴力等严重侵害未成年子女合法权益情形，主张其抢夺、藏匿行为有合理事由的，人民法院应当告知其依法通过撤销监护人资格、中止探望或者变更抚养关系等途径解决。当事人对其上述主张未提供证据证明且未在合理期限内提出相关请求的，人民法院依照前款规定处理。

10.《最高人民法院关于适用〈中华人民共和国民法典〉婚姻家庭编的解释（一）》(2020年12月29日)

第四十条 婚姻关系存续期间，夫妻双方一致同意进行人工授精，所生子女应视为婚生子女，父母子女间的权利义务关系适用民法典的有关规定。

11.《最高人民法院、最高人民检察院、公安部、民政部关于依法处理监护人侵害未成年人权益行为若干问题的意见》(2014年12月18日)

1. 本意见所称监护侵害行为，是指父母或者其他监护人（以下简称监护人）性侵害、出卖、遗弃、虐待、暴力伤害未成年人，教唆、利用未成年人实施违法犯罪行为，胁迫、诱骗、利用未成年人乞讨，以及不履行监护职责严重危害未成年人身心健康等行为。

2. 处理监护侵害行为，应当遵循未成年人最大利益原则，充分考虑未成年人身心特点和人格尊严，给予未成年人特殊、优先保护。

3. 对于监护侵害行为，任何组织和个人都有权劝阻、制止或者举报。

公安机关应当采取措施，及时制止在工作中发现以及单位、个人举报的监护侵害行为，情况紧急时将未成年人带离监护人。

民政部门应当设立未成年人救助保护机构（包括救助管理站、未成年人救助保护中心），对因受到监护侵害进入机构的未成年人承担临时监护责任，必要时向人民法院申请撤销监护人资格。

人民法院应当依法受理人身安全保护裁定申请和撤销监护人资格案件并作出裁判。

人民检察院对公安机关、人民法院处理监护侵害行为的工作依法实行法律监督。

人民法院、人民检察院、公安机关设有办理未成年人案件专门工作机构的，应当优先由专门工作机构办理监护侵害案件。

5. 人民法院、人民检察院、公安机关、民政部门应当加强与妇儿工委、教育部门、卫生部门、共青团、妇联、关工委、未成年人住所地村（居）民委员会等的联系和协作，积极引导、鼓励、支持法律服务机构、社会工作服务机构、公益慈善组织和志愿者等社会力量，共同做好受监护侵害的未成年人的保护工作。

❋ 典型案例

张某等诉某区水务局、A 公司及 B 公司违反安全保障义务责任纠纷案[①]

◎ 基本案情

2022 年 6 月某日，小学六年级学生张某某与两名同学到家附近的某河段内戏水，张某某不幸溺水身亡。张某某父母遂将某区水务局及在附近进行河道治理施工的 A 公司及 B 公司诉至人民法院主张赔偿损失。

◎ 裁判结果

法院经过审理后认为，本案中张某某在事发时为十二周岁，虽属限制

---

① 参见陕西省西安市中级人民法院微信公众号，https://mp.weixin.qq.com/s/JNyUhMx7Xww0MMsQQaiYUA，最后访问时间：2025 年 2 月 20 日。

民事行为能力人，但对于下河戏水的危险性应具备一定的认知判断；其父母作为监护人，应履行其法定的教育保护义务，告知戏水的危险性、管理约束在水域附近的活动。

事发河道属开放性的自然区域，并非向公众提供公共服务或以公众为对象进行商业性或公益性经营的场所，故本案意外事故并不适用《民法典》第一千一百九十八条规定的公共场所经营者安全保障义务条款。且水务局定期对河道进行了巡查维护，故某区水务局对本案事故并不存在法律上的过错。

事发区域并不属于B公司及A公司的施工范围，现有证据亦不足以证明二公司的施工行为增大了事发区域的危险性。人民法院遂驳回了张某某父母的诉讼请求。

◎ **典型意义**

每年盛夏都是溺水事故的高发期，尤其是在野外河流、水库等区域"野泳"致人死亡事故频发。未成年人溺亡问题更是备受社会关注。本案的审理涉及公民生命健康权利受到损害后，有关民事主体是否构成侵权，是否需要承担赔偿责任，需要依法严格界定，不能以情感或结果责任主义为导向。人民法院在审理本案中，"以事实为依据、以法律为准绳"旗帜鲜明厘清是非，避免了"和稀泥"式的判决。《民法典》规定的安全保障义务，限于合理的范围和边界，不是"绝对赔偿主义"，也不是维权的"万金油"。作为未成年人父母，应树牢安全意识，尽到监护职责，主动规避风险，避免悲剧发生。在这里，法院提醒未成年人及家长，父母是未成年人的法定监护人，更是孩子安全的第一责任人，应担当起孩子安全守护者的责任，坚决防范针对未成年人伤害事故的发生。

第一千零六十九条　子女应尊重父母的婚姻权利

子女应当尊重父母的婚姻权利，不得干涉父母离婚、再婚以及婚后的生活。子女对父母的赡养义务，不因父母的婚姻关系变化而终止。

要点提示

本条规定主要强调两方面的内容：

第一，老年人的婚姻自由受法律保护。《宪法》第四十九条第四款规定了"禁止破坏婚姻自由"，这是《宪法》对公民婚姻自主权的确认。《老年人权益保障法》第二十一条第一款规定："老年人的婚姻自由受法律保护。子女或者其他亲属不得干涉老年人离婚、再婚及婚后的生活。"父母是否离婚、再婚以及与谁再婚应该尤其自主决定。父母再婚后，子女不得干涉父母婚后的生活。比如，子女不得干涉父母选择居所或者依法处分个人财产。但在现实生活中，老年人的婚姻自由，尤其是再婚自由往往得不到尊重。主要障碍有二：一是财产和继承问题；二是家庭人际关系问题。[①]

第二，子女对父母的赡养义务，不因婚姻变化而终止。本条未明确规定子女不尊重父母婚姻权利时的责任，这也是导致实践中类似规定无法落实的关键之一。在司法实践中，父母仅因子女侵犯其婚姻自主权为由提起诉讼的情况也几乎没有。但是，根据《老年人权益保障法》第四十七条规定，暴力干涉老年人婚姻自由，情节严重构成犯罪的，依法追究刑事责任；《刑法》第二百五十七条也规定：以暴力干涉他人婚姻自由的，处二年以下有期徒刑或者拘役。犯前款罪，致使被害人死亡的，处二年以上七年以下有期徒刑。这在一定程度上为老年人的婚姻自由和婚后生活提供了法律保障。

关联规定

1.《宪法》（2018 年 3 月 11 日）

第四十九条 婚姻、家庭、母亲和儿童受国家的保护。

夫妻双方有实行计划生育的义务。

父母有抚养教育未成年子女的义务，成年子女有赡养扶助父母的义务。

---

① 姜向群：《"搭伴养老"现象与老年人再婚难问题》，载《人口研究》2004 年第 3 期。

禁止破坏婚姻自由，禁止虐待老人、妇女和儿童。

2.《民法典》（2020年5月28日）

第二十六条 父母对未成年子女负有抚养、教育和保护的义务。

成年子女对父母负有赡养、扶助和保护的义务。

第一百一十条 自然人享有生命权、身体权、健康权、姓名权、肖像权、名誉权、荣誉权、隐私权、婚姻自主权等权利。

法人、非法人组织享有名称权、名誉权和荣誉权。

第一百一十二条 自然人因婚姻家庭关系等产生的人身权利受法律保护。

第一千零一条 对自然人因婚姻家庭关系等产生的身份权利的保护，适用本法第一编、第五编和其他法律的相关规定；没有规定的，可以根据其性质参照适用本编人格权保护的有关规定。

第一千零四十一条 婚姻家庭受国家保护。

实行婚姻自由、一夫一妻、男女平等的婚姻制度。

保护妇女、未成年人、老年人、残疾人的合法权益。

第一千零四十二条 禁止包办、买卖婚姻和其他干涉婚姻自由的行为。禁止借婚姻索取财物。

禁止重婚。禁止有配偶者与他人同居。

禁止家庭暴力。禁止家庭成员间的虐待和遗弃。

第一千零六十七条 父母不履行抚养义务的，未成年子女或者不能独立生活的成年子女，有要求父母给付抚养费的权利。

成年子女不履行赡养义务的，缺乏劳动能力或者生活困难的父母，有要求成年子女给付赡养费的权利。

第一千一百一十一条 自收养关系成立之日起，养父母与养子女间的权利义务关系，适用本法关于父母子女关系的规定；养子女与养父母的近亲属间的权利义务关系，适用本法关于子女与父母的近亲属关系的规定。

养子女与生父母以及其他近亲属间的权利义务关系，因收养关系的成立而消除。

3.《刑法》（2023 年 12 月 29 日）

第二百五十七条　以暴力干涉他人婚姻自由的，处二年以下有期徒刑或者拘役。

犯前款罪，致使被害人死亡的，处二年以上七年以下有期徒刑。

第一款罪，告诉的才处理。

第二百六十条　虐待家庭成员，情节恶劣的，处二年以下有期徒刑、拘役或者管制。

犯前款罪，致使被害人重伤、死亡的，处二年以上七年以下有期徒刑。

第一款罪，告诉的才处理，但被害人没有能力告诉，或者因受到强制、威吓无法告诉的除外。

第二百六十条之一　对未成年人、老年人、患病的人、残疾人等负有监护、看护职责的人虐待被监护、看护的人，情节恶劣的，处三年以下有期徒刑或者拘役。

单位犯前款罪的，对单位判处罚金，并对其直接负责的主管人员和其他直接责任人员，依照前款的规定处罚。

有第一款行为，同时构成其他犯罪的，依照处罚较重的规定定罪处罚。

第二百六十一条　对于年老、年幼、患病或者其他没有独立生活能力的人，负有扶养义务而拒绝扶养，情节恶劣的，处五年以下有期徒刑、拘役或者管制。

4.《老年人权益保障法》（2018 年 12 月 29 日）

第二十一条　老年人的婚姻自由受法律保护。子女或者其他亲属不得干涉老年人离婚、再婚及婚后的生活。

赡养人的赡养义务不因老年人的婚姻关系变化而消除。

第七十六条　干涉老年人婚姻自由，对老年人负有赡养义务、扶养义务而拒绝赡养、扶养，虐待老年人或者对老年人实施家庭暴力的，由有关单位给予批评教育；构成违反治安管理行为的，依法给予治安管理处罚；

构成犯罪的，依法追究刑事责任。

5.《涉外民事关系法律适用法》(2010年10月28日)

第二十五条 父母子女人身、财产关系，适用共同经常居所地法律；没有共同经常居所地的，适用一方当事人经常居所地法律或者国籍国法律中有利于保护弱者权益的法律。

第二十九条 扶养，适用一方当事人经常居所地法律、国籍国法律或者主要财产所在地法律中有利于保护被扶养人权益的法律。

6.《最高人民法院关于适用〈中华人民共和国民法典〉婚姻家庭编的解释（一）》(2020年12月29日)

第四十条 婚姻关系存续期间，夫妻双方一致同意进行人工授精，所生子女应视为婚生子女，父母子女间的权利义务关系适用民法典的有关规定。

◆ 典型案例

庞某某诉张某某等二人赡养费纠纷案[①]

◎ **关键词**

老年人婚姻自由　赡养义务

◎ **基本案情**

原告庞某某，女，现年78岁，先后有两次婚姻，共育有被告张某某等六名子女，其中一名已故。子女中除张某外均已成家。庞某某诉称其现居住于地瓜中学宿舍，一人独居生活，基本生活来源于拾荒及领取低保金，现年老多病、无经济来源，请求人民法院判令被告张某某等二人每月支付赡养费。

---

① 参见中华人民共和国最高人民法院网站，https：//www.court.gov.cn/zixun/xiangqing/354121.html，最后访问时间：2025年2月20日。

◎ **裁判结果**

贵州省普安县人民法院经审理认为，成年子女应履行对父母的赡养义务，赡养包括经济上的供养、生活上照料和精神上慰藉。原、被告之间系母子（女）关系，被告应在日常生活中多关心、照顾老人，考虑老人的情感需求，善待老人。考虑到原告共有五个成年子女、部分子女还需赡养原告前夫等现实状况，结合被告张某某等二人的年龄、收入情况及原告实际生活需求，判决张某某等二人于判决生效之日起每月向原告庞某某支付赡养费。

◎ **典型意义**

百善孝为先，赡养父母是中华民族的传统美德，也是子女对父母应尽的义务。《民法典》第一千零六十九条规定，子女应当尊重父母的婚姻权利，不得干涉父母离婚、再婚以及婚后的生活，子女对父母的赡养义务，不因父母的婚姻关系变化而终止。近年来，再婚老人的赡养问题引起社会广泛关注。当前，父母干涉子女婚姻自由现象越来越少，而子女干涉父母婚姻自由的现象却屡见不鲜，许多子女在父母再婚时设置重重障碍，无情干涉，迫使许多父母牺牲了自己的婚姻自由。有的子女以父母再婚为由，拒绝履行赡养义务。但是，赡养人的赡养义务不因老年人的婚姻关系变化而消除。经过法院的多次调解工作，子女能按时支付老年人的赡养费用，多年的母子情得以重续。

第一千零七十条　父母子女相互继承权

父母和子女有相互继承遗产的权利。

◈ **要点提示**

虽然在司法实践中，人民法院处理继承纠纷时主要依据的是《民法典》继承编及相关司法解释的规定，但继承权作为父母子女之间重要的法律权利，有必要在父母子女关系一节予以确认。根据体系解释，本条所称的父母、子女的范围，应与《民法典》第一千一百二十七条所称父母、子女的范围相同。理解和适用本条的关键，也在于准确认识本条父母、子女的范围。

一、父母

亲生父母：一般来说，亲生父母与子女之间的继承权不会消灭，除非子女被他人收养或者符合《民法典》第一千一百二十五条规定的丧失继承权的情形。而父母之间的婚姻变化，如离婚、再婚，并不影响亲生父母与子女享有相互继承遗产的权利。

养父母：养父母与养子属于拟制血亲，虽然没有血缘关系，但是基于收养关系和抚养关系，同样享有继承养子女遗产的权利。对于养父母离婚后，养父母是否仍相互享有继承养子女遗产的权利，现行法没有明确规定。笔者认为，只要收养关系和抚养关系存续，养父母均有权继承养子女的遗产。如果养父母离婚，且双方仍然对养子女进行抚养，养父母仍可继承其养子女的财产。

有抚养关系的继父母：继父母与继子女之间，只有形成了实际的抚养关系的前提下，才享有相互继承遗产的权利。

二、子女

亲生子女：亲生子女包括婚生子女和非婚生子女。以人工授精所生子女也可以继承父母的遗产。未成年子女和成年子女，只要不存在《民法典》第一千一百二十五条规定的丧失继承权的情形，都享有对父母遗产的继承权。

养子女：根据《民法典》第一千一百一十一条规定，养子女与养父母之间形成法律上的父母子女关系时，养子女与其生父母之间的权利义务关系随即消灭。因此，在收养关系存续期间，养子女可以继承养父母的遗产，但是不能继承其生父母的遗产。

继子女：继子女享有继承其继父母遗产权利的前提是继子女与继父母之间形成了抚养和赡养关系。如果继父与生母离婚或者继母与生父离婚，继父母不再抚养继子女，继子女也不再赡养继父母的，则二者之间不再互相享有继承权。

❋ 关联规定

1. 《宪法》（2018 年 3 月 11 日）

第十三条 公民的合法的私有财产不受侵犯。

国家依照法律规定保护公民的私有财产权和继承权。

国家为了公共利益的需要，可以依照法律规定对公民的私有财产实行征收或者征用并给予补偿。

2. 《民法典》（2020 年 5 月 28 日）

第一百二十四条 自然人依法享有继承权。

自然人合法的私有财产，可以依法继承。

第一千一百一十一条 自收养关系成立之日起，养父母与养子女间的权利义务关系，适用本法关于父母子女关系的规定；养子女与养父母的近亲属间的权利义务关系，适用本法关于子女与父母的近亲属关系的规定。

养子女与生父母以及其他近亲属间的权利义务关系，因收养关系的成立而消除。

第一千一百二十条 国家保护自然人的继承权。

第一千一百二十二条 遗产是自然人死亡时遗留的个人合法财产。

依照法律规定或者根据其性质不得继承的遗产，不得继承。

第一千一百二十七条 遗产按照下列顺序继承：

（一）第一顺序：配偶、子女、父母；

（二）第二顺序：兄弟姐妹、祖父母、外祖父母。

继承开始后，由第一顺序继承人继承，第二顺序继承人不继承；没有第一顺序继承人继承的，由第二顺序继承人继承。

本编所称子女，包括婚生子女、非婚生子女、养子女和有扶养关系的继子女。

本编所称父母，包括生父母、养父母和有扶养关系的继父母。

本编所称兄弟姐妹，包括同父母的兄弟姐妹、同父异母或者同母异父的兄弟姐妹、养兄弟姐妹、有扶养关系的继兄弟姐妹。

第一千一百二十八条 被继承人的子女先于被继承人死亡的，由被继承人的子女的直系晚辈血亲代位继承。

被继承人的兄弟姐妹先于被继承人死亡的，由被继承人的兄弟姐妹的子女代位继承。

代位继承人一般只能继承被代位继承人有权继承的遗产份额。

第一千一百三十条 同一顺序继承人继承遗产的份额，一般应当均等。

对生活有特殊困难又缺乏劳动能力的继承人，分配遗产时，应当予以照顾。

对被继承人尽了主要扶养义务或者与被继承人共同生活的继承人，分配遗产时，可以多分。

有扶养能力和有扶养条件的继承人，不尽扶养义务的，分配遗产时，应当不分或者少分。

继承人协商同意的，也可以不均等。

第一千一百五十五条 遗产分割时，应当保留胎儿的继承份额。胎儿娩出时是死体的，保留的份额按照法定继承办理。

3.《涉外民事关系法律适用法》（2010年10月28日）

第二十五条 父母子女人身、财产关系，适用共同经常居所地法律；没有共同经常居所地的，适用一方当事人经常居所地法律或者国籍国法律中有利于保护弱者权益的法律。

4.《最高人民法院关于适用〈中华人民共和国民法典〉婚姻家庭编的解释（一）》（2020年12月29日）

第四十条 婚姻关系存续期间，夫妻双方一致同意进行人工授精，所生子女应视为婚生子女，父母子女间的权利义务关系适用民法典的有关规定。

第一千零七十一条　非婚生子女的权利

非婚生子女享有与婚生子女同等的权利，任何组织或者个人不得加以危害和歧视。

不直接抚养非婚生子女的生父或者生母，应当负担未成年子女或者不能独立生活的成年子女的抚养费。

要点提示

中华人民共和国成立后，我国法律也一直明确赋予非婚生子女与婚生子女相同的法律权利和义务。但不可否认的是，受传统道德观念的影响，现在非婚生子女仍然面临着家庭和社会舆论的歧视和危害。因此，《民法典》有必要对非婚生子女的法律地位予以明确规定，既维护了宪法赋予公民的平等权，也体现了国家对人权的尊重和保障。

关联规定

1.《宪法》（2018年3月11日）

第三十三条　凡具有中华人民共和国国籍的人都是中华人民共和国公民。

中华人民共和国公民在法律面前一律平等。

国家尊重和保障人权。

任何公民享有宪法和法律规定的权利，同时必须履行宪法和法律规定的义务。

2.《民法典》（2020年5月28日）

第一千零六十七条　父母不履行抚养义务的，未成年子女或者不能独立生活的成年子女，有要求父母给付抚养费的权利。

成年子女不履行赡养义务的，缺乏劳动能力或者生活困难的父母，有要求成年子女给付赡养费的权利。

第一千一百二十七条　遗产按照下列顺序继承：

（一）第一顺序：配偶、子女、父母；

（二）第二顺序：兄弟姐妹、祖父母、外祖父母。

继承开始后，由第一顺序继承人继承，第二顺序继承人不继承；没有第一顺序继承人继承的，由第二顺序继承人继承。

本编所称子女，包括婚生子女、非婚生子女、养子女和有扶养关系的继子女。

本编所称父母，包括生父母、养父母和有扶养关系的继父母。

本编所称兄弟姐妹，包括同父母的兄弟姐妹、同父异母或者同母异父的兄弟姐妹、养兄弟姐妹、有扶养关系的继兄弟姐妹。

3.《最高人民法院关于适用〈中华人民共和国民法典〉婚姻家庭编的解释（一）》（2020年12月29日）

第四十条 婚姻关系存续期间，夫妻双方一致同意进行人工授精，所生子女应视为婚生子女，父母子女间的权利义务关系适用民法典的有关规定。

典型案例

余某1与赵某抚养费纠纷案[①]

◎ **基本案情**

母亲余某某与赵某同居后生育余某1（女）。其间，余某某告知赵某生育余某1的事实，但赵某不相信余某1是自己的孩子。余某1出生后一直随母亲余某某共同生活，赵某拒不支付抚养费。余某1遂向人民法院起诉，要求赵某支付其抚养费。经鉴定赵某确系余某1生物学父亲。

◎ **裁判结果**

《民法典》第一千零七十一条规定，非婚生子女与婚生子女享有同等权利，任何组织或者个人不得加以危害和歧视。人民法院认定赵某与余某

[①] 参见甘肃省高级人民法院微信公众号，https://mp.weixin.qq.com/s/eJDxYHUsyb5qrfj-Cb0wvA，最后访问时间：2025年2月20日。

1 的亲子关系，并结合实际生活需要、余某 1 父母负担能力及当地生活水平等因素，综合考虑，判决赵某在余某 1 上学前每月承担抚养费 300 元，上学后至独立生活前，每月承担抚养费 500 元。

◎ **典型意义**

抚养未成年子女是父母的法定职责和义务，非婚生子女和婚生子女具有平等的权利。即便父母并未结婚，子女仍有权利向不直接抚养的父母一方主张抚养费。如父母因矛盾而分居生活，不直接抚养子女的父母一方也需尽到相应的抚养义务。本案经法院审理，确认余某 1 与赵某存在亲子关系，在赵某多年未支付抚养费的情况下，判令其履行支付抚养费至余某 1 成年，充分保障了未成年人的合法权益。

第一千零七十二条　继父母与继子女间的权利义务关系

继父母与继子女间，不得虐待或者歧视。

继父或者继母和受其抚养教育的继子女间的权利义务关系，适用本法关于父母子女关系的规定。

◎ **要点提示**

继父母与继子女之间是由于生父母离婚或一方死亡，另一方再婚而形成的姻亲关系。继父母、子女之间，因没有血缘关系，所以相较于原生家庭，更容易产生矛盾和冲突，更容易出现相互歧视甚至虐待的情况。现实生活中，既有继父母对继子女体罚、打骂的现象，也有继子女辱骂、虐待继父母的情况，轻则侵害人格权，重则触犯刑法。本条强调继父母与继子女间应当互相尊重和关爱，不得虐待或者歧视，以维护平等、和睦、文明的婚姻家庭关系。继父母与受其抚养教育的继子女之间的权利义务有以下内容[1]：第一，继父母对未成年的或者已经成年但无独立生活能力的继子女有抚养的义务。继父母应当抚育继子女成长，并为他们的生活、学习提

---

[1] 胡康生主编：《中华人民共和国婚姻法释义》，法律出版社 2001 年版，第 113 页。

供一定的物质条件。第二，继父母对未成年继子女有保护和教育的权利和义务，未成年继子女造成他人损害的，继父母应当依法承担民事责任。第三，继子女对继父母有赡养的义务。因为继父母抚养了继子女，根据权利义务相一致的原则，继子女在物质上和精神上也应当为继父母提供必要的生活条件。第四，继父母和继子女之间有相互继承遗产的权利。

❖ 关联规定

1.《宪法》（2018年3月11日）

第四十九条　婚姻、家庭、母亲和儿童受国家的保护。

夫妻双方有实行计划生育的义务。

父母有抚养教育未成年子女的义务，成年子女有赡养扶助父母的义务。

禁止破坏婚姻自由，禁止虐待老人、妇女和儿童。

2.《民法典》（2020年5月28日）

第一千一百二十七条　遗产按照下列顺序继承：

（一）第一顺序：配偶、子女、父母；

（二）第二顺序：兄弟姐妹、祖父母、外祖父母。

继承开始后，由第一顺序继承人继承，第二顺序继承人不继承；没有第一顺序继承人继承的，由第二顺序继承人继承。

本编所称子女，包括婚生子女、非婚生子女、养子女和有扶养关系的继子女。

本编所称父母，包括生父母、养父母和有扶养关系的继父母。

本编所称兄弟姐妹，包括同父母的兄弟姐妹、同父异母或者同母异父的兄弟姐妹、养兄弟姐妹、有扶养关系的继兄弟姐妹。

3.《刑法》（2023年12月29日）

第二百六十条　虐待家庭成员，情节恶劣的，处二年以下有期徒刑、拘役或者管制。

犯前款罪，致使被害人重伤、死亡的，处二年以上七年以下有期徒刑。

第一款罪，告诉的才处理，但被害人没有能力告诉，或者因受到强制、威吓无法告诉的除外。

第二百六十条之一 对未成年人、老年人、患病的人、残疾人等负有监护、看护职责的人虐待被监护、看护的人，情节恶劣的，处三年以下有期徒刑或者拘役。

单位犯前款罪的，对单位判处罚金，并对其直接负责的主管人员和其他直接责任人员，依照前款的规定处罚。

有第一款行为，同时构成其他犯罪的，依照处罚较重的规定定罪处罚。

第二百六十一条 对于年老、年幼、患病或者其他没有独立生活能力的人，负有扶养义务而拒绝扶养，情节恶劣的，处五年以下有期徒刑、拘役或者管制。

4.《家庭教育促进法》（2021年10月23日）

第二十三条 未成年人的父母或者其他监护人不得因性别、身体状况、智力等歧视未成年人，不得实施家庭暴力，不得胁迫、引诱、教唆、纵容、利用未成年人从事违反法律法规和社会公德的活动。

5.《反家庭暴力法》（2015年12月27日）

第三条 家庭成员之间应当互相帮助，互相关爱，和睦相处，履行家庭义务。

反家庭暴力是国家、社会和每个家庭的共同责任。

国家禁止任何形式的家庭暴力。

第二十一条 监护人实施家庭暴力严重侵害被监护人合法权益的，人民法院可以根据被监护人的近亲属、居民委员会、村民委员会、县级人民政府民政部门等有关人员或者单位的申请，依法撤销其监护人资格，另行指定监护人。

被撤销监护人资格的加害人，应当继续负担相应的赡养、扶养、抚养费用。

第三十三条 加害人实施家庭暴力，构成违反治安管理行为的，依法给予治安管理处罚；构成犯罪的，依法追究刑事责任。

6.《最高人民法院关于适用〈中华人民共和国民法典〉婚姻家庭编的解释（一）》（2020年12月29日）

第一条 持续性、经常性的家庭暴力，可以认定为民法典第一千零四十二条、第一千零七十九条、第一千零九十一条所称的"虐待"。

第五十四条 生父与继母离婚或者生母与继父离婚时，对曾受其抚养教育的继子女，继父或者继母不同意继续抚养的，仍应由生父或者生母抚养。

7.《最高人民法院关于适用〈中华人民共和国民法典〉婚姻家庭编的解释（二）》（2025年1月15日）

第十八条 对民法典第一千零七十二条中继子女受继父或者继母抚养教育的事实，人民法院应当以共同生活时间长短为基础，综合考虑共同生活期间继父母是否实际进行生活照料、是否履行家庭教育职责、是否承担抚养费等因素予以认定。

第十九条 生父与继母或者生母与继父离婚后，当事人主张继父或者继母和曾受其抚养教育的继子女之间的权利义务关系不再适用民法典关于父母子女关系规定的，人民法院应予支持，但继父或者继母与继子女存在依法成立的收养关系或者继子女仍与继父或者继母共同生活的除外。

继父母子女关系解除后，缺乏劳动能力又缺乏生活来源的继父或者继母请求曾受其抚养教育的成年继子女给付生活费的，人民法院可以综合考虑抚养教育情况、成年继子女负担能力等因素，依法予以支持，但是继父或者继母曾存在虐待、遗弃继子女等情况的除外。

❋ 典型案例

1. 陈某与祝某1赡养费纠纷案①

◎ 基本案情

原告陈某与被告祝某1的母亲于1995年1月9日登记结婚，婚后未生育子女。祝某1系其母亲与前夫所生儿子，在祝某1母亲与陈某再婚后，祝某1一直随陈某与祝某1母亲共同生活。2015年10月，祝某1母亲因故受伤后，陈某即离家与祝某1母亲分居。分居不久，陈某向法院提出起诉要求与祝某1母亲离婚，祝某1母亲于2017年7月在离婚诉讼期间因病死亡。因陈某在祝某1母亲患病期间不履行夫妻互助义务，祝某1母亲在生前向他人借款治病，现出借人提出起诉要求陈某归还借款。原审法院于2017年9月作出判决，由陈某归还债权人借款8万元，现该判决生效后已进入执行程序，由陈某每月归还申请人借款1000元。陈某现提出起诉，要求祝某1承担赡养义务。

◎ 裁判理由

上海市浦东新区人民法院作出（2018）沪××××民初×××××号民事判决，认为继父母和受其抚养教育的继子女间的权利义务，适用《婚姻法》②对父母子女关系的有关规定。本案中，被告祝某1在未成年时随原告陈某及祝某1母亲共同生活，故陈某、祝某1间存在因抚养事实而产生的法律拟制血亲关系。双方之间已形成权利义务关系，不能因祝某1母亲去世和不在一起共同生活而自然终止或解除。但法律拟制血亲关系可经一定的法律事实和法律行为成立，也可通过一定的法律事实和法律行为解除，故陈某、祝某1继父子关系也可以解除。因陈某在祝某1母亲患病期间不履行夫妻互助义务并提出离婚，导致祝某1对陈某心生厌恨，双方关系不断恶化，继父子之间已无亲情，也无法修复。陈某提出了目前因生活困难要求

---

① 参见（2019）沪01民终1424号民事判决书，载中国裁判文书网，最后访问时间：2025年4月24日。
② 《民法典》第一千零七十二条规定："继父母与继子女间，不得虐待或者歧视。继父或者继母和受其抚养教育的继子女间的权利义务关系，适用本法关于父母子女关系的规定。"

由祝某1给付生活费后解除双方关系的意见,虽法律对解除继父母子女关系没有明文规定,但可参照我国《收养法》的规定进行处理,双方已符合解除条件,故应解除陈某、祝某1继父子关系。继父子关系解除后,因陈某清偿债务能力有限,目前生活确有困难,故祝某1应与陈某的亲生子女一起分担陈某的生活费。祝某1应负担的生活费具体给付数额及方式,根据陈某目前的财产、收入、负债等情况,结合祝某1的经济条件、家庭情况等确定。依照《婚姻法》第二十七条的规定,判决解除陈某与祝某1继父子关系;祝某1一次性给付陈某生活费40000元。陈某不服判决结果,提出上诉。

上海市第一中级人民法院认为,本案中,陈某成为祝某1继父时,祝某1仅十二周岁,双方因共同生活而存在抚养与被抚养的事实。依照《婚姻法》的相关规定,子女对父母有赡养扶助的义务。子女不履行赡养义务时,无劳动能力的或生活困难的父母,有要求子女付给赡养费的权利。经查,陈某因其在外租房并偿还为祝某1母亲治病所借之债等事实已经查实,故其因此导致生活困难的主张成立。祝某1作为继子,应当承担赡养陈某的义务,即陈某的晚年应由其亲生子女及祝某1共同赡养。上海市第一中级人民法院认为,上诉人陈某要求撤销原判有关解除继父子关系之判项的主张成立,对于要求被上诉人祝某1支付赡养费的诉请,支持其合理部分。

◎ 裁判结果

一审判决事实清楚,适用法律有误,应予纠正。上海市第一中级人民法院判决撤销上海市浦东新区人民法院(2018)沪××××民初×××××号民事判决;被上诉人祝某1自2018年9月起每月支付上诉人陈某赡养费人民币1000元;驳回上诉人陈某其余上诉请求。

2. 孙某一与孙某二婚姻家庭纠纷案[①]

◎ 基本案情

王某与耿某系夫妻关系,1959年生有一子耿某一。后双方离婚,耿某

[①] 参见(2022)京01民终2977号民事判决书,载中国裁判文书网,最后访问时间:2025年4月24日。

一归王某抚养。王某与孙某于1962年再婚，婚后生有一女孙某二，耿某一此时尚未成年，后改名为孙某一。王某现已去世。孙某主张其尽到抚养义务将孙某一抚养成人，在其后近40多年的时间里，各自独立生活，不相往来，在王某去世后，双方就王某墓碑上的署名等问题发生冲突，并提交微信聊天记录，其中孙某一与孙某二发生言语冲突，导致双方关系恶化。孙某一主张其在生活中一直照顾孙某，孙某提交的微信聊天记录是孙某二与孙某一在处理母亲后事时因为悲痛情绪一时争执，并非与孙某有矛盾。孙某请求判令与孙某一解除继父子的权利义务关系。孙某一不同意解除继父子关系，其称孙某身体状况很差需要其照顾，孙某一一家愿意照顾孙某，且双方没有突出矛盾。

◎ **裁判理由**

北京市第一中级人民法院经审理认为：一、孙某与孙某一是否形成具有抚养关系的继父子关系。孙某一的生母王某与孙某结婚，孙某一2岁左右即跟随王某与孙某共同生活，时间长达十余年。双方均认可孙某对孙某一存在抚养事实，双方存在抚养关系。有抚养关系的继父母与继子女之间具有拟制血亲关系。二、孙某请求解除其与孙某一之间的继父子关系是否有法律依据。最高人民法院曾在1988年作出的《关于继父母与继子女形成的权利义务关系能否解除的批复》中规定："继父母与继子女已形成的权利义务关系不能自然终止，一方起诉要求解除这种权利义务关系的，人民法院应视具体情况作出是否准许解除的调解或判决。"但此批复已被《最高人民法院关于废止1980年1月1日至1997年6月30日发布的部分司法解释和司法解释性质文件（第九批）的决定》（法释〔2013〕2号）废止。孙某主张适用此批复的意见，法院不予支持。现行法律中对于拟制血亲关系的解除，只针对养父母与养子女之间的收养关系的解除作了明确规定，对形成抚养关系的继父母与继子女关系的解除未有明文规定。对此法院认为，《民法典》第一千零七十二条第二款规定："继父或者继母和受其抚养教育的继子女间的权利义务关系，适用本法关于父母子女关系的规定。"据此可知，孙某与孙某一形成抚养关系的继父子关系，并不因孙某一生母王某死亡而自然解除。但不能以《民法典》未规定父母子女关系的诉讼解除而当然认为具有抚养关系的继父子关系亦不能诉讼解除。主要理由如下：一是《民法典》第一千零七十二条第二款属于引致性条款，是为避免重复规定形成抚养关系的继父母子女权利义务关系，不宜采用反对解释认为现行法律对解除继父子关系未作明确规定，即为法律上不准许。二是《民法典》第一千一百一十一条第一款，关于养父母与养子女间的权利义务关系，亦规定了适用《民法典》关于父母子女关系的规定，但养父母与成年养子女可以协议解除或诉讼解除收养关系，按照体系解释，《民法典》关于继父母子女关系"适用本法关于父母子女关系的规定"应作同样理解，即该规定并未否定可以通过诉讼解除继父母子女关系。三是《最高人民法院关于适用〈中华人民共和国民法典〉婚姻家庭编的解释（一）》第五十四条对于再婚父母离婚后，继父母解除与继子女之间权利义务关系作了规定，由此也可以看出，再婚父母离婚后形成抚养关系的继父母子女关系可以解除。在再婚父母一方死亡后，形成抚养关系的继父母与成年继子女之间的关系也应可以解除。由于《民法典》对于解除继父母与成年继子女关系的条件未作明文规定，可参照适用养父母与成年养子女解除收养关系的规定。三、孙某的诉讼请求能否得到支持。虽然孙某可以主张解除其与孙某一之间的继父子关系，但其诉讼请求能否得到支持应结合本案事实和证据判断。本案中，孙某一与孙某二之间存在矛盾，并非解除孙某与孙某一继父子关系的法定理由。结合孙某的举证情况、双方此前的关系、是否存在实质性突出矛盾、孙某一对于赡养孙某的态度等，以及孙某年龄和健康情况等因素，双方关系尚未达到恶化以致解除继父子关系的程度，且判决解除继父子关系也不利于孙某的权利保障，一审判决驳回孙某的诉讼请求并无不当。判决驳回上诉，维持原判。

◎ **裁判结果**

北京市海淀区人民法院经审理认为，现行法律并无按照孙某主张的理由解除继父子关系的规定，《民法典》关于亲子关系的规定应适用于有血亲关系的当事人之间，孙某的诉讼请求缺乏法律依据。判决驳回孙某的全部诉讼请求。判决后，孙某提起上诉。北京市第一中级人民法院经审理，认为一审判决驳回孙某的诉讼请求并无不当，判决驳回上诉，维持原判。

第一千零七十三条　亲子关系异议之诉

对亲子关系有异议且有正当理由的，父或者母可以向人民法院提起诉讼，请求确认或者否认亲子关系。

对亲子关系有异议且有正当理由的，成年子女可以向人民法院提起诉讼，请求确认亲子关系。

要点提示

亲子关系诉讼包括亲子关系否认之诉和确认之诉，本条均作出了规定。对于本条第一款，需要注意：第一，关于提起诉讼的主体。本款规定的起诉主体仅限于"父或者母"，不包括子女；第二，关于诉讼请求。父或者母既可以向人民法院提起否认亲子关系之诉，也可以提起确认亲子关系之诉；第三，关于提起诉讼的条件。根据本款规定，父或者母提起亲子关系异议之诉需要同时满足"对亲子关系有异议"和"有正当理由"两项条件。前者是指父或者母认为现存的亲子关系是错误的，即自己与子女不是生物学意义上的父母子女关系，后者应该如何认定，《民法典》未明确界定，实践中应当由各级人民法院根据具体案情作出判断。

关联规定

1.《民事诉讼法》（2023 年 9 月 1 日）

第六十七条　当事人对自己提出的主张，有责任提供证据。

当事人及其诉讼代理人因客观原因不能自行收集的证据，或者人民法院认为审理案件需要的证据，人民法院应当调查收集。

人民法院应当按照法定程序，全面地、客观地审查核实证据。

2.《涉外民事关系法律适用法》（2010年10月28日）

第二十五条 父母子女人身、财产关系，适用共同经常居所地法律；没有共同经常居所地的，适用一方当事人经常居所地法律或者国籍国法律中有利于保护弱者权益的法律。

3.《最高人民法院关于适用〈中华人民共和国民法典〉婚姻家庭编的解释（一）》（2020年12月29日）

第三十九条 父或者母向人民法院起诉请求否认亲子关系，并已提供必要证据予以证明，另一方没有相反证据又拒绝做亲子鉴定的，人民法院可以认定否认亲子关系一方的主张成立。

父或者母以及成年子女起诉请求确认亲子关系，并提供必要证据予以证明，另一方没有相反证据又拒绝做亲子鉴定的，人民法院可以认定确认亲子关系一方的主张成立。

◆ 典型案例

刘某甲诉张某否认亲子关系纠纷案[1]

——父或母请求否认亲子关系但未提供必要证据的，不适用《最高人民法院关于适用〈中华人民共和国民法典〉婚姻家庭编的解释（一）》第三十九条第一款之规定

◎ 基本案情

原告刘某甲诉称，其与张某于2015年结婚，婚后一直没有生育小孩。婚姻关系存续期间，刘某甲与他人发生一夜情怀孕并生育一子。因其丈夫张某将小孩接走藏起来，不让其见小孩，对小孩漠不关心，导致小孩日渐消瘦，对小孩的心理健康及安全造成极大的影响，特诉请确认小孩与张某不具有血缘关系并将小孩的监护权判给刘某甲所有。刘某甲为支持其诉请

---

[1] 参见人民法院案例库，入库编号：2023-14-2-021-001。

提交了一份司法鉴定意见书，证明该小孩经过司法鉴定与案外人刘某乙具有血缘关系，与张某没有血缘关系。

张某辩称，孩子的出生证和户口簿均表明其系小孩的父亲。若小孩与其无血缘关系，刘某甲早就该明示，双方婚后一直共同生活，并未分开。监护权与抚养权是建立在离婚基础上，刘某甲在未离婚前就请求确定监护权归属有违法律规定，而且就算离婚，父母仍是子女的监护人，何况现在双方还是夫妻，刘某甲无权请求法院指定或确认监护权。依照《最高人民法院关于适用〈中华人民共和国民法典〉婚姻家庭编的解释（一）》第三十九条第一款的规定，刘某甲主张确认张某与婚生子不具有血统关系，应提供必要的证据来证明，但刘某甲未能提供必要证据。亲子鉴定法律无强制规定要求其必须配合，其无法定义务配合刘某甲共同来做有损子女成长之事。综上，请求法院从有利子女健康成长角度驳回刘某甲的诉请。

法院经审理查明：原告刘某甲、被告张某于2015年办理婚姻登记手续，刘某甲于2018年生育一男孩。2021年1月，刘某甲向法院起诉离婚，法院驳回其诉讼请求。婚生小孩的出生医学证明和户籍证明均登记张某系小孩的父亲，该小孩曾在张某家中生活，由张某父母照顾抚养，并就读幼儿园。自2021年11月22日起该小孩在刘某甲处抚养。

江西省遂川县人民法院于2021年10月26日作出（2021）赣××××民初2417号民事判决：驳回原告刘某甲的全部诉讼请求。刘某甲不服，提起上诉。江西省吉安市中级人民法院于2021年12月31日作出（2021）赣××民终2727号民事判决：驳回上诉，维持原判。

◎ **裁判理由**

法院生效裁判认为：亲子关系的确认和否认，对于子女而言，不仅涉及一系列权利义务的产生、消灭，更涉及亲子身份关系的安定、婚姻家庭的和谐稳定，对未成年人的健康成长有重大影响。本案纠纷发生在刘某甲与张某婚姻关系存续期间，刘某甲以双方感情破裂，张某照顾不好小孩，为了小孩的健康成长为由提起本案诉讼，但其未提供证据证明张某存在虐待小孩及不利于小孩健康成长的行为，且小孩现在在刘某甲处抚养，也不存在剥夺刘某甲抚养小孩权利的情形。《最高人民法院关于适用〈中华人民共和国民法典〉婚姻家庭编的解释（一）》第三十九条第一款规定，父或者母向人民法院起诉请求否认亲子关系，并已提供必要证据予以证明，另一方没有相反证据又拒绝做亲子鉴定的，人民法院可以认定否认亲子关系一方的主张成立。刘某甲虽然提供了亲子鉴定意见书，但该鉴定书的真实性无法确认，且无其他证据予以佐证，其不具备提供了必要证据这一推定前提。本案不能以张某不同意做亲子鉴定就当然适用《最高人民法院关于适用〈中华人民共和国民法典〉婚姻家庭编的解释（一）》第三十九条第一款之规定。

◎ **典型意义**

婚姻关系存续期间孕育的子女，推定丈夫为该子女的父亲，是亲子关系认定中的基本原则。父或母虽有权提起否认之诉，但应当有正当理由。一方为争取孩子的抚养权，以无法证明真实性的单方亲子鉴定报告请求否认子女与对方的亲子关系，对方不认可该证据，又拒绝做亲子鉴定的，不能适用《最高人民法院关于适用〈中华人民共和国民法典〉婚姻家庭编的解释（一）》第三十九条第一款规定。

第一千零七十四条　祖孙之间的抚养、赡养义务

有负担能力的祖父母、外祖父母，对于父母已经死亡或者父母无力抚养的未成年孙子女、外孙子女，有抚养的义务。

有负担能力的孙子女、外孙子女，对于子女已经死亡或者子女无力赡养的祖父母、外祖父母，有赡养的义务。

◎ **要点提示**

通常情况下，隔代抚养不是法定义务，但同时符合以下条件的，祖父母、外祖父母对孙子女、外孙子女有抚养义务：一是孙子女、外孙子女的父母已经死亡或者无抚养子女的能力。"父母已经死亡"是指父母双方均死亡，如果只有父或母一方死亡，另一方仍负有抚养子女的义务，祖父

母、外祖父母没有抚养义务。死亡包括自然死亡和宣告死亡。"无抚养子女的能力"是指父母双方或者父或者母一方死亡而生存的另一方不能以自己的劳动收入和其他收入全部或者部分满足未成年子女的生活需要。① 二是祖父母、外祖父母有负担能力。此处的"负担能力"是指祖父母、外祖父母具有经济能力和监护能力。法律不强人所难,没有经济条件和身体条件的祖父母、外祖父母不负担抚养孙子女、外孙子女的法定义务。三是孙子女、外孙子女为未成年人。本条的立法目的主要是保障未成年的孙子女、外孙子女成长的物质条件,因此,尽管本款字面上规定,只要孙子女、外孙子女未成年且符合其他条件时,祖父母、外祖父母就对其负有抚养义务,但是从目的解释的角度来看,已满十六周岁且已经能够以自己的劳动收入作为主要生活来源的自然人,虽然尚未成年,但法律已将其视为完全民事行为能力人,那么则意味着其成长的物质条件已经能够得到保障,本条的立法目的已经达成,故不应再使其祖父母、外祖父母对其承担法定的抚养义务。

同样,同时符合以下条件的,孙子女、外孙子女对祖父母、外祖父母有赡养义务:一是祖父母、外祖父母的子女已经死亡或者无赡养能力。这是指祖父母、外祖父母的子女均已死亡(包括自然死亡和宣告死亡),或者虽然生存,但是由于经济和身体原因,没有赡养能力。如果祖父母、外祖父母有多个子女,其中一个或者几个子女死亡,但是仍有赡养能力的子女生存的,孙子女、外孙子女无须赡养其祖父母、外祖父母。二是孙子女、外孙子女有负担能力。赡养义务的履行方式包括生活照顾和物质支持。此处的"有负担能力"应当指有足够的经济条件且具备完全民事行为能力,而至于孙子女、外孙子女是否成年则在所不问。

关联规定

1.《民法典》(2020年5月28日)

第十七条 十八周岁以上的自然人为成年人。不满十八周岁的自然人

---

① 蒋月主编:《婚姻家庭与继承法》,厦门大学出版社2014年版,第202页。

为未成年人。

第十八条 成年人为完全民事行为能力人，可以独立实施民事法律行为。

十六周岁以上的未成年人，以自己的劳动收入为主要生活来源的，视为完全民事行为能力人。

第二十七条 父母是未成年子女的监护人。

未成年人的父母已经死亡或者没有监护能力的，由下列有监护能力的人按顺序担任监护人：

（一）祖父母、外祖父母；

（二）兄、姐；

（三）其他愿意担任监护人的个人或者组织，但是须经未成年人住所地的居民委员会、村民委员会或者民政部门同意。

2.《刑法》（2023年12月29日）

第二百六十一条 对于年老、年幼、患病或者其他没有独立生活能力的人，负有扶养义务而拒绝扶养，情节恶劣的，处五年以下有期徒刑、拘役或者管制。

3.《未成年人保护法》（2024年4月26日）

第七条 未成年人的父母或者其他监护人依法对未成年人承担监护职责。

国家采取措施指导、支持、帮助和监督未成年人的父母或者其他监护人履行监护职责。

4.《老年人权益保障法》（2018年12月29日）

第十四条 赡养人应当履行对老年人经济上供养、生活上照料和精神上慰藉的义务，照顾老年人的特殊需要。

赡养人是指老年人的子女以及其他依法负有赡养义务的人。

赡养人的配偶应当协助赡养人履行赡养义务。

第十九条 赡养人不得以放弃继承权或者其他理由，拒绝履行赡养义务。

赡养人不履行赡养义务，老年人有要求赡养人付给赡养费等权利。

赡养人不得要求老年人承担力不能及的劳动。

典型案例

张某1、朱某抚养纠纷案①

◎ 基本案情

原告朱某与被告张某1之子张某3于2015年2月10日登记结婚，婚后于2015年10月16日生育长女张某2，2019年12月29日生育次女张某，2022年4月20日被告张某1之子张某3意外身故。两个孩子现随被告张某1一起生活。原告诉至本院请求判令张某2、张某由自己抚养。

◎ 裁判理由

甘肃省临夏回族自治州中级人民法院认为，《最高人民法院关于适用〈中华人民共和国民事诉讼法〉的解释》第九十条规定："当事人对自己提出的诉讼请求所依据的事实或者反驳对方诉讼请求所依据的事实，应当提供证据加以证明，但法律另有规定的除外。在作出判决前，当事人未能提供证据或者证据不足以证明其事实主张的，由负有举证证明责任的当事人承担不利的后果。"上诉人主张被上诉人朱某无生活自理能力无法抚养两个孩子，但未能提供证据证明其主张成立，该项上诉理由应不予支持。本案中，两个孩子的父亲去世后，被上诉人朱某作为两个孩子母亲，是法定第一顺序监护人，且有抚养孩子的能力，故一审法院判决两个孩子由作为母亲的被上诉人抚养正确，上诉人关于一审适用法律错误的上诉理由亦不能成立。综上所述，张某1的上诉请求不能成立，应予驳回。

---

① 参见（2023）甘29民终1303号民事判决书，载中国裁判文书网，最后访问时间：2025年4月24日。

◎ **裁判结果**

甘肃省和政县人民法院作出（2023）甘××××民初221号民事判决，认为原告作为两个孩子的亲生母亲，是第一顺序法定监护人，有权利也有义务抚养孩子，根据《民法典》第二十七条，父母为未成年子女的监护人，被告之子去世后，子女应由母亲抚养，被告年事已高，不适宜长期抚养孩子，故原告请求抚养孩子的理由成立，应予支持。被告作为祖父母不让原告抚养孩子的理由于法无据，不予支持。依照《民法典》第二十七条、第一千零六十八条、第一千零七十四条之规定，判决婚生长女张某2、次女张某由原告朱某抚养。案件受理费100元，由原告朱某负担。张某1不服判决结果，提出上诉。甘肃省临夏回族自治州中级人民法院认为，张某1的上诉请求不能成立，一审判决认定事实清楚，适用法律正确，应予维持。依照《民事诉讼法》第一百七十七条第一款第一项之规定，判决驳回上诉，维持原判。

第一千零七十五条　兄弟姐妹间的扶养义务

有负担能力的兄、姐，对于父母已经死亡或者父母无力抚养的未成年弟、妹，有扶养的义务。

由兄、姐扶养长大的有负担能力的弟、妹，对于缺乏劳动能力又缺乏生活来源的兄、姐，有扶养的义务。

◎ **要点提示**

一般情况下，兄弟姐妹均由其父母抚养，彼此之间不发生法定的扶养关系，但是，同时符合以下条件的，兄、姐对弟、妹负有扶养义务：一是父母已经死亡或者父母无抚养能力。这是指父母双方均自然死亡或者宣告死亡，或者因经济条件或身体原因不能抚养未成年子女、满足其生活需要。但是如果父母只有一方死亡或者无抚养子女的能力，另一方仍有抚养子女的义务，此时兄、姐无须扶养弟、妹。二是兄、姐有负担能力。兄、姐有负担能力是指兄、姐具有经济条件和监护能力，以保证弟、妹健康成长。负有扶养义务的兄、姐应当为完全民事行为能力人，至于是否成年在所不问。若兄、姐丧失负担能力，对弟、妹的扶养义务则应当终止。三是需要被扶养的弟、妹尚未成年。从本条文字面上看，只要弟、妹为未成年人，即未满十八周岁，则需要兄、姐的扶养。从立法目的上看，如果弟、妹年满十六周岁且能以自己的劳动收入为主要生活来源，则兄、姐对其的扶养义务应当终止。

同样，同时符合下列条件的，弟、妹对兄、姐有法定的扶养义务：一是弟、妹由兄、姐扶养长大。这个条件体现了法律权利与义务相一致的原则，即只有在父母死亡或者无抚养能力的情况下，由兄、姐扶养长大的弟、妹，才对兄、姐有扶养义务。二是弟、妹有负担能力。这是指在经济条件和身体条件能满足其自身及其家庭的需求，又有余力的情况下，由兄、姐扶养长大的弟、妹，只要是完全民事行为能力人，就应当扶养其生活困难的兄、姐。而如果弟、妹本身生活困难或者自身还需要他人扶养的话，尽管其由兄、姐扶养长大，也不对兄、姐负有扶养义务。三是兄、姐需要被扶养。这主要是指兄、姐缺乏劳动能力又没有生活来源，同时其又没有配偶、子女，或者其配偶无扶养能力、其子女亦无赡养能力的情况。此时，由兄、姐扶养长大且有负担能力的弟、妹应当承担对其兄、姐的扶养义务。

❖ 关联规定

1.《民法典》（2020 年 5 月 28 日）

第二十七条 父母是未成年子女的监护人。

未成年人的父母已经死亡或者没有监护能力的，由下列有监护能力的人按顺序担任监护人：

（一）祖父母、外祖父母；

（二）兄、姐；

（三）其他愿意担任监护人的个人或者组织，但是须经未成年人住所地的居民委员会、村民委员会或者民政部门同意。

2.《刑法》（2023年12月29日）

第二百六十一条 对于年老、年幼、患病或者其他没有独立生活能力的人，负有扶养义务而拒绝扶养，情节恶劣的，处五年以下有期徒刑、拘役或者管制。

3.《老年人权益保障法》（2018年12月29日）

第二十三条 老年人与配偶有相互扶养的义务。

由兄、姐扶养的弟、妹成年后，有负担能力的，对年老无赡养人的兄、姐有扶养的义务。

4.《残疾人保障法》（2018年10月26日）

第九条 残疾人的扶养人必须对残疾人履行扶养义务。

残疾人的监护人必须履行监护职责，尊重被监护人的意愿，维护被监护人的合法权益。

残疾人的亲属、监护人应当鼓励和帮助残疾人增强自立能力。

禁止对残疾人实施家庭暴力，禁止虐待、遗弃残疾人。

5.《涉外民事关系法律适用法》（2010年10月28日）

第二十九条 扶养，适用一方当事人经常居所地法律、国籍国法律或者主要财产所在地法律中有利于保护被扶养人权益的法律。

6.《最高人民法院关于适用〈中华人民共和国民法典〉婚姻家庭编的解释（一）》（2020年12月29日）

第五十三条 抚养费的给付期限，一般至子女十八周岁为止。

十六周岁以上不满十八周岁，以其劳动收入为主要生活来源，并能维持当地一般生活水平的，父母可以停止给付抚养费。

❖ 典型案例

杨某1、杨某2扶养纠纷案①

◎ 基本案情

杨某1、杨某2的父母共生育三个子女，分别为杨某1、杨某2、杨某3。庭审中，杨某1、杨某2一致陈述杨某3在一岁半左右被他人抱养。1955年，杨某1、杨某2、杨某3的母亲去世。之后，杨某1、杨某2与其父亲三人共同生活。1986年，杨某1、杨某2、杨某3的父亲去世。经查明，杨某1的干部履历表显示：1958年10月至1962年，杨某1在某国营酿造厂任学工；1962年6月，杨某1入伍；1968年3月，杨某1退伍。杨某2在庭审中陈述，其从1966年或1967年开始打工。

杨某1与林某某系夫妻关系，生育一子杨某4。杨某4没有丧失劳动能力，每月收入3000元至4000元。杨某1自认其每月领取养老金3900多元，林某某每月领取养老金3200多元。杨某1向法院提出要求杨某2支付杨某1扶养费48000元的诉讼请求。

◎ 裁判理由

四川省成都市青白江区人民法院认为，本案的争议焦点为杨某2是否应当对杨某1尽扶养的义务。根据《民法典》第一千零七十五条第二款的规定："由兄、姐扶养长大的有负担能力的弟、妹，对于缺乏劳动能力又缺乏生活来源的兄、姐，有扶养的义务。"按照法律规定，本院应当审查杨某1是否属于"缺乏劳动能力又缺乏生活来源的兄、姐"。从杨某1向本院提供的证据分析，杨某1已满七十七周岁缺乏劳动能力，但是，杨某1每月领取养老金3900多元，其妻每月领取养老金3200多元，其子杨某4已成年且每月有收入3000元至4000元。上述事实证明杨某1不属于法律规定的"缺乏劳动能力又缺乏生活来源的兄、姐"。故对杨某1要求杨某2尽扶养义务的诉讼请求，本院不予支持。

---

① 参见（2022）川0113民初1235号民事判决书，载中国裁判文书网，最后访问时间：2025年4月24日。

◎ **裁判结果**

四川省成都市青白江区人民法院作出（2022）川××××民初1235号判决，不支持杨某1要求杨某2尽扶养义务的诉讼请求。依照《民法典》第二十六条、第一千零七十五条，《民事诉讼法》第六十七条、第一百四十五条之规定，驳回原告杨某1的诉讼请求。

第四章 离　　婚

第一千零七十六条　协议离婚以及离婚协议的内容

> 夫妻双方自愿离婚的，应当签订书面离婚协议，并亲自到婚姻登记机关申请离婚登记。
>
> 离婚协议应当载明双方自愿离婚的意思表示和对子女抚养、财产以及债务处理等事项协商一致的意见。

❋ **要点提示**

我国将离婚分为协议离婚和诉讼离婚两种情形。协议离婚又称双方自愿离婚，是基于当事人合意并通过婚姻登记程序解除婚姻关系的法律制度。[①] 与诉讼离婚不同的是，协议离婚在法律上无须讨论夫妻双方是否有可归责事由，也无须讨论夫妻之间感情是否破裂，符合法律规定的形式要件即可离婚。

协议离婚在我国婚姻制度中有着重要的意义，充分尊重了当事人的意愿，是婚姻自由的体现，而且程序相较诉讼离婚简单，更容易被当事人接受。首先，协议离婚制度是当事人主观意志的体现，法律保障公民自主自愿独立处理自身婚姻问题的权利；其次，协议离婚有利于缓解社会矛盾，

[①] 黄薇主编：《中华人民共和国民法典婚姻家庭编解读》，中国法制出版社2020年版，第170~172页。

让双方更好地通过协商的方式解决问题，不必诉诸法院，避免了相互指责、剑拔弩张的对立情绪，对于双方以及子女和各自的亲属在日后如有相处之时，避免仇视，有利于社会的和谐发展；再次，协议离婚有利于保护当事人的隐私，协议离婚不要求说明离婚理由，只要双方有共同的离婚意志，符合形式要件的要求即可进行离婚登记；最后，协议离婚要求签订书面的离婚协议妥善处理子女、财产和债务问题，有利于维护双方、子女以及第三人的合法权益。

❖ 关联规定

1.《民法典》（2020 年 5 月 28 日）

第五条　民事主体从事民事活动，应当遵循自愿原则，按照自己的意思设立、变更、终止民事法律关系。

第一百三十条　民事主体按照自己的意愿依法行使民事权利，不受干涉。

第一百三十五条　民事法律行为可以采用书面形式、口头形式或者其他形式；法律、行政法规规定或者当事人约定采用特定形式的，应当采用特定形式。

2.《未成年人保护法》（2024 年 4 月 26 日）

第二十四条　未成年人的父母离婚时，应当妥善处理未成年子女的抚养、教育、探望、财产等事宜，听取有表达意愿能力未成年人的意见。不得以抢夺、藏匿未成年子女等方式争夺抚养权。

未成年人的父母离婚后，不直接抚养未成年子女的一方应当依照协议、人民法院判决或者调解确定的时间和方式，在不影响未成年人学习、生活的情况下探望未成年子女，直接抚养的一方应当配合，但被人民法院依法中止探望权的除外。

3.《妇女权益保障法》（2018 年 10 月 26 日）

第四十八条　夫妻共有的房屋，离婚时，分割住房由双方协议解决；

协议不成的，由人民法院根据双方的具体情况，按照照顾子女和女方权益的原则判决。夫妻双方另有约定的除外。

夫妻共同租用的房屋，离婚时，女方的住房应当按照照顾子女和女方权益的原则解决。

4.《婚姻登记条例》（2025年4月6日）

第十三条 内地居民自愿离婚的，男女双方应当签订书面离婚协议，亲自到婚姻登记机关共同申请离婚登记。

中国公民同外国人在中国内地自愿离婚的，内地居民同香港居民、澳门居民、台湾居民、华侨在中国内地自愿离婚的，男女双方应当签订书面离婚协议，亲自到本条例第二条第二款规定的婚姻登记机关共同申请离婚登记。

离婚协议应当载明双方自愿离婚的意思表示和对子女抚养、财产以及债务处理等事项协商一致的意见。

第十四条 申请离婚登记的当事人有下列情形之一的，婚姻登记机关不予受理：

（一）未达成离婚协议的；

（二）属于无民事行为能力人或者限制民事行为能力人的；

（三）其结婚登记不是在中国内地办理的。

第十五条 申请离婚登记的内地居民应当出具下列证件：

（一）本人的居民身份证；

（二）本人的结婚证。

申请离婚登记的香港居民、澳门居民、台湾居民、华侨、外国人除应当出具前款第二项规定的证件外，香港居民、澳门居民、台湾居民还应当出具本人的有效通行证或者港澳台居民居住证、身份证；华侨、外国人还应当出具本人的有效护照或者其他有效的国际旅行证件，或者外国人永久居留身份证等中国政府主管机关签发的身份证件。

5.《最高人民法院关于适用〈中华人民共和国民法典〉婚姻家庭编的解释（一）》（2020年12月29日）

第六十九条 当事人达成的以协议离婚或者到人民法院调解离婚为条件的财产以及债务处理协议，如果双方离婚未成，一方在离婚诉讼中反悔的，人民法院应当认定该财产以及债务处理协议没有生效，并根据实际情况依照民法典第一千零八十七条和第一千零八十九条的规定判决。

当事人依照民法典第一千零七十六条签订的离婚协议中关于财产以及债务处理的条款，对男女双方具有法律约束力。登记离婚后当事人因履行上述协议发生纠纷提起诉讼的，人民法院应当受理。

第七十条 夫妻双方协议离婚后就财产分割问题反悔，请求撤销财产分割协议的，人民法院应当受理。

人民法院审理后，未发现订立财产分割协议时存在欺诈、胁迫等情形的，应当依法驳回当事人的诉讼请求。

6.《最高人民法院关于适用〈中华人民共和国民法典〉婚姻家庭编的解释（二）》（2025年1月15日）

第二条 夫妻登记离婚后，一方以双方意思表示虚假为由请求确认离婚无效的，人民法院不予支持。

第三条 夫妻一方的债权人有证据证明离婚协议中财产分割条款影响其债权实现，请求参照适用民法典第五百三十八条或者第五百三十九条规定撤销相关条款的，人民法院应当综合考虑夫妻共同财产整体分割及履行情况、子女抚养费负担、离婚过错等因素，依法予以支持。

第二十条 离婚协议约定将部分或者全部夫妻共同财产给予子女，离婚后，一方在财产权利转移之前请求撤销该约定的，人民法院不予支持，但另一方同意的除外。

一方不履行前款离婚协议约定的义务，另一方请求其承担继续履行或者因无法履行而赔偿损失等民事责任的，人民法院依法予以支持。

双方在离婚协议中明确约定子女可以就本条第一款中的相关财产直接主张权利，一方不履行离婚协议约定的义务，子女请求参照适用民法典第五百二十二条第二款规定，由该方承担继续履行或者因无法履行而赔偿损失等民事责任的，人民法院依法予以支持。

离婚协议约定将部分或者全部夫妻共同财产给予子女，离婚后，一方有证据证明签订离婚协议时存在欺诈、胁迫等情形，请求撤销该约定的，人民法院依法予以支持；当事人同时请求分割该部分夫妻共同财产的，人民法院依照民法典第一千零八十七条规定处理。

典型案例

1. 莫某某与李某某离婚纠纷案①

◎ 裁判要旨

本案的争议焦点是原告莫某某与被告李某某草拟的离婚协议是否生效，变更后的财产是否仍是夫妻共同财产。原告莫某某与被告李某某于2002年上半年经人介绍相识，2003年3月双方登记结婚，同年10月21日生育一子李某甲。2010年5月，莫某某草拟离婚协议一份交给李某某。李某某答应如果儿子由其抚养和夫妻关系存续期间购买的宅基地归男方所有的，愿意去办离婚手续。同年7月，原、被告双方到土地管理部门将原登记在莫某某名下的（2006）第0036号《土地使用证》范围内的土地使用权全部变更到李某某名下。但是，李某某反悔，不同意离婚。同年8月初，莫某某搬离家中在外租屋居住，并向法院提起诉讼，请求判决准许离婚，并分割共同财产。广东省怀集县人民法院一审认为：原、被告生育的儿子尚年幼，从双方诉讼中反映的情况，现儿子亟需父母的爱护，双方离婚，对儿子会造成伤害，因此，莫某某主张离婚的诉讼请求，不予支持。对于双方当事人是否达成离婚协议的问题。离婚协议是解除夫妻双方人身关系的协议，该协议是一种要式协议，必须经双方当事人签名确认才能生效，即双方在协议上签名画押是其成立的前提条件。否则，即使有证人在场见证，证明双方达成离婚合意，但由于一方没有在离婚协议上签名确

---

① 参见中华人民共和国最高人民法院网站，http://gongbao.court.gov.cn/Details/8388ae131d564aab84ce8842de5add.html?sw=，最后访问时间：2025年2月20日。

认，在法律上该离婚协议是没有成立的。原告莫某某于2010年5月草拟离婚协议一份交给被告李某某，虽然李某某口头答应离婚，且双方履行了共同财产分割的部分，可以认定双方对离婚达成了合意，但是李某某并没有在协议上签名导致离婚协议欠缺合同成立的要件，且事后李某某反悔不愿离婚，因此不能根据仅有一方签名的离婚协议判决双方离婚。

◎ 裁判结果

据此，广东省怀集县人民法院于2010年12月2日作出判决：驳回原告莫某某的诉讼请求。

2. 何某、杨某离婚后财产纠纷案①

◎ 基本案情

2021年2月19日，杨某与何某在某区民政局登记结婚。婚后因夫妻感情不和，何某于2022年9月16日向一审法院起诉离婚。2022年10月18日，何某撤诉。后双方达成合意，欲协议离婚。2022年12月12日，杨某、何某签署离婚协议。其中，协议第三项关于夫妻共同财产约定："1. 车牌号为×××号越野车一辆归杨某所有，剩余车贷由何某一次性还清，何某在离婚协议签订之日起三日内把车辆提档过户给杨某，车辆过户的一切费用由何某承担。2. 除上述车辆，何某与杨某再无夫妻共同财产。第四项：杨某不予退还彩礼。"离婚冷静期满双方于2023年1月12日再次签订了离婚协议。该离婚协议第三项对夫妻共同财产约定变更为："1. 车牌号为×××号越野车一辆归杨某所有，剩余车贷由何某一次性还清，何某在离婚协议签订之日起五个工作日内把车辆提档过户给杨某，车辆过户的一切费用由何某承担。2. 除上述车辆，何某与杨某再无夫妻共同财产。第四项：杨某不予退还彩礼。"并增加了第五项："双方无共同债权债务。"该离婚协议生效，并颁发了离婚证。现杨某以何某未履行离婚协议第三条约定义务为由诉至一审法院。案件受理后，何某提起反诉，要求撤销离婚协议第三、四条内容。

---

① 参见（2023）甘08民终883号民事判决书，载中国裁判文书网，最后访问时间：2025年4月24日。

◎ 裁判理由

甘肃省华亭市人民法院作出（2023）甘××××民初264号民事判决，认为本案双方争议的焦点为：2023年1月12日何某签署离婚协议时是否受威胁、胁迫。本案杨某、何某订立了书面离婚协议，该协议载明双方自愿离婚，并对孩子抚养、财产以及债务均作了明确约定。何某虽然提交了证据证明其在签订离婚协议及办理离婚登记过程中受到杨某及他人的胁迫威胁，但其庭审中提交的证据仅能证明在签署离婚协议时其和杨某及其父亲杨甲发生矛盾被打，但综合考量何某被打的缘由及办理离婚登记的场合地点，何某提交的证据并不能证明其人身受到威胁、胁迫。何某作为具有完全民事行为能力人，应当知晓其在离婚协议和办理离婚手续时签字的意义，即便其在离婚协议上的签字并非其真实意思表示，其在办理离婚登记时亦可向有关人员反映并拒绝签字，但离婚证现已制作完成，何某的该项辩称不合乎常理也没有事实依据，故何某的理由不成立，一审法院不予支持。现双方已亲自在市民政局办理了离婚登记，该协议已经发生效力，对双方均具有法律约束力，杨某、何某均应当按照离婚协议中的约定履行自己的权利和义务。综上所述，一审法院判决：一、何某于判决生效后十五日内一次性还清车牌号为×××越野车的剩余车贷23333.38元，并将该辆车提档过户至杨某名下并承担过户费用；二、驳回何某的反诉请求。何某不服判决结果，提出上诉。甘肃省平凉市中级人民法院作出（2023）甘××民终883号判决，认为何某主张离婚协议违背了其真实意愿，与事实不符。一审法院查明事实清楚，处理结果并无不当。依据《民事诉讼法》第一百七十七条第一款第一项规定，判决驳回上诉，维持原判。

甘肃省平凉市中级人民法院认为，本案的争议焦点问题是：离婚协议是否为双方的真实意思表示，是否具有可撤销的情形。何某主张2023年1月12日签订离婚协议时受到了胁迫并要求撤销离婚协议第三、四项内容。经审查，双方在正式办理离婚登记时确实发生过纠纷。根据公安机关的询问笔录，何某陈述因为离婚协议被杨某修改故不愿意签字，双方发生纠纷，何某被杨某父女殴打。即，何某对离婚协议被修改的内容有异议。但是，比较双方2022年12月12日签订的离婚协议与正式办理离婚登记时提交的协议，被修改的内容为增加了第五条约定，即双方无共同债权、债务。而本案中何某要求撤销的却是协议第三、四项内容，并非第五项内容。而且，第三、四项内容与之前协议内容基本一致，仅仅将何某办理车辆过户的期限进行了延长，并未损害何某利益。所以，何某主张离婚协议违背了其真实意愿，与事实不符。

◎ **裁判结果**

综上，何某的上诉请求不能成立。

3. 胡某诉陈某变更抚养关系纠纷案①
——发出全国首份《家庭教育指导令》

◎ **基本案情**

2020年8月，原告胡某和被告陈某协议离婚，约定八周岁的女儿胡小某由其母即被告陈某抚养，原告每月支付抚养费。后因被告再婚，有两三个星期未送胡小某去上学。原告为胡小某找来全托保姆单独居住，原告自己住在距胡小某住处20公里的乡下别墅内，由保姆单独照护胡小某，被告每周末去接孩子。原告胡某认为离婚后，被告陈某未能按约定履行抚养女儿的义务，遂将陈某诉至法院，请求法院判令将女儿胡小某的抚养权变更给原告。经法庭询问，胡小某表示更愿意和妈妈陈某在一起生活。

湖南省长沙市天心区人民法院于2022年1月6日作出民事判决，驳回原告胡某的全部诉讼请求。宣判后，原、被告均未提出上诉，判决已发生法律效力。同时，法院依照《家庭教育促进法》，向被告陈某发出了全国第一份《家庭教育指导令》。

◎ **裁判理由**

法院生效裁判认为：原告胡某与被告陈某协议离婚后，对未成年女儿胡小某仍负有抚养、教育和保护的义务。本案原、被告双方都存在怠于履行抚养义务和承担监护职责的行为，忽视了胡小某的生理、心理与情感需

---

① 参见人民法院案例库，入库编号：2023-14-2-415-002。

求。鉴于胡小某表达出更愿意和其母亲即被告一起共同生活的主观意愿，法院判决驳回原告的诉讼请求。同时，法院认为，被告陈某在无正当理由的情况下由原告委托保姆单独照护年幼的女儿，属于怠于履行家庭教育责任的行为，根据《家庭教育促进法》的相关规定，应予以纠正。裁定要求陈某多关注胡小某的生理、心理状况和情感需求，与学校老师多联系、多沟通，了解胡小某的详细状况，并要求陈某与胡小某同住，由自己或近亲属亲自养育与陪伴胡小某，切实履行监护职责，承担起家庭教育的主体责任，不得让胡小某单独与保姆居住生活。

◎ **裁判要旨**

本案诉争的是未成年人胡小某的抚养权，胡小某作为年满八周岁的未成年人，不能只是单纯地将其作为需要保护的对象，必须要充分考虑并尊重其提出的与其行为及自身认知能力相匹配相适应的要求与意识。胡小某对父母关系、父母抚养能力，以及对愿意随同父母哪一方生活已经具有一定的判断能力与价值衡量选择标准，因此，对于胡小某庭审中表达的更愿意和妈妈生活的主张，法院应当予以尊重。鉴于本案被告未能按照协议切实履行其抚养义务和承担监护职责，法院在宣判后，向被告发出全国第一份《家庭教育指导令》，其目的是真正实现儿童利益最大化，充分体现了人民法院对未成年人司法保护的探索创新，回应人民群众对家庭家教家风建设的新要求、新期待。发布本案例，旨在提醒广大家长，认真履行为人父母的重大责任，加强家庭家教家风建设，努力为未成年人健康成长营造良好的家庭环境。

第一千零七十七条　　**离婚冷静期**

自婚姻登记机关收到离婚登记申请之日起三十日内，任何一方不愿意离婚的，可以向婚姻登记机关撤回离婚登记申请。

前款规定期限届满后三十日内，双方应当亲自到婚姻登记机关申请发给离婚证；未申请的，视为撤回离婚登记申请。

要点提示

离婚冷静期，是指离婚双方当事人以协议离婚的方式从申请离婚开始，由离婚登记机关备案直至一段时间过后，再由双方当事人决定是否坚持解除婚姻关系或撤销离婚申请，法律规定双方当事人冷静思考离婚问题的期限为离婚冷静期。离婚冷静期制度在司法实践中的适用应注意以下问题，首先，离婚冷静期仅适用于协议离婚，诉讼离婚则不受冷静期的限制。其次，双方当事人共同向婚姻登记机关提交申请后，在 30 日冷静期内任何一方不愿意离婚的，可以向登记机关撤回离婚申请，机关应当立即终止程序。最后，双方提出离婚登记申请后，离婚冷静期届满双方当事人仍然坚持离婚的，应当在 30 日内共同且亲自到婚姻登记机关申请发给离婚证。仍应注意的是，离婚冷静期届满后的 30 日内，双方当事人未共同亲自到婚姻登记机关申请离婚的，视为撤回离婚登记申请。

典型案例

甯某与钟某离婚纠纷案[①]

◎ 基本案情

甯某与钟某于 1986 年登记结婚，育有一女。近年来，由于钟某养成酗酒与打牌的不良嗜好，双方缺乏交流和沟通，常为生活琐事发生争吵，夫妻感情产生裂痕。在 2011 年到 2012 年，甯某曾两次向四川省彭州市人民法院提起离婚诉讼，经法院调解，两案均由甯某撤诉结案。2018 年 7 月 31 日，甯某因不满钟某谩骂，再次向彭州市人民法院提起离婚之诉。此时，甯某已 53 岁，钟某已 55 岁，二人女儿也即将为人母。

彭州市人民法院经庭前"问诊"认为：夫妻二人之间仍有感情，不属于死亡婚姻。综合全案情况，法院向双方当事人发出个性化定制的《离婚冷静期通知书》，给予双方当事人两个月的冷静期。

[①] 参见中华人民共和国最高人民法院微信公众号，https：//mp.weixin.qq.com/s/2kEKoBDJRRVSbbqAuOev3A，最后访问时间：2025 年 4 月 18 日。

《离婚冷静期通知书》以温和婉转的语言告诫离婚给子女带来的伤害，并要求双方"在冷静期内均应保持冷静和理智，并积极与对方沟通，男方要积极改正缺点错误，女方应对男方的转变有所回应。双方要给予对方包容和理解，避免争吵和猜疑"。冷静期内，法官联合家事调查员多次走访、调解并动员当事人女儿居中调和，最终夫妻关系重归于好。

◎ 典型意义

家庭稳定是社会稳定的组成部分。彭州市人民法院向双方当事人发出个性化订制的《离婚冷静期通知书》，让夫妻双方重归于好，使濒临破碎的家庭得以挽救，取得案结事了人和的良好效果，对离婚冷静期制度的适用与推广具有典型与重要意义。

人民法院审理离婚案件，本着最大限度弥合创伤、化解矛盾的目的，创设离婚冷静期制度，为夫妻双方提供缓冲期。本案夫妻关系最终重归于好恰恰展示了离婚冷静期制度的价值与意义，证明了离婚冷静期制度可以为那些感情并未完全破裂、未成为死亡婚姻的"冲动型"离婚案件提供全新解决方案的实践可行性。

第一千零七十八条　婚姻登记机关对离婚的审查

婚姻登记机关查明双方确实是自愿离婚，并已经对子女抚养、财产以及债务处理等事项协商一致的，予以登记，发给离婚证。

❀ 要点提示

本条规范目的是使婚姻登记机关可以在自己的职权范围内，充分履行职责，对申请的离婚登记予以登记、审查并在符合审查标准的情况下发给离婚证，使当事人完成法定手续，解除婚姻关系。婚姻登记机关对于登记离婚申请予以登记并发给离婚证的审查标准为：双方当事人为完全民事行为能力人，共同自愿离婚并作出了离婚的真实意思表示，而且对于子女、财产、债务等问题进行协商，达成了一致意见，并且处理方式以文字的形式呈现在离婚协议书上。书面的离婚协议书应载明双方当事人为自愿离婚的意思表示，对子女、财产、债务等问题进行妥善处理，双方当事人的签字或盖章。

❋ 关联规定

1. 《未成年人保护法》（2024 年 4 月 26 日）

第二十四条　未成年人的父母离婚时，应当妥善处理未成年子女的抚养、教育、探望、财产等事宜，听取有表达意愿能力未成年人的意见。不得以抢夺、藏匿未成年子女等方式争夺抚养权。

未成年人的父母离婚后，不直接抚养未成年子女的一方应当依照协议、人民法院判决或者调解确定的时间和方式，在不影响未成年人学习、生活的情况下探望未成年子女，直接抚养的一方应当配合，但被人民法院依法中止探望权的除外。

2. 《涉外民事关系法律适用法》（2010 年 10 月 28 日）

第二十六条　协议离婚，当事人可以协议选择适用一方当事人经常居所地法律或者国籍国法律。当事人没有选择的，适用共同经常居所地法律；没有共同经常居所地的，适用共同国籍国法律；没有共同国籍的，适用办理离婚手续机构所在地法律。

3. 《婚姻登记条例》（2025 年 4 月 6 日）

第十六条　婚姻登记机关应当在法律规定期限内，根据当事人的申请，核对离婚登记当事人出具的证件、书面材料并询问相关情况。对当事人确属自愿离婚，并已经对子女抚养、财产以及债务处理等事项协商一致，男女双方亲自到收到离婚登记申请的婚姻登记机关共同申请发给离婚证的，婚姻登记机关应当当场予以登记，发给离婚证。

当事人未在法律规定期限内申请发给离婚证的，视为撤回离婚登记申请，离婚登记程序终止。

🌸 典型案例

河南南阳中院判决唐某诉某县民政局离婚登记行政案[①]

◎ 裁判要旨

在离婚登记行政案件中，法院对婚姻登记机关离婚登记行为的合法性审查遵循形式审查标准，但对离婚登记行为是否具有最终确定性应进行实质审查，即对当事人提供的证件、证明材料及自愿离婚声明书的真实性进行实质审查。

◎ 基本案情

唐某和昌某于2005年5月27日在河南省某县民政局处办理了结婚证，婚后生育3个子女。2011年5月19日，唐某在南阳市精神病医院就诊，初步诊断为"分裂症"。2012年2月3日，唐某与昌某到被告处申办离婚登记，被告经审核给其二人颁发了《离婚证》。2012年8月14日，唐某经南阳市某精神病司法鉴定所鉴定，鉴定意见为："1.精神分裂症；2.限制民事行为能力。"为此，唐某法定代理人依法提起行政诉讼，请求撤销某县民政局核发的离婚证书，判决该婚姻登记无效。

另，昌某按照法院2012年8月30日"诉讼期间不能结婚"的告知要求，诉讼期间一直未婚。又查明，被告提供的原告身份证复印件与原告身份证原件之图像比对，具有直观的明显差异。

◎ 裁判结果

河南省某县人民法院审理后，判决：撤销被告给原告和第三人核发的《离婚证》。判决后，昌某提起上诉。

南阳市中级人民法院审理认为，某县民政局对婚姻登记管理依法享有职权，但应依法进行。唐某在离婚证颁发前，已经患有精神分裂症，有在医院治疗的证据证实。上诉人称离婚时唐某并未患病与事实不符。按照《婚姻登记条例》的规定，属于无民事行为能力或者限制民事行为能力的

[①] 河南省南阳市中院（2012）南行终字第119号，载《人民法院报》2013年10月24日，第6版。

人办理离婚登记的，婚姻登记机关不予受理。某县民政局办理离婚登记时，唐某处于患病期间，应当不予受理和办理离婚登记手续；某县民政局也没有提供在办理该离婚登记时对双方当事人进行询问的证据材料；且办理离婚登记时的唐某身份证复印件与唐某本人存在明显差异。上诉人昌某称办理离婚登记合法有效的理由不能成立，一审判决并无不当。南阳中院判决：驳回上诉，维持一审判决。

◎ 典型意义

本案的要点是：在离婚登记行政案件中，法院应遵循何种审查原则？

首先，要对离婚登记行政案件据以登记的法律基础作实质性审查。在离婚登记行政案件的司法审查中，法院对婚姻登记机关离婚登记行为的合法性审查遵循形式审查标准，但对离婚登记行为是否具有最终确定性应进行实质审查，即对当事人提供的证件、证明材料及自愿离婚声明书的真实性进行实质审查。这一实质审查是针对离婚登记申请人的，而不是针对婚姻登记机关的；是针对离婚行为据以登记的法律基础所作的审查，而不是针对婚姻登记机关离婚登记行为的审查。法院评价上述申请资料的真实性，不应因为婚姻登记机关形式审查是真实的，从而认定其是真实的，而应以法庭的实质审查结论为准。

其次，要兼顾正义与秩序的平衡限制撤销离婚登记。在离婚登记行政案件中，第三人有可能在离婚登记后再婚，法院要注意婚姻的特殊性，兼顾正义与秩序的平衡，不可盲目予以撤销，否则势必造成法律上的重婚，损害现实的法律秩序和社会公共利益。因而，法院应根据实际情况进行处理：(1) 如果法院经审查，婚姻登记机关符合法定受理条件，尽到审查义务，当事人离婚申请材料形式合法，内容真实，符合法定离婚条件，则维持离婚登记。(2) 如果法院经过对婚姻登记机关离婚登记行为的合法性审查，发现婚姻登记机关未尽形式审查义务，申请人未依法提交法定全部材料；或虽尽形式审查义务，但实质不合法，或不符合法定受理条件，而准予离婚登记的，在第三人未再婚的情形下，法院应依法判决撤销离婚登记；但在第三人已再婚的情形下，法院则应维护现实的法律秩序和社会公共利益，不宜判决撤销离婚登记。法院可以依照《最高人民法院关于执行〈中华人民共和国行政诉讼法〉若干问题的解释》第五十八条"被诉具体行政行为违法，但撤销该具体行政行为将会给国家利益或者公共利益造成重大损失的，人民法院应作出确认被诉具体行政行为违法的判决，并责令被诉行政机关采取相应补救措施，造成损害的，依法判决承担赔偿责任"的规定，[1] 判决确认这一离婚登记具体行政行为违法，但并不撤销，尊重后一婚姻的效力，维护现实的法律秩序。这样既能促使婚姻登记机关依法行政，又能达到司法审查规范行政行为的目的。

第一千零七十九条　诉讼离婚

夫妻一方要求离婚的，可以由有关组织进行调解或者直接向人民法院提起离婚诉讼。

人民法院审理离婚案件，应当进行调解；如果感情确已破裂，调解无效的，应当准予离婚。

有下列情形之一，调解无效的，应当准予离婚：

（一）重婚或者与他人同居；

（二）实施家庭暴力或者虐待、遗弃家庭成员；

（三）有赌博、吸毒等恶习屡教不改；

（四）因感情不和分居满二年；

（五）其他导致夫妻感情破裂的情形。

一方被宣告失踪，另一方提起离婚诉讼的，应当准予离婚。

---

[1] 该文件已失效。2017年6月27日公布的《中华人民共和国行政诉讼法》第七十四条第一款第一项的规定，"行政行为有下列情形之一的，人民法院判决确认违法，但不撤销行政行为：（一）行政行为依法应当撤销，但撤销会给国家利益、社会公共利益造成重大损害的……"第七十六条的规定，"人民法院判决确认违法或者无效的，可以同时判决责令被告采取补救措施；给原告造成损失的，依法判决被告承担赔偿责任。"

> 经人民法院判决不准离婚后，双方又分居满一年，一方再次提起离婚诉讼的，应当准予离婚。

❋ 要点提示

诉讼离婚又称判决离婚，是指夫妻双方有一方不同意离婚之时，或者双方均同意离婚，但是在子女抚养、财产分割以及债务承担等方面处理不能一致时，由人民法院主持之下的离婚。与协议离婚相比，诉讼离婚具有以下特征：第一，诉讼离婚条件是法定的，必须满足本规定的要求，即夫妻感情确已破裂，调解无效，而协议离婚不追究离婚原因；第二，诉讼离婚是以法院为主导的，法官具有自由裁量权，可以依法判定夫妻感情确已破裂，准予离婚，也可以认定夫妻感情能够挽回，驳回离婚请求；第三，法院的生效判决或者调解，相较协议离婚中的离婚协议书具有强制执行力，可以申请法院强制执行。

❋ 关联规定

1.《民法典》（2020 年 5 月 28 日）

第四十条 自然人下落不明满二年的，利害关系人可以向人民法院申请宣告该自然人为失踪人。

2.《最高人民法院关于适用〈中华人民共和国民法典〉婚姻家庭编的解释（一）》（2020 年 12 月 29 日）

第一条 持续性、经常性的家庭暴力，可以认定为民法典第一千零四十二条、第一千零七十九条、第一千零九十一条所称的"虐待"。

第二条 民法典第一千零四十二条、第一千零七十九条、第一千零九十一条规定的"与他人同居"的情形，是指有配偶者与婚外异性，不以夫妻名义，持续、稳定地共同居住。

第三条 当事人提起诉讼仅请求解除同居关系的，人民法院不予受理；已经受理的，裁定驳回起诉。

当事人因同居期间财产分割或者子女抚养纠纷提起诉讼的，人民法院应当受理。

第十三条 人民法院就同一婚姻关系分别受理了离婚和请求确认婚姻无效案件的，对于离婚案件的审理，应当待请求确认婚姻无效案件作出判决后进行。

第二十三条 夫以妻擅自中止妊娠侵犯其生育权为由请求损害赔偿的，人民法院不予支持；夫妻双方因是否生育发生纠纷，致使感情确已破裂，一方请求离婚的，人民法院经调解无效，应依照民法典第一千零七十九条第三款第五项的规定处理。

第六十二条 无民事行为能力人的配偶有民法典第三十六条第一款规定行为，其他有监护资格的人可以要求撤销其监护资格，并依法指定新的监护人；变更后的监护人代理无民事行为能力一方提起离婚诉讼的，人民法院应予受理。

第六十三条 人民法院审理离婚案件，符合民法典第一千零七十九条第三款规定"应当准予离婚"情形的，不应当因当事人有过错而判决不准离婚。

第六十四条 民法典第一千零八十一条所称的"军人一方有重大过错"，可以依据民法典第一千零七十九条第三款前三项规定及军人有其他重大过错导致夫妻感情破裂的情形予以判断。

3.《最高人民法院关于适用〈中华人民共和国民事诉讼法〉的解释》（2022年4月1日）

第一百四十五条 人民法院审理民事案件，应当根据自愿、合法的原则进行调解。当事人一方或者双方坚持不愿调解的，应当及时裁判。

人民法院审理离婚案件，应当进行调解，但不应久调不决。

4.《最高人民法院关于适用〈中华人民共和国民法典〉时间效力的若干规定》（2020年12月29日）

第二十二条 民法典施行前，经人民法院判决不准离婚后，双方又分居满一年，一方再次提起离婚诉讼的，适用民法典第一千零七十九条第五款的规定。

典型案例

1. 陈某某与张某某离婚纠纷案[①]

◎ **基本案情**

原告陈某某、被告张某某于 1988 年 8 月 16 日登记结婚，生育女儿张小某（已成年）。因经常被张某某打骂，陈某某曾于 1989 年起诉离婚，张某某当庭承认错误保证不再施暴后，陈某某撤诉。此后，张某某未有改变，依然要求陈某某事事服从。稍不顺从，轻则辱骂威胁，重则拳脚相加。2012 年 5 月 14 日，张某某认为陈某某未将其衣服洗净，辱骂陈某某并命令其重洗。陈某某不肯，张某某即殴打陈某某。女儿张小某在阻拦过程中也被打伤。2012 年，陈某某起诉离婚。被告张某某答辩称双方只是一般夫妻纠纷，保证以后不再殴打陈某某。庭审中，张某某仍态度粗暴，辱骂陈某某，又坚决不同意离婚。

◎ **裁判理由**

法院经审理认为，家庭暴力是婚姻关系中一方控制另一方的手段。法院查明事实说明，张某某给陈某某规定了很多不成文家规，如所洗衣服必须让张某某满意、挨骂不许还嘴、挨打后不许告诉他人等。张某某对陈某某的控制还可见于其诉讼中的表现，如在答辩状中表示道歉并保证不再殴打陈某某，但在庭审中却对陈某某进行威胁、指责、贬损，显见其无诚意和不思悔改。

◎ **裁判结果**

法院判决准许陈某某与张某某离婚。

一审宣判前，法院依陈某某申请发出人身安全保护裁定，禁止张某某

[①] 参见中华人民共和国最高人民法院网站，http://gongbao.court.gov.cn/Details/a5da2b2a791db0241dae1b6ed8e579.html?sw=，最后访问时间：2025 年 2 月 20 日。

殴打、威胁、跟踪、骚扰陈某某及女儿张某某。

一审宣判后，双方均未上诉。

2. 徐某诉刘某离婚案①

◎ 基本案情

徐某与刘某登记结婚后育有一女，婚后因生活琐事及徐某患病发生矛盾，双方自2019年8月分居至今，婚生女随刘某生活。2019年徐某以夫妻感情确已破裂为由起诉离婚，法院于2019年11月15日判决驳回其诉请。徐某于2020年7月3日再次提起离婚诉讼，并于2020年9月2日上诉于二审法院，均被判决驳回诉请。2021年4月9日徐某再次提起离婚诉讼。

◎ 裁判结果

一审判决认为，徐某与刘某虽系自由恋爱，自主婚姻，并生育子女，但在共同生活期间并未建立起深厚的夫妻感情。徐某患有严重疾病，生活不能自理，完全丧失劳动能力，生活需要照顾，但刘某未能尽到扶养义务。徐某曾于2019年10月25日以夫妻感情确已破裂为由向法院提起诉讼，要求与刘某离婚，法院判决不准离婚后，双方又分居满一年，遂判决准予徐某与刘某离婚。

◎ 典型意义

本案是因感情不和离婚的典型案例。《民法典》第一千零七十九条规定，经人民法院判决不准离婚后，双方又分居满一年，一方再次提起离婚诉讼的，应当准予离婚。《民法典》施行前，因感情不和分居满两年属于法定离婚事由，但是在没有明确证据证明双方感情破裂的初次离婚案件中，人民法院本着维护家庭稳定的原则，一般判决不准离婚。实践中，被判决不准离婚的这些夫妻有许多会再次到法院起诉离婚，更有一些是在六个月期满后立即再次提起离婚诉讼，可见当事人要求离婚的坚决态度。依据《民

---

① 参见天津法院网，https://tjfy.tjcourt.gov.cn/article/detail/2021/11/id/6349420.shtml，最后访问时间：2025年2月20日。

法典》的新规定，当事人在初次离婚诉讼被法院驳回后，夫妻双方持续分居满一年，互相不履行夫妻义务，可以认定夫妻感情在前次诉讼之后并无改善，长期分居已导致夫妻感情不具备挽回的可能，且一方持续提起诉讼，表明当事人要求解除婚姻关系的坚决态度，应认定为夫妻感情破裂，准予离婚。

第一千零八十条　解除婚姻关系

完成离婚登记，或者离婚判决书、调解书生效，即解除婚姻关系。

❀ 要点提示

我国法定的离婚形式分为登记离婚与诉讼离婚两种，在登记离婚中，双方当事人自愿共同签订书面的离婚协议，向婚姻登记机关申请离婚，经婚姻登记机关审查与法定的离婚冷静期后，双方共同亲自到登记机关申请发给离婚证，取得离婚证完成离婚登记时，婚姻关系即告解除。通过法院诉讼离婚的方式分为两种：其一，为法院调解下的离婚；其二，为法院依法判决离婚。离婚证、生效的离婚判决书与离婚调解书在婚姻关系终止上有同等效力。[①] 婚姻关系解除，基于配偶身份产生的人身关系和财产关系也即告终止。

❀ 关联规定

《民事诉讼法》（2023年9月1日）

第一百五十一条　人民法院对公开审理或者不公开审理的案件，一律公开宣告判决。

当庭宣判的，应当在十日内发送判决书；定期宣判的，宣判后立即发给判决书。

---

① 曹守晔主编：《民法典婚姻家庭编条文理解与司法适用》，法律出版社2020年版，第150~151页。

宣告判决时，必须告知当事人上诉权利、上诉期限和上诉的法院。

宣告离婚判决，必须告知当事人在判决发生法律效力前不得另行结婚。

第一百五十二条 人民法院适用普通程序审理的案件，应当在立案之日起六个月内审结。有特殊情况需要延长的，经本院院长批准，可以延长六个月；还需要延长的，报请上级人民法院批准。

第一千零八十一条　现役军人离婚

现役军人的配偶要求离婚，应当征得军人同意，但是军人一方有重大过错的除外。

要点提示

婚姻自由是我国婚姻法的一项基本原则，同时由于军队担负的特殊任务和军人的职业特点，国家对军人的婚姻又有一些特殊保护，它既体现在本条的规定，又体现在军人择偶须遵循国家和军队的规定，同时军人配偶也享受国家、社会给予的优待与照顾。本规定的重点是限制军人配偶一方的离婚请求权，对于军人一方没有重大过错的，人民法院原则上不得作出准予离婚的判决，但是军人一方有重大过错的除外。

关联规定

1.《国防法》（2020年12月26日）

第六十二条　军人应当受到全社会的尊崇。

国家建立军人功勋荣誉表彰制度。

国家采取有效措施保护军人的荣誉、人格尊严，依照法律规定对军人的婚姻实行特别保护。

军人依法履行职责的行为受法律保护。

2.《刑法》（2023年12月29日）

第二百五十九条　明知是现役军人的配偶而与之同居或者结婚的，处三年以下有期徒刑或者拘役。

利用职权、从属关系，以胁迫手段奸淫现役军人的妻子的，依照本法第二百三十六条的规定定罪处罚。

3.《最高人民法院关于适用〈中华人民共和国民法典〉婚姻家庭编的解释（一）》（2020年12月29日）

第六十四条　民法典第一千零八十一条所称的"军人一方有重大过错"，可以依据民法典第一千零七十九条第三款前三项规定及军人有其他重大过错导致夫妻感情破裂的情形予以判断。

第七十一条　人民法院审理离婚案件，涉及分割发放到军人名下的复员费、自主择业费等一次性费用的，以夫妻婚姻关系存续年限乘以年平均值，所得数额为夫妻共同财产。

前款所称年平均值，是指将发放到军人名下的上述费用总额按具体年限均分得出的数额。其具体年限为人均寿命七十岁与军人入伍时实际年龄的差额。

4.《最高人民法院关于适用〈中华人民共和国民事诉讼法〉的解释》（2022年4月1日）

第十一条　双方当事人均为军人或者军队单位的民事案件由军事法院管辖。

第一千零八十二条　离婚的限制

女方在怀孕期间、分娩后一年内或者终止妊娠后六个月内，男方不得提出离婚；但是，女方提出离婚或者人民法院认为确有必要受理男方离婚请求的除外。

❖ 要点提示

女方在怀孕期间、分娩后一年内或者终止妊娠后六个月内，不论是在身体上还是在精神上都处于较为脆弱的状态，需要予以特殊保护。同时胎儿与婴儿也需要父母的合力照顾，如此时男方提出离婚，会对妇女、胎儿与婴儿的身心造成不可逆的严重伤害，因此法律对这种情况下男方的离婚请求权作出一定的限制。本条规范限制的主体是男方，而女方的离婚请求权不受此限制，女方自愿放弃法律对其保护是对自身权利的处分，说明女方对离婚产生的影响已有预期，因此具有完全民事行为能力的女方即使在规范所述的期限内提出离婚，人民法院也应当正常受理。

❀ 关联规定

1.《宪法》（2018 年 3 月 11 日）

　　第四十九条　婚姻、家庭、母亲和儿童受国家的保护。

　　夫妻双方有实行计划生育的义务。

　　父母有抚养教育未成年子女的义务，成年子女有赡养扶助父母的义务。

　　禁止破坏婚姻自由，禁止虐待老人、妇女和儿童。

2.《民法典》（2020 年 5 月 8 日）

　　第一千零四十一条　婚姻家庭受国家保护。

　　实行婚姻自由、一夫一妻、男女平等的婚姻制度。

　　保护妇女、未成年人、老年人、残疾人的合法权益。

3.《妇女权益保障法》（2022 年 10 月 30 日）

　　第六十四条　女方在怀孕期间、分娩后一年内或者终止妊娠后六个月内，男方不得提出离婚；但是，女方提出离婚或者人民法院认为确有必要受理男方离婚请求的除外。

4.《民事诉讼法》（2023 年 9 月 1 日）

　　第一百二十七条　人民法院对下列起诉，分别情形，予以处理：

　　（一）依照行政诉讼法的规定，属于行政诉讼受案范围的，告知原告提起行政诉讼；

（二）依照法律规定，双方当事人达成书面仲裁协议申请仲裁、不得向人民法院起诉的，告知原告向仲裁机构申请仲裁；

（三）依照法律规定，应当由其他机关处理的争议，告知原告向有关机关申请解决；

（四）对不属于本院管辖的案件，告知原告向有管辖权的人民法院起诉；

（五）对判决、裁定、调解书已经发生法律效力的案件，当事人又起诉的，告知原告申请再审，但人民法院准许撤诉的裁定除外；

（六）依照法律规定，在一定期限内不得起诉的案件，在不得起诉的期限内起诉的，不予受理；

（七）判决不准离婚和调解和好的离婚案件，判决、调解维持收养关系的案件，没有新情况、新理由，原告在六个月内又起诉的，不予受理。

❋ 典型案例

尤某某与郭某某离婚纠纷案[1]

◎ **基本案情**

丈夫尤某某以双方感情破裂为由向法院起诉，请求判决与妻子郭某某解除婚姻关系。

法院经审理查明，被告郭某某于2020年12月29日至2021年1月4日住院，并接受药物×××。原告在被告×××后六个月内提起离婚诉讼。依照《民法典》第一千零八十二条，《民事诉讼法》第一百二十四条第六项、第一百五十四条第一款第三项，《最高人民法院关于适用〈中华人民共和国民事诉讼法〉的解释》第二百零八条第三款规定，女方在怀孕期间、分娩后一年内或者×××后六个月内，男方不得提出离婚。故依法裁定驳回尤某某的起诉。

---

[1] 参见浙江省温州市中级人民法院微信公众号，https://mp.weixin.qq.com/s/hEUQD565GlSBuWpQN98N7Q，最后访问时间：2025年2月20日。

◎ **典型意义**

《民法典》第一千零八十二条规定：女方在怀孕期间、分娩后一年内或者终止妊娠后六个月内，男方不得提出离婚；但是，女方提出离婚或者人民法院认为确有必要受理男方离婚请求的除外。法律的规定体现了对特定期间内妇女、胎儿和婴儿的特殊保护，因为在上述期间内，妇女的身心都处于比较虚弱的状态，在此期间内男方提出离婚，对女方的身心健康和胎儿、婴儿的健康都可能产生极为不利的影响，所以法律对男方在上述期间内起诉离婚作出了限制性规定。

第一千零八十三条　复婚

> 离婚后，男女双方自愿恢复婚姻关系的，应当到婚姻登记机关重新进行结婚登记。

◎ **要点提示**

重新进行婚姻登记恢复婚姻关系，简称复婚，是指已经依法解除婚姻关系完成离婚后的男女，重新和好再次进行结婚登记，婚姻登记机关审查后发给结婚证，双方重新恢复婚姻关系，这是法律上对复婚的要求。但在实践中，男女双方离婚后重新和好，再次以夫妻名义同居生活，履行夫妻义务，却有不少数人未经婚姻登记机关重新进行结婚登记。在这种状态下，仅为同居状态，不是法律上承认的合法婚姻，其同居关系也不受《民法典》婚姻家庭编的调整与保护。

◎ **关联规定**

1.《民法典》（2020年5月28日）

第五条　民事主体从事民事活动，应当遵循自愿原则，按照自己的意思设立、变更、终止民事法律关系。

第一百三十条　民事主体按照自己的意愿依法行使民事权利，不受干涉。

2.《婚姻登记条例》（2025 年 4 月 6 日）

　　第十八条　离婚后，男女双方自愿恢复婚姻关系的，应当依照本条例规定到婚姻登记机关重新申请结婚登记。

3.《中国边民与毗邻国边民婚姻登记办法》（2012 年 8 月 8 日）

　　第十六条　离婚的男女双方自愿恢复夫妻关系的，应当到婚姻登记机关办理复婚登记。复婚登记适用本办法关于结婚登记的规定。

第一千零八十四条　离婚后的父母子女关系

> 　　父母与子女间的关系，不因父母离婚而消除。离婚后，子女无论由父或者母直接抚养，仍是父母双方的子女。
> 　　离婚后，父母对于子女仍有抚养、教育、保护的权利和义务。
> 　　离婚后，不满两周岁的子女，以由母亲直接抚养为原则。已满两周岁的子女，父母双方对抚养问题协议不成的，由人民法院根据双方的具体情况，按照最有利于未成年子女的原则判决。子女已满八周岁的，应当尊重其真实意愿。

❖ 要点提示

　　本条是对离婚后的父母子女关系的规定。父母子女关系根据产生依据的不同，分为自然血亲的父母子女关系和法律拟制的父母子女关系。[①] 自然血亲的父母子女关系由于子女出生的事实而自然发生，不能人为解除，离婚当然无法对其产生影响。法律拟制的父母子女关系基于法律的认可而人为设立，包括养父母与养子女关系和继父母与受其抚养教育的继子女关系，离婚的影响相应有所区别——养父母离婚不导致养父母与养子女关系必然解除；继父与生母或继母与生父离婚时，如果继父母不同意继续抚养

[①] 余延满：《亲属法原论》，法律出版社 2007 年版，第 380 页。

曾受其抚养教育的继子女，则继父母与受其抚养教育的继子女关系自然解除。

《民法典》肯定了子女抚养权两周岁的判断标准，可见量化的思路与选取的数值均对指导现实纠纷具有较为理想的可操作性。"最有利于未成年子女原则"是"儿童利益最大化原则"在我国婚姻家事立法中的体现，凸显了《民法典》强化保护未成年人利益的亮点。尊重子女意愿的年龄下限与民事行为能力人的年龄下限相呼应。尊重年满八周岁的子女意愿，不仅有利于我国民事立法体系的逻辑自洽，更有利于在离婚纠纷中切实保护子女的合法权益。

关联规定

1.《民法典》（2020 年 5 月 28 日）

第二十六条　父母对未成年子女负有抚养、教育和保护的义务。

成年子女对父母负有赡养、扶助和保护的义务。

第三十五条　监护人应当按照最有利于被监护人的原则履行监护职责。监护人除为维护被监护人利益外，不得处分被监护人的财产。

未成年人的监护人履行监护职责，在作出与被监护人利益有关的决定时，应当根据被监护人的年龄和智力状况，尊重被监护人的真实意愿。

成年人的监护人履行监护职责，应当最大程度地尊重被监护人的真实意愿，保障并协助被监护人实施与其智力、精神健康状况相适应的民事法律行为。对被监护人有能力独立处理的事务，监护人不得干涉。

2.《妇女权益保障法》（2022 年 10 月 30 日）

第七十一条　女方丧失生育能力的，在离婚处理子女抚养问题时，应当在最有利于未成年子女的条件下，优先考虑女方的抚养要求。

3.《家庭教育促进法》（2021 年 10 月 23 日）

第二十条　未成年人的父母分居或者离异的，应当相互配合履行家庭教育责任，任何一方不得拒绝或者怠于履行；除法律另有规定外，不得阻碍另一方实施家庭教育。

第三十四条　人民法院在审理离婚案件时，应当对有未成年子女的夫妻双方提供家庭教育指导。

4.《未成年人保护法》（2024年4月26日）

第十九条　未成年人的父母或者其他监护人应当根据未成年人的年龄和智力发展状况，在作出与未成年人权益有关的决定前，听取未成年人的意见，充分考虑其真实意愿。

第二十四条第一款　未成年人的父母离婚时，应当妥善处理未成年子女的抚养、教育、探望、财产等事宜，听取有表达意愿能力未成年人的意见。不得以抢夺、藏匿未成年子女等方式争夺抚养权。

5.《最高人民法院关于适用〈中华人民共和国民法典〉婚姻家庭编的解释（一）》（2020年12月29日）

第四十四条　离婚案件涉及未成年子女抚养的，对不满两周岁的子女，按照民法典第一千零八十四条第三款规定的原则处理。母亲有下列情形之一，父亲请求直接抚养的，人民法院应予支持：

（一）患有久治不愈的传染性疾病或者其他严重疾病，子女不宜与其共同生活；

（二）有抚养条件不尽抚养义务，而父亲要求子女随其生活的；

（三）因其他原因，子女确不宜随母亲生活。

第四十五条　父母双方协议不满两周岁子女由父亲直接抚养，并对子女健康成长无不利影响的，人民法院应予支持。

第四十六条　对已满两周岁的未成年子女，父母均要求直接抚养，一方有下列情形之一的，可予优先考虑：

（一）已做绝育手术或者因其他原因丧失生育能力；

（二）子女随其生活时间较长，改变生活环境对子女健康成长明显不利；

（三）无其他子女，而另一方有其他子女；

（四）子女随其生活，对子女成长有利，而另一方患有久治不愈的传染性疾病或者其他严重疾病，或者有其他不利于子女身心健康的情形，不宜与子女共同生活。

第四十七条　父母抚养子女的条件基本相同，双方均要求直接抚养子女，但子女单独随祖父母或者外祖父母共同生活多年，且祖父母或者外祖父母要求并且有能力帮助子女照顾孙子女或者外孙子女的，可以作为父或者母直接抚养子女的优先条件予以考虑。

第四十八条　在有利于保护子女利益的前提下，父母双方协议轮流直接抚养子女的，人民法院应予支持。

第五十四条　生父与继母离婚或者生母与继父离婚时，对曾受其抚养教育的继子女，继父或者继母不同意继续抚养的，仍应由生父或者生母抚养。

第五十五条　离婚后，父母一方要求变更子女抚养关系的，或者子女要求增加抚养费的，应当另行提起诉讼。

第五十六条　具有下列情形之一，父母一方要求变更子女抚养关系的，人民法院应予支持：

（一）与子女共同生活的一方因患严重疾病或者因伤残无力继续抚养子女；

（二）与子女共同生活的一方不尽抚养义务或有虐待子女行为，或者其与子女共同生活对子女身心健康确有不利影响；

（三）已满八周岁的子女，愿随另一方生活，该方又有抚养能力；

（四）有其他正当理由需要变更。

第五十七条　父母双方协议变更子女抚养关系的，人民法院应予支持。

第六十条　在离婚诉讼期间，双方均拒绝抚养子女的，可以先行裁定暂由一方抚养。

第六十一条　对拒不履行或者妨害他人履行生效判决、裁定、调解书中有关子女抚养义务的当事人或者其他人，人民法院可依照民事诉讼法第一百一十一条的规定采取强制措施。

6.《最高人民法院关于适用〈中华人民共和国民法典〉婚姻家庭编的解释（二）》（2025年1月15日）

第十三条　夫妻分居期间，一方或者其近亲属等抢夺、藏匿未成年子女，致使另一方无法履行监护职责，另一方请求行为人承担民事责任的，人民法院可以参照适用民法典第一千零八十四条关于离婚后子女抚养的有关规定，暂时确定未成年子女的抚养事宜，并明确暂时直接抚养未成年子女一方有协助另一方履行监护职责的义务。

第十四条　离婚诉讼中，父母均要求直接抚养已满两周岁的未成年子女，一方有下列情形之一的，人民法院应当按照最有利于未成年子女的原则，优先考虑由另一方直接抚养：

（一）实施家庭暴力或者虐待、遗弃家庭成员；

（二）有赌博、吸毒等恶习；

（三）重婚、与他人同居或者其他严重违反夫妻忠实义务情形；

（四）抢夺、藏匿未成年子女且另一方不存在本条第一项或者第二项等严重侵害未成年子女合法权益情形；

（五）其他不利于未成年子女身心健康的情形。

第十六条　离婚协议中关于一方直接抚养未成年子女或者不能独立生活的成年子女、另一方不负担抚养费的约定，对双方具有法律约束力。但是，离婚后，直接抚养子女一方经济状况发生变化导致原生活水平显著降低或者子女生活、教育、医疗等必要合理费用确有显著增加，未成年子女或者不能独立生活的成年子女请求另一方支付抚养费的，人民法院依法予以支持，并综合考虑离婚协议整体约定、子女实际需要、另一方的负担能力、当地生活水平等因素，确定抚养费的数额。

前款但书规定情形下，另一方以直接抚养子女一方无抚养能力为由请求变更抚养关系的，人民法院依照民法典第一千零八十四条规定处理。

7.《最高人民法院、全国妇联关于进一步加强合作建立健全妇女儿童权益保护工作机制的通知》（2019年8月16日）

5. 对涉及未成年人的离婚、抚养费、抚养权、探望权等亲权关系诉讼，人民法院和妇联组织应当加强对家长亲职教育的合作。诉讼中，人民法院应对家长给予诉讼指导，引导其从儿童利益最大化角度考虑亲权诉讼，解决家庭矛盾。人民法院也可以委托妇联组织推荐专业力量对家长开展亲职教育，积极引导家长正确处理亲子关系和家庭矛盾。

❃ 典型案例

张某诉李某、刘某监护权纠纷案[①]

◎ 裁判要点

1. 在夫妻双方分居期间，一方或者其近亲属擅自带走未成年子女，致使另一方无法与未成年子女相见的，构成对另一方因履行监护职责所产生的权利的侵害。

2. 对夫妻双方分居期间的监护权纠纷，人民法院可以参照适用《民法典》关于离婚后子女抚养的有关规定，暂时确定未成年子女的抚养事宜，并明确暂时直接抚养未成年子女的一方有协助对方履行监护职责的义务。

◎ 基本案情

张某（女）与李某于 2019 年 5 月登记结婚，婚后在河北省保定市某社区居住。双方于 2020 年 11 月生育一女，取名李某某。自 2021 年 4 月 19 日起，张某与李某开始分居，后协议离婚未果。同年 7 月 7 日，李某某之父李某及祖母刘某在未经李某某之母张某允许的情况下擅自将李某某带走，回到河北省定州市某村。此时李某某尚在哺乳期内，张某多次要求探望均被李某拒绝。张某遂提起离婚诉讼，法院于 2022 年 1 月 13 日判决双方不准离婚。虽然双方婚姻关系依旧存续，但已实际分居，其间李某某与李某、刘某共同生活，张某长期未能探望孩子。2022 年 1 月 5 日，张某以监护权纠纷为由提起诉讼，请求判令李某、刘某将李某某送回，并由自己依法继续行使对李某某的监护权。

[①] 指导性案例 228 号，载人民法院案例库，https://rmfyalk.court.gov.cn/dist/view/content-juvenile.html? id = 4DKwo4GIReM90EAaG8CYTOs6QCqacve0kyMR0re7gKY%253D&lib = zdx&source = zgy，最后访问时间：2025 年 4 月 24 日。

◎ 裁判理由

本案的争议焦点是：李某某之父李某、祖母刘某擅自带走李某某的行为是否构成侵权，以及如何妥善处理夫妻双方虽处于婚姻关系存续期间但已实际分居时，李某某的抚养监护问题。

第一，关于李某某之父李某、祖母刘某擅自带走李某某的行为是否对李某某之母张某构成侵权。《民法典》第三十四条第二款规定："监护人依法履行监护职责产生的权利，受法律保护。"第一千零五十八条规定："夫妻双方平等享有对未成年子女抚养、教育和保护的权利，共同承担对未成年子女抚养、教育和保护的义务。"父母是未成年子女的监护人，双方平等享有对未成年子女抚养、教育和保护的权利。本案中，李某、刘某擅自将尚在哺乳期的李某某带走，并拒绝将李某某送回张某身边，致使张某长期不能探望孩子，亦导致李某某被迫中断母乳、无法得到母亲的呵护。李某和刘某的行为不仅不利于未成年人身心健康，也构成对张某因履行监护职责所产生的权利的侵害。一审法院以张某没有证据证明李某未抚养保护好李某某为由，判决驳回诉讼请求，系适用法律不当。

第二，关于婚姻关系存续期间，李某某的抚养监护应当如何处理。本案中，李某某自出生起直至被父亲李某、祖母刘某带走前，一直由其母亲张某母乳喂养，至诉前未满两周岁，属于低幼龄未成年人。尽管父母对孩子均有平等的监护权，但监护权的具体行使应符合最有利于被监护人的原则。现行法律和司法解释对于婚内监护权的行使虽无明确具体规定，考虑到双方当事人正处于矛盾较易激化的分居状态，为最大限度保护未成年子女的利益，参照《民法典》第一千零八十四条"离婚后，不满两周岁的子女，以由母亲直接抚养为原则"的规定，李某某暂由张某直接抚养为宜。张某在直接抚养李某某期间，应当对李某探望李某某给予协助配合。

◎ 裁判结果

河北省定州市人民法院于 2022 年 3 月 22 日作出民事判决：驳回原告张某的诉讼请求。宣判后，张某不服，提起上诉，河北省保定市中级人民法院于 2022 年 7 月 13 日作出民事判决：一、撤销河北省定州市人民法院一审民事判决；二、李某某暂由上诉人张某直接抚养；三、被上诉人李某可探望李某某，上诉人张某对被上诉人李某探望李某某予以协助配合。

第一千零八十五条　离婚后子女抚养费的负担

离婚后，子女由一方直接抚养的，另一方应当负担部分或者全部抚养费。负担费用的多少和期限的长短，由双方协议；协议不成的，由人民法院判决。

前款规定的协议或者判决，不妨碍子女在必要时向父母任何一方提出超过协议或者判决原定数额的合理要求。

❖ 要点提示

本条是对离婚子女抚养费负担问题的规定。离婚后双方均承担支付子女抚养费的平等义务。抚养费是父母对子女承担抚养义务的具体体现之一。原则上，离婚后的父母双方均应支付子女抚养费，不因是否争取到子女抚养权而有所区分。不直接抚养子女的一方承担的抚养费比重最高可达全部。实践中，父母一方（通常为女方）在婚后放弃职场发展而将重心转至家庭，是较为常见的情形。在判决抚养权归属时，由于该类当事人在婚姻存续期间对未成年子女有更多的陪伴和了解，不论是就未成年子女尽快适应家庭变故还是长期成长而言，由其直接抚养子女都是更为合适的选择。然而基于长期疏于职场发展的现实，该类当事人收入水平往往并不理想，甚至与另一方差距悬殊。故此，由不直接抚养子女的一方承担抚养费的比重最高可达全部，这将有效协调、保障未成年子女的物质、精神需求，为父母离婚后未成年子女的健康成长创造有利条件。离婚后的子女抚养费额度可以根据实际情况变更，且有权请求变更的主体仅为子女。

关联规定

1.《民法典》（2020 年 5 月 28 日）

第二十六条　父母对未成年子女负有抚养、教育和保护的义务。

成年子女对父母负有赡养、扶助和保护的义务。

第一千零六十七条　父母不履行抚养义务的，未成年子女或者不能独立生活的成年子女，有要求父母给付抚养费的权利。

成年子女不履行赡养义务的，缺乏劳动能力或者生活困难的父母，有要求成年子女给付赡养费的权利。

2.《最高人民法院关于适用〈中华人民共和国民事诉讼法〉的解释》（2022 年 4 月 1 日）

第二百一十八条　赡养费、扶养费、抚养费案件，裁判发生法律效力后，因新情况、新理由，一方当事人再行起诉要求增加或者减少费用的，人民法院应作为新案受理。

3.《最高人民法院关于适用〈中华人民共和国民法典〉婚姻家庭编的解释（一）》（2020 年 12 月 29 日）

第四十九条　抚养费的数额，可以根据子女的实际需要、父母双方的负担能力和当地的实际生活水平确定。

有固定收入的，抚养费一般可以按其月总收入的百分之二十至三十的比例给付。负担两个以上子女抚养费的，比例可以适当提高，但一般不得超过月总收入的百分之五十。

无固定收入的，抚养费的数额可以依据当年总收入或者同行业平均收入，参照上述比例确定。

有特殊情况的，可以适当提高或者降低上述比例。

第五十条　抚养费应当定期给付，有条件的可以一次性给付。

第五十一条　父母一方无经济收入或者下落不明的，可以用其财物折抵抚养费。

第五十二条 父母双方可以协议由一方直接抚养子女并由直接抚养方负担子女全部抚养费。但是，直接抚养方的抚养能力明显不能保障子女所需费用，影响子女健康成长的，人民法院不予支持。

第五十三条 抚养费的给付期限，一般至子女十八周岁为止。

十六周岁以上不满十八周岁，以其劳动收入为主要生活来源，并能维持当地一般生活水平的，父母可以停止给付抚养费。

第五十八条 具有下列情形之一，子女要求有负担能力的父或者母增加抚养费的，人民法院应予支持：

（一）原定抚养费数额不足以维持当地实际生活水平的；

（二）因子女患病、上学，实际需要已超过原定数额的；

（三）有其他正当理由应当增加的。

第五十九条 父母不得因子女变更姓氏而拒付子女抚养费。父或者母擅自将子女姓氏改为继母或继父姓氏而引起纠纷的，应当责令恢复原姓氏。

4.《最高人民法院关于适用〈中华人民共和国民法典〉婚姻家庭编的解释（二）》（2025年1月15日）

第十六条 离婚协议中关于一方直接抚养未成年子女或者不能独立生活的成年子女、另一方不负担抚养费的约定，对双方具有法律约束力。但是，离婚后，直接抚养子女一方经济状况发生变化导致原生活水平显著降低或者子女生活、教育、医疗等必要合理费用确有显著增加，未成年子女或者不能独立生活的成年子女请求另一方支付抚养费的，人民法院依法予以支持，并综合考虑离婚协议整体约定、子女实际需要、另一方的负担能力、当地生活水平等因素，确定抚养费的数额。

前款但书规定情形下，另一方以直接抚养子女一方无抚养能力为由请求变更抚养关系的，人民法院依照民法典第一千零八十四条规定处理。

第十七条 离婚后，不直接抚养子女一方未按照离婚协议约定或者以其他方式作出的承诺给付抚养费，未成年子女或者不能独立生活的成年子女请求其支付欠付的抚养费的，人民法院应予支持。

前款规定情形下，如果子女已经成年并能够独立生活，直接抚养子女一方请求另一方支付欠付的费用的，人民法院依法予以支持。

典型案例

麻某某与麻某甲抚养费纠纷案①

◎ **基本案情**

麻某某的法定代理人李某与麻某甲原系夫妻关系，麻某某系双方婚生子。后双方于2011年12月1日离婚，离婚协议书中约定：双方婚生之子麻某某由女方抚养，男方每月10日前支付共计1500元人民币，抚养费每年根据情况酌情增加，麻某某在学习、医疗等各方面的开支双方共同承担。2013年2月15日至22日，麻某某因间歇性外斜视、双眼屈光不正到北京儿童医院住院治疗，共支出医疗费13422.02元。2010年、2012年麻某某参加北京某少儿围棋培训，共支出教育费11105元，2010年、2011年、2013年麻某某参加某学校学习辅导班，共支出教育费11105元。2013年，李某起诉至北京市昌平区人民法院，请求增加每月应当支付的抚养费，请求判令麻某支付麻某某的医疗费和教育培训费用。

◎ **裁判理由**

关于子女生活费和教育费的协议或判决，不妨碍子女在必要时向父母任何一方提出超过协议或判决原定数额的合理要求。《最高人民法院关于适用〈中华人民共和国婚姻法〉若干问题的解释（一）》第二十一条规定"抚养费包括子女生活费、教育费、医疗费等费用"，但不应就此一概认为每月支付固定数额抚养费后，就无须再支付医疗费。而应考虑抚养费、教育费、医疗费的支出的原因与具体数额，同时兼顾夫妻双方的利益公平。因此，我国规定的抚养费包含教育费、医疗费，应理解为抚养费包含基本的教育费与医疗费，而不应包含为孩子利益客观必须支出的较大数额的医疗与教育费用。

同时，为保护未成年人利益，促进未成年人身心的全面发展，法律适

---

① 参见中华人民共和国最高人民法院网站，https://www.court.gov.cn/zixun/xiangqing/16211.html，最后访问时间：2025年2月20日。

当鼓励未成年人根据个人天赋与爱好参与一定的课外辅导课程。本案中，麻某某长期参加围棋辅导班，从父母婚姻关系存续期间持续到离婚之后，麻某甲在婚姻关系存续期间对此同意，离婚后知情但未明确表示反对。目前也缺乏证据证明围棋班与麻某某兴趣不符，并不属于过分地报班的情形，因而依法应予支持。

◎ 裁判结果

北京市昌平区人民法院作出（2013）昌民初字第××××号民事判决：一、麻某甲自2013年8月起每月十日前支付麻某某抚养费人民币二千五百元，至麻某某年满十八周岁止；二、麻某甲支付麻某某医疗费六千七百一十一元零一分，教育费五千五百五十二元五角，于本判决生效后十日内支付；三、驳回麻某某的其他诉讼请求。宣判后麻某甲提出上诉。北京市第一中级人民法院于2013年作出（2013）一中少民终字第×××××号判决：驳回上诉，维持一审判决。

◎ 典型意义

本案例案情简单、诉讼标的不大，但却涉及未成年人最基本的利益需求，体现了近年来物价上涨与未成年人抚养费理念、立法相对滞后之间的冲突。审判实践中，应着眼于未成年人的合理需求，既排斥奢侈性的抚养费请求，也避免过低的抚养费给付，遵循未成年人最大利益原则。因此，在每月支付的固定数额抚养费之外另行主张的大额子女抚养费用请求是否应予准许，首先，应当考虑该请求是否符合未成年人的利益以及是否有相应的法律依据；其次，该请求是否属于因未成年人合理需求产生的支出，法律不鼓励超前的或者奢侈的抚养费需求；最后，应考虑夫妻的经济能力与实际负担义务，相应费用若由一方负担是否会导致夫妻双方义务负担的不平衡。

第一千零八十六条　父母的探望权

离婚后，不直接抚养子女的父或者母，有探望子女的权利，另一方有协助的义务。

行使探望权利的方式、时间由当事人协议；协议不成的，由人民法院判决。

父或者母探望子女，不利于子女身心健康的，由人民法院依法中止探望；中止的事由消失后，应当恢复探望。

要点提示

探望权是亲权的重要表现。探望权是基于父母子女身份关系不直接抚养方享有的与未成年子女探望、联系、会面、交往、短期共同生活的法定权利。根据《民法典》第一千零八十四条的规定，父母子女关系不因离婚而解除。这一亲权在直接抚养子女的一方体现为抚养权，在不直接抚养子女的一方则体现为探望权。现实生活中，一些父母离婚后出于个人对前妻或前夫的厌恶与报复，人为限制子女与前夫或前妻的交往，严重损害子女的合法权益。探望权的设置旨在减轻父母离婚对子女成长带来的消极影响，使离婚后的父母双方仍能掌握子女的生活、学习状况等，从而维系父母子女感情、促进子女健康成长。

关联规定

1. 《民法典》（2020 年 5 月 28 日）

第二十六条 父母对未成年子女负有抚养、教育和保护的义务。

成年子女对父母负有赡养、扶助和保护的义务。

第一千零八十四条 父母与子女间的关系，不因父母离婚而消除。离婚后，子女无论由父或者母直接抚养，仍是父母双方的子女。

离婚后，父母对于子女仍有抚养、教育、保护的权利和义务。

离婚后，不满两周岁的子女，以由母亲直接抚养为原则。已满两周岁的子女，父母双方对抚养问题协议不成的，由人民法院根据双方的具体情况，按照最有利于未成年子女的原则判决。子女已满八周岁的，应当尊重其真实意愿。

2.《未成年人保护法》（2024 年 4 月 26 日）

第二十四条　未成年人的父母离婚时，应当妥善处理未成年子女的抚养、教育、探望、财产等事宜，听取有表达意愿能力未成年人的意见。不得以抢夺、藏匿未成年子女等方式争夺抚养权。

未成年人的父母离婚后，不直接抚养未成年子女的一方应当依照协议、人民法院判决或者调解确定的时间和方式，在不影响未成年人学习、生活的情况下探望未成年子女，直接抚养的一方应当配合，但被人民法院依法中止探望权的除外。

3.《最高人民法院关于适用〈中华人民共和国民法典〉婚姻家庭编的解释（一）》（2020 年 12 月 29 日）

第六十五条　人民法院作出的生效的离婚判决中未涉及探望权，当事人就探望权问题单独提起诉讼的，人民法院应予受理。

第六十六条　当事人在履行生效判决、裁定或者调解书的过程中，一方请求中止探望的，人民法院在征询双方当事人意见后，认为需要中止探望的，依法作出裁定；中止探望的情形消失后，人民法院应当根据当事人的请求书面通知其恢复探望。

第六十七条　未成年子女、直接抚养子女的父或者母以及其他对未成年子女负担抚养、教育、保护义务的法定监护人，有权向人民法院提出中止探望的请求。

第六十八条　对于拒不协助另一方行使探望权的有关个人或者组织，可以由人民法院依法采取拘留、罚款等强制措施，但是不能对子女的人身、探望行为进行强制执行。

4.《最高人民法院关于适用〈中华人民共和国民法典〉婚姻家庭编的解释（二）》（2025 年 1 月 15 日）

第十二条　父母一方或者其近亲属等抢夺、藏匿未成年子女，另一方向人民法院申请人身安全保护令或者参照适用民法典第九百九十七条规定申请人格权侵害禁令的，人民法院依法予以支持。

抢夺、藏匿未成年子女一方以另一方存在赌博、吸毒、家庭暴力等严重侵害未成年子女合法权益情形，主张其抢夺、藏匿行为有合理事由的，人民法院应当告知其依法通过撤销监护人资格、中止探望或者变更抚养关系等途径解决。当事人对其上述主张未提供证据证明且未在合理期限内提出相关请求的，人民法院依照前款规定处理。

典型案例

1. 王某某与柴某探望权纠纷案①

◎ **基本案情**

原告王某某与被告柴某经人介绍相识后于 2012 年 10 月 6 日按照农村习俗举行典礼仪式后开始同居生活，2013 年 9 月 12 日生育女儿王某甲，后双方解除同居关系。王某某与柴某曾因非婚生女王某甲的抚养权纠纷诉至法院，2015 年 6 月 2 日，鹤壁市浚县人民法院判决非婚生女王某甲暂随原告柴某生活，待其成年后随父随母由其自择。2015 年 7 月 20 日，原告王某某因探望权纠纷到法院起诉。

◎ **裁判结果**

浚县人民法院经审理认为，本案中原、被告的非婚生女儿王某甲与被告共同生活，原告作为父亲，有权探望王某甲。现双方对原告探望权的具体时间和方式有不同意见，法院本着既要考虑不影响子女的正常生活，又要增加女儿同父亲的沟通交流减轻子女因父母解除同居关系而带来的家庭破碎感以及既有利于子女今后身心健康成长，又能维护原告合法权利的原则，依照《婚姻法》第三十八条第一款、第二款的规定，判决原告王某某自判决生效之日起，可于每月第一周周日上午 9 时至下午 5 时探望女儿王某甲一次，被告柴某应予以协助。

---

① 参见中华人民共和国最高人民法院网站，https://www.court.gov.cn/zixun/xiangqing/16037.html，最后访问时间：2025 年 2 月 20 日。

◎ 典型意义

探望权是基于父母子女身份关系不直接抚养方享有的与未成年子女探望、联系、会面、交往、短期共同生活的法定权利。离婚后不直接抚养子女方探视子女产生纠纷的原因较多，问题很复杂，其产生的根源往往是由于双方"草率"离婚时对处理子女抚养及对方探望子女考虑不周，以至于产生矛盾隔阂。我国婚姻法对探望权的规定比较原则，仅有一条"离婚后，不直接抚养子女的父或母，有探望子女的权利，另一方有协助的义务。行使探望权利的方式、时间由当事人协议；协议不成时，由人民法院判决。"此类案件在审理时，法院在确定探望的时间和方式上，应从有利于子女的身心健康、且不影响子女的正常生活和学习的角度考虑，探望的方式亦应灵活多样，简便易行，具有可操作性，便于当事人行使权利和法院的有效执行。

2. 沙某某诉袁某某探望权纠纷案[1]

◎ 裁判要点

未成年人的父、母一方死亡，祖父母或者外祖父母向人民法院提起诉讼请求探望孙子女或者外孙子女的，人民法院应当坚持最有利于未成年人、有利于家庭和谐的原则，在不影响未成年人正常生活和身心健康的情况下，依法予以支持。

◎ 基本案情

沙某某系丁某某的母亲，其独生子丁某某与袁某某于2016年3月结婚，于2018年1月生育双胞胎男孩丁某甲、丁某乙。2018年7月丁某某因病去世。丁某甲、丁某乙一直与袁某某共同生活。沙某某多次联系袁某某想见孩子，均被袁某某拒绝。沙某某遂起诉请求每月1日、20日探望孩子，每次2小时。

---

[1] 参见人民法院案例库，入库编号：2024-18-2-027-001。

◎ 裁判理由

沙某某系丁某甲、丁某乙的祖母,对两个孩子的探望属于隔代探望。虽然我国法律并未对祖父母或者外祖父母是否享有隔代探望权作出明确规定,但探望权系与人身关系密切相关的权利,通常基于血缘关系产生;孩子的父、母一方去世的,祖父母与孙子女的近亲属关系不因父或母去世而消灭。祖父母隔代探望属于父母子女关系的延伸,符合我国传统家庭伦理观念,符合社会主义核心价值观及公序良俗。隔代探望除满足成年亲属对未成年人的情感需求外,也是未成年人获得更多亲属关爱的一种途径。特别是在本案沙某某的独生子丁某某已经去世的情况下,丁某甲、丁某乙不仅是丁某某和袁某某的孩子,亦系沙某某的孙子,沙某某通过探望孙子,获得精神慰藉,延续祖孙亲情,也会给两个孩子多一份关爱,有利于未成年人健康成长,袁某某应予配合。同时,隔代探望应当在有利于未成年人成长和身心健康,不影响未成年人及其母亲袁某某正常生活的前提下进行,探望前应当做好沟通。

◎ 裁判结果

陕西省西安市新城区人民法院于2021年6月18日作出民事判决:原告沙某某每月第一个星期探望丁某甲、丁某乙一次,每次不超过两小时,袁某某应予配合。宣判后,袁某某不服,提起上诉。陕西省西安市中级人民法院于2021年9月28日作出民事判决:驳回上诉,维持原判。

3. 邱某诉陈某探望权纠纷案[①]
——当事人基于新的事实起诉请求变更探视权
行使方式的,不属于重复起诉

◎ 基本案情

邱某与陈某离婚纠纷一案,经调解,人民法院作出民事调解书。调解书载明邱某每周可探望孩子一次,陈某应给予协助。但调解书没有明确邱某探视孩子的具体时间、地点和方式。因陈某一直拒绝履行协助义务,导

---

① 参见人民法院案例库,入库编号:2024-01-2-027-001。

致邱某无法正常行使探视权。邱某遂向法院提起诉讼，请求判令：（1）陈某停止以各种形式阻碍邱某行使探视权；（2）陈某协助邱某行使探视权，并规定探望时间、地点、方式。

广东省普宁市人民法院于 2022 年 12 月 9 日作出（2022）粤××××民初 4186 号民事裁定：对邱某的起诉，不予受理。邱某不服，提起上诉。广东省揭阳市中级人民法院于 2023 年 2 月 24 日作出（2023）粤 52 民终×××号民事裁定：一、撤销广东省普宁市人民法院（2022）粤××××民初 4186 号民事裁定；二、本案指令广东省普宁市人民法院立案受理。

◎ 裁判理由

法院生效裁判认为，《民法典》第一千零八十六条规定："离婚后，不直接抚养子女的父或者母，有探望子女的权利，另一方有协助的义务。行使探望权利的方式、时间由当事人协议；协议不成的，由人民法院判决。父或者母探望子女，不利于子女身心健康的，由人民法院依法中止探望；中止的事由消失后，应当恢复探望。"《最高人民法院关于适用〈中华人民共和国民事诉讼法〉的解释》第二百四十八条规定："裁判发生法律效力后，发生新的事实，当事人再次提起诉讼的，人民法院应当受理。"邱某与陈某离婚纠纷一案，民事调解书虽已对探望权行使予以明确，但探望权的行使方式、时间并不明确，双方又无法达成协议。邱某基于探望权行使产生的新需求，并针对调解书未具体约定的探望权行使方式、时间提起诉讼的，应当认定为有新的事实和理由。邱某的起诉，不属于重复起诉，人民法院应予受理。一审法院裁定不予受理不当，应予纠正。故二审法院裁定撤销一审民事裁定，指令一审法院立案受理。

◎ 裁判要旨

基于身份关系产生的探望权纠纷具有特殊性。随着未成年子女的成长和当事人实际情况改变，探望权行使方式的基础条件可能在生效法律文书作出后发生变化，当事人对探望权行使产生新的需求，构成可以再次提起诉讼请求变更探望权行使方式的新事实。生效调解书虽确认双方就探望权行使达成的协议，但若协议约定的探望方式、时间并不明确，实际履行过程中双方因有争议而导致探望权无法实际行使的，当事人可以针对探望权的行使方式、时间等，另行提起诉讼。

4. 颜某某申请人格权侵害禁令案①

◎ **基本案情**

2015年，颜某某与罗某某（男）登记结婚。2022年7月，颜某某生育双胞胎子女罗大某（男）、罗小某（女）。罗大某、罗小某出生后，与颜某某、罗某某共同生活居住在A省。因家庭矛盾未能得到有效调和，2024年3月，罗某某及其父母、妹妹等人将罗大某强行带离上述住所并带至B省。此后，罗大某与罗某某的父母在B省共同生活居住。经多次沟通，罗某某均拒绝将罗大某送回。颜某某遂提起本案申请，请求法院裁定罗某某将罗大某送回原住所并禁止罗某某抢夺、藏匿未成年子女。

◎ **裁判结果**

审理法院认为，父母对未成年子女抚养、教育和保护的权利是一种重要的身份权，抢夺行为严重侵害未成年子女的人格权益和父母另一方因履行监护职责产生的权利。颜某某以其对儿子罗大某的监护权受到侵害为由向人民法院申请禁令，人民法院依法应予受理并可以参照《民法典》第九百九十七条的规定进行审查。因抢夺子女形成的抚养状态，是一种非法的事实状态，不因时间的持续而合法化。该抢夺子女的行为强行改变未成年子女惯常的生活环境和亲人陪伴，不利于未成年人身心健康，严重伤害父母子女之间的亲子关系。人民法院裁定罗某某自收到裁定之日起七日内将罗大某送回原住所，并禁止罗某某实施抢夺、藏匿子女或擅自将子女带离住所等侵害颜某某监护权的行为。本案裁定发出后，人民法院组织对双方当事人开展家庭教育指导，并现场督促罗某某购买车票将罗大某从B省接回A省。

---

① 参见中华人民共和国最高人民法院微信公众号，https：//mp.weixin.qq.com/s/_UZqm5bqZ1T87Ulz_BiVLw，最后访问时间：2025年2月20日。

◎ **典型意义**

解决分居状态下抢夺、藏匿未成年子女问题的前提是及时快速制止不法行为，尽量减少对未成年人的伤害。签发人格权侵害禁令，可以进行事先预防性保护，避免权利主体受到难以弥补的损害。《民法典》第一千零一条规定，对自然人因婚姻家庭关系等产生的身份权利的保护，在相关法律没有规定的情况下，可以根据其性质参照适用人格权保护的有关规定。父母对未成年子女抚养、教育和保护的权利是一种重要的身份权，人民法院针对抢夺、藏匿未成年子女行为参照适用《民法典》第九百九十七条规定签发禁令，能够快速让未成年子女恢复到原来的生活状态，是人格权保护事先预防大于事后赔偿基本理念的具体体现，对不法行为形成有力的法律震慑。

第一千零八十七条　离婚时夫妻共同财产的处理

离婚时，夫妻的共同财产由双方协议处理；协议不成的，由人民法院根据财产的具体情况，按照照顾子女、女方和无过错方权益的原则判决。

对夫或者妻在家庭土地承包经营中享有的权益等，应当依法予以保护。

◎ **要点提示**

本条是对离婚时处理夫妻共同财产的规定，理解本条需要注意以下几点：

首先，离婚当然导致夫妻双方财产关系的解除。夫妻关系是夫妻双方基于婚姻而存在的人身关系和财产关系，离婚解除夫妻人身关系的同时，当然解除夫妻的财产关系。夫妻共同财产的认定和分割，关乎离婚后的双方能否独立自主地生产、生活，因而涉及夫妻双方根本利益。由于双方依法平等享有夫妻共同财产的所有权，离婚时自然也平等享有对夫妻共同财产的分割请求权。①

其次，增设照顾无过错方权益原则彰显了《民法典》捍卫社会风气的决心。将"照顾无过错方原则"明确规定在离婚财产分割遵循的三项原则中，充分彰显了社会正义，将为保护无过错方权益、引导社会风气提供有力依据。

最后，土地承包经营权的有关规定旨在保护妇女权益。土地是农民生产生活的根本保障。由于我国广大农村地区的婚俗大多为女方落户到男方，承包土地多数以男方为户主名义承包，双方一旦离婚，女方的承包经营权难以保障。因此，本条第二款突出强调了对夫妻双方在家庭土地承包经营中享有权益的保护。

关联规定

1.《妇女权益保障法》（2022年10月30日）

第五十四条 在夫妻共同财产、家庭共有财产关系中，不得侵害妇女依法享有的权益。

第五十五条 妇女在农村集体经济组织成员身份确认、土地承包经营、集体经济组织收益分配、土地征收补偿安置或者征用补偿以及宅基地使用等方面，享有与男子平等的权利。

申请农村土地承包经营权、宅基地使用权等不动产登记，应当在不动产登记簿和权属证书上将享有权利的妇女等家庭成员全部列明。征收补偿安置或者征用补偿协议应当将享有相关权益的妇女列入，并记载权益内容。

第五十六条 村民自治章程、村规民约，村民会议、村民代表会议的决定以及其他涉及村民利益事项的决定，不得以妇女未婚、结婚、离婚、丧偶、户无男性等为由，侵害妇女在农村集体经济组织中的各项权益。

因结婚男方到女方住所落户的，男方和子女享有与所在地农村集体经济组织成员平等的权益。

第六十九条 离婚时，分割夫妻共有的房屋或者处理夫妻共同租住的

---

① 蒋月：《婚姻家庭与继承法（第三版）》，厦门大学出版社2014年版，第245页。

房屋，由双方协议解决；协议不成的，可以向人民法院提起诉讼。

2.《农村土地承包法》（2018年12月29日）

第三十一条 承包期内，妇女结婚，在新居住地未取得承包地的，发包方不得收回其原承包地；妇女离婚或者丧偶，仍在原居住地生活或者不在原居住地生活但在新居住地未取得承包地的，发包方不得收回其原承包地。

3.《最高人民法院关于适用〈中华人民共和国民法典〉婚姻家庭编的解释（一）》（2020年12月29日）

第六十九条 当事人达成的以协议离婚或者到人民法院调解离婚为条件的财产以及债务处理协议，如果双方离婚未成，一方在离婚诉讼中反悔的，人民法院应当认定该财产以及债务处理协议没有生效，并根据实际情况依照民法典第一千零八十七条和第一千零八十九条的规定判决。

当事人依照民法典第一千零七十六条签订的离婚协议中关于财产以及债务处理的条款，对男女双方具有法律约束力。登记离婚后当事人因履行上述协议发生纠纷提起诉讼的，人民法院应当受理。

第七十条 夫妻双方协议离婚后就财产分割问题反悔，请求撤销财产分割协议的，人民法院应当受理。

人民法院审理后，未发现订立财产分割协议时存在欺诈、胁迫等情形的，应当依法驳回当事人的诉讼请求。

第七十一条 人民法院审理离婚案件，涉及分割发放到军人名下的复员费、自主择业费等一次性费用的，以夫妻婚姻关系存续年限乘以年平均值，所得数额为夫妻共同财产。

前款所称年平均值，是指将发放到军人名下的上述费用总额按具体年限均分得出的数额。其具体年限为人均寿命七十岁与军人入伍时实际年龄的差额。

第七十二条 夫妻双方分割共同财产中的股票、债券、投资基金份额等有价证券以及未上市股份有限公司股份时，协商不成或者按市价分配有困难的，人民法院可以根据数量按比例分配。

第七十三条　人民法院审理离婚案件，涉及分割夫妻共同财产中以一方名义在有限责任公司的出资额，另一方不是该公司股东的，按以下情形分别处理：

（一）夫妻双方协商一致将出资额部分或者全部转让给该股东的配偶，其他股东过半数同意，并且其他股东均明确表示放弃优先购买权的，该股东的配偶可以成为该公司股东；

（二）夫妻双方就出资额转让份额和转让价格等事项协商一致后，其他股东半数以上不同意转让，但愿意以同等条件购买该出资额的，人民法院可以对转让出资所得财产进行分割。其他股东半数以上不同意转让，也不愿意以同等条件购买该出资额的，视为其同意转让，该股东的配偶可以成为该公司股东。

用于证明前款规定的股东同意的证据，可以是股东会议材料，也可以是当事人通过其他合法途径取得的股东的书面声明材料。

第七十四条　人民法院审理离婚案件，涉及分割夫妻共同财产中以一方名义在合伙企业中的出资，另一方不是该企业合伙人的，当夫妻双方协商一致，将其合伙企业中的财产份额全部或者部分转让给对方时，按以下情形分别处理：

（一）其他合伙人一致同意的，该配偶依法取得合伙人地位；

（二）其他合伙人不同意转让，在同等条件下行使优先购买权的，可以对转让所得的财产进行分割；

（三）其他合伙人不同意转让，也不行使优先购买权，但同意该合伙人退伙或者削减部分财产份额的，可以对结算后的财产进行分割；

（四）其他合伙人既不同意转让，也不行使优先购买权，又不同意该合伙人退伙或者削减部分财产份额的，视为全体合伙人同意转让，该配偶依法取得合伙人地位。

第七十五条　夫妻以一方名义投资设立个人独资企业的，人民法院分割夫妻在该个人独资企业中的共同财产时，应当按照以下情形分别处理：

（一）一方主张经营该企业的，对企业资产进行评估后，由取得企业资产所有权一方给予另一方相应的补偿；

（二）双方均主张经营该企业的，在双方竞价基础上，由取得企业资产所有权的一方给予另一方相应的补偿；

（三）双方均不愿意经营该企业的，按照《中华人民共和国个人独资企业法》等有关规定办理。

第七十六条　双方对夫妻共同财产中的房屋价值及归属无法达成协议时，人民法院按以下情形分别处理：

（一）双方均主张房屋所有权并且同意竞价取得的，应当准许；

（二）一方主张房屋所有权的，由评估机构按市场价格对房屋作出评估，取得房屋所有权的一方应当给予另一方相应的补偿；

（三）双方均不主张房屋所有权的，根据当事人的申请拍卖、变卖房屋，就所得价款进行分割。

第七十七条　离婚时双方对尚未取得所有权或者尚未取得完全所有权的房屋有争议且协商不成的，人民法院不宜判决房屋所有权的归属，应当根据实际情况判决由当事人使用。

当事人就前款规定的房屋取得完全所有权后，有争议的，可以另行向人民法院提起诉讼。

第七十八条　夫妻一方婚前签订不动产买卖合同，以个人财产支付首付款并在银行贷款，婚后用夫妻共同财产还贷，不动产登记于首付款支付方名下的，离婚时该不动产由双方协议处理。

依前款规定不能达成协议的，人民法院可以判决该不动产归登记一方，尚未归还的贷款为不动产登记一方的个人债务。双方婚后共同还贷支付的款项及其相对应财产增值部分，离婚时应根据民法典第一千零八十七条第一款规定的原则，由不动产登记一方对另一方进行补偿。

第七十九条　婚姻关系存续期间，双方用夫妻共同财产出资购买以一方父母名义参加房改的房屋，登记在一方父母名下，离婚时另一方主张按照夫妻共同财产对该房屋进行分割的，人民法院不予支持。购买该房屋时的出资，可以作为债权处理。

第八十条　离婚时夫妻一方尚未退休、不符合领取基本养老金条件，另一方请求按照夫妻共同财产分割基本养老金的，人民法院不予支持；婚后以夫妻共同财产缴纳基本养老保险费，离婚时一方主张将养老金账户中婚姻关系存续期间个人实际缴纳部分及利息作为夫妻共同财产分割的，人民法院应予支持。

第八十一条　婚姻关系存续期间，夫妻一方作为继承人依法可以继承的遗产，在继承人之间尚未实际分割，起诉离婚时另一方请求分割的，人民法院应当告知当事人在继承人之间实际分割遗产后另行起诉。

第八十二条　夫妻之间订立借款协议，以夫妻共同财产出借给一方从事个人经营活动或者用于其他个人事务的，应视为双方约定处分夫妻共同财产的行为，离婚时可以按照借款协议的约定处理。

第八十三条　离婚后，一方以尚有夫妻共同财产未处理为由向人民法院起诉请求分割的，经审查该财产确属离婚时未涉及的夫妻共同财产，人民法院应当依法予以分割。

第八十四条　当事人依据民法典第一千零九十二条的规定向人民法院提起诉讼，请求再次分割夫妻共同财产的诉讼时效期间为三年，从当事人发现之日起计算。

第八十五条　夫妻一方申请对配偶的个人财产或者夫妻共同财产采取保全措施的，人民法院可以在采取保全措施可能造成损失的范围内，根据实际情况，确定合理的财产担保数额。

4.《最高人民法院关于适用〈中华人民共和国民法典〉婚姻家庭编的解释（二）》（2025年1月15日）

第八条　婚姻关系存续期间，夫妻购置房屋由一方父母全额出资，如果赠与合同明确约定只赠与自己子女一方的，按照约定处理；没有约定或者约定不明确的，离婚分割夫妻共同财产时，人民法院可以判决该房屋归出资人子女一方所有，并综合考虑共同生活及孕育共同子女情况、离婚过错、对家庭的贡献大小以及离婚时房屋市场价格等因素，确定是否由获得房屋一方对另一方予以补偿以及补偿的具体数额。

婚姻关系存续期间，夫妻购置房屋由一方父母部分出资或者双方父母出资，如果赠与合同明确约定相应出资只赠与自己子女一方的，按照约定处理；

没有约定或者约定不明确的，离婚分割夫妻共同财产时，人民法院可以根据当事人诉讼请求，以出资来源及比例为基础，综合考虑共同生活及孕育共同子女情况、离婚过错、对家庭的贡献大小以及离婚时房屋市场价格等因素，判决房屋归其中一方所有，并由获得房屋一方对另一方予以合理补偿。

第十条 夫妻以共同财产投资有限责任公司，并均登记为股东，双方对相应股权的归属没有约定或者约定不明确，离婚时，一方请求按照股东名册或者公司章程记载的各自出资额确定股权分割比例的，人民法院不予支持；对当事人分割夫妻共同财产的请求，人民法院依照民法典第一千零八十七条规定处理。

❋ 典型案例

1. 于某某诉高某某离婚后财产纠纷案[①]

◎ **基本案情**

于某某与高某某于 2001 年 11 月 11 日登记结婚，婚后于 2003 年 9 月生育一子高某。因感情不和，双方于 2009 年 9 月 2 日在法院调解离婚。双方离婚时对于共同共有的位于北京市某小区 59 号房屋（以下简称 59 号房屋）未予以分割，而是通过协议约定该房屋所有权在高某某付清贷款后归双方之子高某所有。2013 年 1 月，于某某起诉至北京市东城区人民法院称：59 号房屋贷款尚未还清，房屋产权亦未变更至高某名下，即还未实际赠与给高某，目前还处于于某某、高某某共有财产状态，故不计划再将该房屋属于自己的部分赠给高某，主张撤销之前的赠与行为，由法院依法分割 59 号房屋。

高某某则认为：离婚时双方已经将房屋协议赠与高某，正是因为于某某同意将房屋赠与高某，我才同意离婚协议中其他加重我义务的条款，如在离婚后单独偿还夫妻共同债务 4.5 万元。我认为离婚已经对孩子造成巨大伤害，出于对未成年人的考虑，不应该支持于某某的诉讼请求。

---

① 参见中华人民共和国最高人民法院网站，https://www.court.gov.cn/zixun/xiangqing/16211.html，最后访问时间：2025 年 2 月 20 日。

◎ **裁判结果**

北京市东城区人民法院生效裁判认为：双方在婚姻关系存续期间均知悉59号房屋系夫妻共同财产，对于诉争房屋的处理，于某某与高某某早已达成约定，且该约定系双方在离婚时达成，即双方约定将59号房屋赠与其子是建立在双方夫妻身份关系解除的基础之上。在于某某与高某某离婚后，于某某不同意履行对诉争房屋的处理约定，并要求分割诉争房屋，其诉讼请求法律依据不足，亦有违诚信。故对于某某的诉讼请求，法院不予支持。

北京市东城区人民法院于2013年4月24日作出（2013）东民初字第××××1号民事判决：驳回于某某的诉讼请求。宣判后，于某某向北京市第二中级人民法院提起上诉，北京市第二中级人民法院于2013年7月11日作出（2013）二中民终字第××××4号判决：驳回上诉，维持原判。

◎ **典型意义**

本案中双方争议的焦点是在离婚协议中约定将夫妻共同共有的房产赠与未成年子女，离婚后一方在赠与房产变更登记之前是否有权予以撤销。在离婚协议中双方将共同财产赠与未成年子女的约定与解除婚姻关系、子女抚养、共同财产分割、共同债务清偿、离婚损害赔偿等内容互为前提、互为结果，构成了一个整体，是"一揽子"的解决方案。如果允许一方反悔，那么男女双方离婚协议的"整体性"将被破坏。在婚姻关系已经解除且不可逆的情况下，如果允许当事人对于财产部分反悔将助长先离婚再恶意占有财产之有违诚实信用的行为，也不利于保护未成年子女的权益。因此，在离婚后一方欲根据《合同法》[①] 第一百八十六条第一款之规定单方撤销赠与时亦应取得双方合意，在未征得作为共同共有人的另一方同意的情况下，无权单方撤销赠与。

[①] 《民法典》第六百五十八条第一款规定："赠与人在赠与财产的权利转移之前可以撤销赠与。"

2. 范某某与许某某离婚纠纷案[1]

◎ 基本案情

2019年12月，许某某（男）父母全款购买案涉房屋。2020年5月，范某某与许某某登记结婚。2021年8月，许某某父母将案涉房屋转移登记至范某某、许某某双方名下。范某某与许某某婚后未生育子女。2024年，因家庭矛盾较大，范某某提起本案诉讼，请求判决其与许某某离婚，并平均分割案涉房屋。许某某辩称，同意离婚，但该房屋是其父母全款购买，范某某无权分割。诉讼中，双方均认可案涉房屋市场价值为30万元。

◎ 裁判结果

审理法院认为，范某某起诉离婚，许某某同意离婚，视为夫妻感情确已破裂，故依法准予离婚。关于案涉房屋的分割，虽然该房屋所有权已在双方婚姻关系存续期间转移登记至范某某和许某某双方名下，属于夫妻共同财产。但考虑到该房屋系许某某父母基于范某某与许某某长期共同生活的目的进行赠与，而范某某与许某某婚姻关系存续时间较短，且无婚生子女，为妥善平衡双方当事人利益，故结合赠与目的、出资来源等事实，判决案涉房屋归许某某所有，同时参考房屋市场价格，酌定许某某补偿范某某7万元。

◎ 典型意义

根据《民法典》第一千零八十七条规定，离婚时，夫妻的共同财产由双方协议处理；协议不成的，由人民法院根据财产的具体情况，按照照顾子女、女方和无过错方权益的原则判决。婚姻关系存续期间，由一方父母全额出资购置的房屋转移登记至夫妻双方名下，离婚分割夫妻共同财产时，可以根据该财产的出资来源情况，判决该房屋归出资方子女所有，但需综合考虑共同生活及孕育共同子女情况、离婚过错、离婚时房屋市场价格等因素，确定是否由获得房屋一方对另一方予以补偿以及补偿的具体数

---

[1] 参见中华人民共和国最高人民法院微信公众号，https://mp.weixin.qq.com/s/_UZqm5bqZ1T87Ulz_BiVLw，最后访问时间：2025年2月20日。

额。本案中，人民法院综合考虑婚姻关系存续时间较短、未孕育共同子女、房屋市场价格等因素，判决房屋归出资方子女所有，并酌定出资方子女补偿对方 7 万元，既保护了父母的合理预期和财产权益，也肯定和鼓励了对方对家庭的投入和付出，较好地平衡了双方利益。

第一千零八十八条　离婚经济补偿

> 夫妻一方因抚育子女、照料老年人、协助另一方工作等负担较多义务的，离婚时有权向另一方请求补偿，另一方应当给予补偿。具体办法由双方协议；协议不成的，由人民法院判决。

❋ 要点提示

本条肯定家务劳动、事业支持等不便金钱量化的家庭贡献价值，将相应的经济补偿视为对夫妻共同财产制的补充。《民法典》在本条中拓宽了离婚经济补偿制度的适用范围，由特别请求权变为一般性请求权，这既是对我国婚姻家事理念现状的尊重，是对离婚纠纷弱势方权益的有效保障，也是对法律实用性、严肃性的维护。

❋ 关联规定

1.《民法典》（2020 年 5 月 28 日）

第一千零五十八条　夫妻双方平等享有对未成年子女抚养、教育和保护的权利，共同承担对未成年子女抚养、教育和保护的义务。

第一千零六十七条　父母不履行抚养义务的，未成年子女或者不能独立生活的成年子女，有要求父母给付抚养费的权利。

成年子女不履行赡养义务的，缺乏劳动能力或者生活困难的父母，有要求成年子女给付赡养费的权利。

2.《妇女权益保障法》（2022 年 10 月 30 日）

第六十八条　夫妻双方应当共同负担家庭义务，共同照顾家庭生活。

女方因抚育子女、照料老人、协助男方工作等负担较多义务的，有权在离婚时要求男方予以补偿。补偿办法由双方协议确定；协议不成的，可以向人民法院提起诉讼。

3.《未成年人保护法》（2024年4月26日）

第十五条　未成年人的父母或者其他监护人应当学习家庭教育知识，接受家庭教育指导，创造良好、和睦、文明的家庭环境。

共同生活的其他成年家庭成员应当协助未成年人的父母或者其他监护人抚养、教育和保护未成年人。

4.《老年人权益保障法》（2018年12月29日）

第十三条　老年人养老以居家为基础，家庭成员应当尊重、关心和照料老年人。

第十四条　赡养人应当履行对老年人经济上供养、生活上照料和精神上慰藉的义务，照顾老年人的特殊需要。

赡养人是指老年人的子女以及其他依法负有赡养义务的人。

赡养人的配偶应当协助赡养人履行赡养义务。

第十五条　赡养人应当使患病的老年人及时得到治疗和护理；对经济困难的老年人，应当提供医疗费用。

对生活不能自理的老年人，赡养人应当承担照料责任；不能亲自照料的，可以按照老年人的意愿委托他人或者养老机构等照料。

第十八条　家庭成员应当关心老年人的精神需求，不得忽视、冷落老年人。

与老年人分开居住的家庭成员，应当经常看望或者问候老年人。

用人单位应当按照国家有关规定保障赡养人探亲休假的权利。

第十九条　赡养人不得以放弃继承权或者其他理由，拒绝履行赡养义务。

赡养人不履行赡养义务，老年人有要求赡养人付给赡养费等权利。

赡养人不得要求老年人承担力不能及的劳动。

5.《最高人民法院关于适用〈中华人民共和国民法典〉婚姻家庭编的解释（二）》（2025 年 1 月 15 日）

第二十一条　离婚诉讼中，夫妻一方有证据证明在婚姻关系存续期间因抚育子女、照料老年人、协助另一方工作等负担较多义务，依据民法典第一千零八十八条规定请求另一方给予补偿的，人民法院可以综合考虑负担相应义务投入的时间、精力和对双方的影响以及给付方负担能力、当地居民人均可支配收入等因素，确定补偿数额。

典型案例

梁某某与李某某离婚纠纷案①

◎ 基本案情

梁某某、李某某于 2017 年通过相亲认识，经自由恋爱后于同年 11 月登记结婚，并于 2018 年 10 月生育女儿小欣。双方婚后因生活琐事经常发生矛盾，李某某于 2021 年 4 月带女儿回到母亲家中居住，双方开始分居。梁某某认为夫妻双方感情已经破裂，诉至法院，请求判决双方离婚，女儿归梁某某抚养。在审理过程中，李某某表示同意离婚，请求法院判决女儿由其抚养，并提出因怀孕和照顾年幼的孩子，其婚后一直没有工作，要求梁某某向其支付家务补偿款 2 万元。

◎ 裁判结果

江门市新会区人民法院生效判决认为，梁某某和李某某经自愿登记结婚并生育女儿，有一定的夫妻感情，但在婚姻关系存续期间，未能相互包容、缺乏理性沟通，导致夫妻感情逐渐变淡。特别是发生争吵后，双方不能正确处理夫妻矛盾，导致分居至今，双方均同意离婚。经法院调解，双方感情确已破裂，没有和好的可能。依照《民法典》第一千零八十八条关于家务劳动补偿制度的规定，李某某在结婚前与母亲一起经营餐饮店，婚后因怀孕和抚育子女负担较多家庭义务未再继续工作而无经济收入，梁某

---

① 参见广东法院网，https：//www.gdcourts.gov.cn/gsxx/quanweifabu/anlihuicui/content/post_1047260.html，最后访问时间：2025 年 2 月 20 日。

某应当给予其适当补偿。结合双方婚姻关系存续的时间、已分居的时间及梁某某的收入情况等因素，酌定经济补偿金额。2021年4月9日，判决准予双方离婚；女儿由李某某直接抚养，梁某某每月支付抚养费1000元，享有探视权；梁某某一次性支付给李某某家务补偿款1万元。

◎ 典型意义

《民法典》从立法上确认了家务劳动的独立价值，为照顾家庭付出较多家务劳动的一方在离婚时请求家务补偿扫除了法律障碍。本案对于保护家庭妇女合法权益、推动全社会性别平等、维护社会稳定均具重要积极意义。

第一千零八十九条　离婚时夫妻共同债务清偿

> 离婚时，夫妻共同债务应当共同偿还。共同财产不足清偿或者财产归各自所有的，由双方协议清偿；协议不成的，由人民法院判决。

要点提示

夫妻共同债务不仅包含夫妻共同生活所负的债务。根据《民法典》第一千零六十四条的规定，夫妻共同债务包括三类：一是基于夫妻共同意思表示所负的债务；二是为家庭日常生活需要所负的债务；三是债权人能够证明的债务（用于夫妻共同生活、共同生产经营或者基于夫妻双方共同意思表示）。应当注意，"家庭日常生活"与"夫妻共同生活"的区别在于"家庭日常生活"指的是家事代理，即日常共同生活的小范围；而"夫妻共同生活"指代的范围则更加广泛。"共同生产经营"则通常指的是开夫妻店、夫妻共同经营企业等情形。离婚夫妻共同债务的认定、清偿，深刻影响了债权人与夫妻另一方的利益平衡。

❋ 关联规定

1.《民法典》（2020年5月28日）

第一千零六十四条　夫妻双方共同签名或者夫妻一方事后追认等共同意思表示所负的债务，以及夫妻一方在婚姻关系存续期间以个人名义为家庭日常生活需要所负的债务，属于夫妻共同债务。

夫妻一方在婚姻关系存续期间以个人名义超出家庭日常生活需要所负的债务，不属于夫妻共同债务；但是，债权人能够证明该债务用于夫妻共同生活、共同生产经营或者基于夫妻双方共同意思表示的除外。

2.《最高人民法院关于适用〈中华人民共和国民法典〉婚姻家庭编的解释（一）》（2020年12月29日）

第三十三条　债权人就一方婚前所负个人债务向债务人的配偶主张权利的，人民法院不予支持。但债权人能够证明所负债务用于婚后家庭共同生活的除外。

第三十四条　夫妻一方与第三人串通，虚构债务，第三人主张该债务为夫妻共同债务的，人民法院不予支持。

夫妻一方在从事赌博、吸毒等违法犯罪活动中所负债务，第三人主张该债务为夫妻共同债务的，人民法院不予支持。

第三十五条　当事人的离婚协议或者人民法院生效判决、裁定、调解书已经对夫妻财产分割问题作出处理的，债权人仍有权就夫妻共同债务向男女双方主张权利。

一方就夫妻共同债务承担清偿责任后，主张由另一方按照离婚协议或者人民法院的法律文书承担相应债务的，人民法院应予支持。

第三十六条　夫或者妻一方死亡的，生存一方应当对婚姻关系存续期间的夫妻共同债务承担清偿责任。

第六十九条　当事人达成的以协议离婚或者到人民法院调解离婚为条件的财产以及债务处理协议，如果双方离婚未成，一方在离婚诉讼中反悔的，人民法院应当认定该财产以及债务处理协议没有生效，并根据实际情况依照民法典第一千零八十七条和第一千零八十九条的规定判决。

当事人依照民法典第一千零七十六条签订的离婚协议中关于财产以及债务处理的条款，对男女双方具有法律约束力。登记离婚后当事人因履行上述协议发生纠纷提起诉讼的，人民法院应当受理。

典型案例

马某、金某等合同纠纷案[①]

◎ 基本案情

马某、金某于20世纪70年代结为夫妻关系。2015年3月26日，马某、金某协议离婚，约定某住宅一套（面积117m²）归被告金某所有，现金50000元归被告马某所有，外面一切债权债务由马某负责，并由县民政局发放了离婚证。2016年10月28日，李某甲、李某乙就欠付砖款向银川市金凤区人民法院提起诉讼。银川市金凤区人民法院于2017年6月11日作出（2016）宁××××民初5316号判决书认定：2010年6月至10月，李某甲、李某乙向马某承包的银川市某家园36某、37某楼工程制砖、运砖，其间案外人丁某某、李某一并向案涉工程供砖。2011年8月4日，马某出具欠条二份，分别载明欠丁某某拉砖款6210元、李某拉砖款4450元。2015年4月3日，马某出具欠条二份，其中一份载明欠李某甲、李某乙砖款25000元，另一份载明欠丁某某、李某拉运小红砖运费10000元（债权转让给原告）。该判决书判决：马某判决生效后十五日内支付李某甲、李某乙砖款35000元。逾期付款利息3424元，共计38424元；马某负担诉讼费用1188元。该案在执行过程中，因马某无可供执行财产，银川市金凤区人民法院终结本次执行程序。李某甲、李某乙向银川市金凤区人民法院提出追加申请，请求依法追加金某为该案的被执行人。银川市金凤区人民法院于2023年2月2日作出（2022）宁××××执异11号执行裁定书，认为李某甲、李某乙要求追加案涉债务作为夫妻共同债务处理系对案件实体提

[①] 参见（2023）宁01民终4761号民事判决书，载中国裁判文书网，最后访问时间：2025年4月24日。

出的争议，不属于追加程序审查的范围，裁定驳回了追加申请。李某甲、李某乙向宁夏回族自治区银川市中级人民法院申请复议。宁夏回族自治区银川市中级人民法院于 2023 年 4 月 18 日作出（2023）宁××执复 71 号执行裁定书，裁定驳回复议申请。李某甲、李某乙向一审法院提起诉讼。

◎ 裁判结果

宁夏回族自治区永宁县人民法院作出（2023）宁××××民初 2894 号民事判决，法院认为，该案争议的焦点为银川市金凤区人民法院（2016）宁××××民初 5316 号判决书确认马某支付李某甲、李某乙砖款 35000 元及逾期利息 3424 元，是否属于马某与金某婚姻存续期间的共同债务。本案中，马某与金某婚姻存续期间，马某从事工程承包经营，在双方无特别约定的情况下，所得收入应当认定为夫妻共同财产。马某与李某甲、李某乙的债务形成于 2010 年 6 月至 10 月，所负债务亦为承包工程使用李某甲、李某乙供应的水泥砖而产生，属于夫妻共同债务，在离婚时该债务亦应以夫妻共同财产清偿。马某、金某于 2015 年 3 月 26 日协议离婚，对欠李某甲、李某乙的债务并未予以清偿。故李某甲、李某乙起诉要求确认（2016）宁××××民初 5316 号民事判决书判决的债务为马某与金某夫妻存续期间的共同债务，符合法律规定，法院予以支持。马某辩称案件已经两审终审，但银川市金凤区人民法院作出（2022）宁××××执异 11 号执行裁定书、宁夏回族自治区银川市中级人民法院作出（2023）宁××执复 71 号执行裁定书，均是针对李某甲、李某乙申请追加被告金某为被执行人，进行的程序审查，并未作出实体处理，法院不予支持。法院判决：确认宁夏回族自治区银川市××区（2016）宁××××民初 5316 号民事判决书判决的债务为马某与金某夫妻存续期间的共同债务。宁夏回族自治区银川市中级人民法院作出（2023）宁××民终 4761 号二审民事判决书，认为本案债务不应认定为马某和金某的夫妻共同债务，一审判决适用法律错误，撤销宁夏回族自治区永宁县人民法院（2023）宁××××民初 2894 号民事判决。驳回李某甲、李某乙的诉讼请求。

第一千零九十条　离婚经济帮助

离婚时，如果一方生活困难，有负担能力的另一方应当给予适当帮助。具体办法由双方协议；协议不成的，由人民法院判决。

要点提示

离婚经济帮助是夫妻扶养义务的延伸。我国离婚经济帮助的法理依据是公平原则，在性质上并非赔偿请求权，体现了对弱势方的特别保护。不过，这种经济帮助仅在离婚时一方生活困难的情况下成立，如果是一方在离婚后生活陷入困难，则不受到本条约束；此外，另一方本人必须有负担能力，若其谋生自顾不暇，法律亦不能强人所难。离婚经济帮助的形式不局限于帮助方的个人财产救助。《民法典》拓宽了离婚经济帮助的方式。只要帮助方有负担能力，不论是在离婚财产分割时让渡更多的夫妻共同财产，还是给予如工作机会等并非财物形式的救助，都可以视为离婚经济帮助。这扩大了法院行使自由裁量权时的选择范围，有利于切实保障弱势方利益。

关联规定

《最高人民法院关于适用〈中华人民共和国民法典〉婚姻家庭编的解释（二）》（2025年1月15日）

第二十二条　离婚诉讼中，一方存在年老、残疾、重病等生活困难情形，依据民法典第一千零九十条规定请求有负担能力的另一方给予适当帮助的，人民法院可以根据当事人请求，结合另一方财产状况，依法予以支持。

第一千零九十一条　离婚损害赔偿制度

有下列情形之一，导致离婚的，无过错方有权请求损害赔偿：

（一）重婚；

（二）与他人同居；

（三）实施家庭暴力；
（四）虐待、遗弃家庭成员；
（五）有其他重大过错。

要点提示

离婚损害赔偿请求权的构成要件为：配偶一方存在法定重大过错行为；另一方无法定重大过错；因配偶一方存在法定重大过错行为而导致离婚；无过错配偶方受有损害。离婚损害赔偿请求权要求行使的主体系无过错的配偶一方。需要注意的是，离婚损害赔偿请求权的相对人仅为有过错的配偶方，即承担损害赔偿责任的主体是配偶中有过错的一方，而不包括婚姻关系之外的第三人。

关联规定

1.《民法典》（2020年5月28日）

第一千零四十二条 禁止包办、买卖婚姻和其他干涉婚姻自由的行为。禁止借婚姻索取财物。

禁止重婚。禁止有配偶者与他人同居。

禁止家庭暴力。禁止家庭成员间的虐待和遗弃。

2.《反家庭暴力法》（2015年12月27日）

第二条 本法所称家庭暴力，是指家庭成员之间以殴打、捆绑、残害、限制人身自由以及经常性谩骂、恐吓等方式实施的身体、精神等侵害行为。

3.《最高人民法院关于适用〈中华人民共和国民法典〉婚姻家庭编的解释（一）》（2020年12月29日）

第一条 持续性、经常性的家庭暴力，可以认定为民法典第一千零四十二条、第一千零七十九条、第一千零九十一条所称的"虐待"。

第二条 民法典第一千零四十二条、第一千零七十九条、第一千零九十一条规定的"与他人同居"的情形,是指有配偶者与婚外异性,不以夫妻名义,持续、稳定地共同居住。

第八十六条 民法典第一千零九十一条规定的"损害赔偿",包括物质损害赔偿和精神损害赔偿。涉及精神损害赔偿的,适用《最高人民法院关于确定民事侵权精神损害赔偿责任若干问题的解释》的有关规定。

第八十七条 承担民法典第一千零九十一条规定的损害赔偿责任的主体,为离婚诉讼当事人中无过错方的配偶。

人民法院判决不准离婚的案件,对于当事人基于民法典第一千零九十一条提出的损害赔偿请求,不予支持。

在婚姻关系存续期间,当事人不起诉离婚而单独依据民法典第一千零九十一条提起损害赔偿请求的,人民法院不予受理。

第八十八条 人民法院受理离婚案件时,应当将民法典第一千零九十一条等规定中当事人的有关权利义务,书面告知当事人。在适用民法典第一千零九十一条时,应当区分以下不同情况:

(一)符合民法典第一千零九十一条规定的无过错方作为原告基于该条规定向人民法院提起损害赔偿请求的,必须在离婚诉讼的同时提出。

(二)符合民法典第一千零九十一条规定的无过错方作为被告的离婚诉讼案件,如果被告不同意离婚也不基于该条规定提起损害赔偿请求的,可以就此单独提起诉讼。

(三)无过错方作为被告的离婚诉讼案件,一审时被告未基于民法典第一千零九十一条规定提出损害赔偿请求,二审期间提出的,人民法院应当进行调解;调解不成的,告知当事人另行起诉。双方当事人同意由第二审人民法院一并审理的,第二审人民法院可以一并裁判。

第八十九条 当事人在婚姻登记机关办理离婚登记手续后,以民法典第一千零九十一条规定为由向人民法院提出损害赔偿请求的,人民法院应当受理。但当事人在协议离婚时已经明确表示放弃该项请求的,人民法院不予支持。

第九十条 夫妻双方均有民法典第一千零九十一条规定的过错情形,

一方或者双方向对方提出离婚损害赔偿请求的，人民法院不予支持。

4.《最高人民法院关于确定民事侵权精神损害赔偿责任若干问题的解释》
（2020 年 12 月 29 日）

第五条　精神损害的赔偿数额根据以下因素确定：
（一）侵权人的过错程度，但是法律另有规定的除外；
（二）侵权行为的目的、方式、场合等具体情节；
（三）侵权行为所造成的后果；
（四）侵权人的获利情况；
（五）侵权人承担责任的经济能力；
（六）受理诉讼法院所在地的平均生活水平。

❋ 典型案例

1. 王某某与韦某离婚纠纷案[①]

◎ **基本案情**

王某某与韦某于 2004 年 6 月登记结婚，婚后生育了两个儿子。婚姻初期，夫妻二人关系尚好，但随着婚姻生活琐事增多，生活压力倍增，感情开始出现裂痕。2019 年 2 月，王某某发现丈夫韦某与其他女子有不正当关系，韦某也承认了自己婚内出轨的事实，王某某精神备受打击和煎熬，双方矛盾彻底爆发。2020 年王某某以夫妻感情彻底破裂为由将韦某诉至法院，但因考虑到两个孩子年幼，王某某愿意给予双方一段缓和时间，遂撤回起诉。但撤诉之后，双方一直分开居住，夫妻关系始终得不到缓和，深思熟虑后，2021 年王某某便再次将韦某起诉至法院，在请求解除婚姻关系的同时要求赔偿精神损害抚慰金 10 万元。

◎ **裁判结果**

法院认为，韦某在与王某某婚姻关系续存期间与他人有不正当男女关

[①] 参见广西壮族自治区崇左市中级人民法院微信公众号，https://mp.weixin.qq.com/s/7r5RRdv3WJSrmgjWZ9Kp2Q，最后访问时间：2025 年 2 月 20 日。

系的行为，严重违背了夫妻间的忠诚义务，摧毁了夫妻间的信任，深深伤害了王某某的感情，导致双方离婚。韦某婚内出轨行为，已然对王某某精神上造成严重的伤害，符合《民法典》第一千零九十一条中有关"其他重大过错"情形规定，韦某作为过错方，应当承担相应的赔偿责任。故在判决双方离婚的同时，结合韦某的过错程度、经济状况和当地的经济生活水平等因素，法院最终酌定韦某赔偿王某某精神损害抚慰金15000元。

◎ **典型意义**

婚姻关系中，夫妻双方本应该互相忠诚、互相关爱，然而却有些人禁不住形形色色的外部诱惑，做出不忠诚、不道德的事情。本案中，法院以司法裁判表明了对此种严重不忠于婚姻的行为的当事人应承担法律责任的态度，这样的裁判最大限度地维护了婚姻关系中无过错方的合法权益。同时，也以"纠错"之警示强调夫妻应尽相互忠诚的义务，有助于构建和谐家庭、和谐社会，弘扬向上向善的家庭文明新风尚。

2. 胡某诉刘某离婚后财产纠纷案①
—— 离婚后发现一方存在重大过错，在法定诉讼时效期间内请求离婚损害赔偿的，人民法院应予支持

◎ **基本案情**

胡某诉称：因刘某出轨，双方于2019年协议离婚。离婚后刘某再婚并与再婚配偶生育一子。2022年，胡某偶然得知刘某再婚所生之子的受孕时间系在胡某、刘某婚姻关系存续期间，刘某的上述行为给胡某造成了极大的心理创伤。此外，胡某认为刘某在分割夫妻财产时隐瞒了上述情况，应对夫妻共同财产进行分割。请求法院判令：（1）汽车归胡某所有；（2）刘某向胡某支付损害赔偿金20万元。

刘某辩称：不同意胡某的诉讼请求。关于涉案车辆，双方离婚后刘某还独自偿还了部分贷款；关于精神损害赔偿金，本案应适用婚姻法及其司

---

① 参见人民法院案例库，入库编号：2023-07-2-015-001。

法解释的规定，胡某提起离婚损害赔偿的诉讼已超过了协议离婚后一年的期限，法院不应支持。

法院经审理查明：胡某、刘某于 2011 年登记结婚，婚后生育一女刘某女。后双方于 2019 年 10 月在民政局协议离婚，离婚协议约定：离婚后刘某女由女方胡某抚养。关于财产分割，归男方：位于朝阳区某小区房产产权 50%，归女方：个人衣物，归女儿刘某女：位于朝阳区某小区房产产权 50%；汽车一辆，男女双方各一半。关于债权债务，婚后无债权债务。2019 年 10 月刘某与他人再婚，于 2020 年 4 月生育一子刘某男。

北京市通州区人民法院于 2022 年 12 月 28 日作出（2022）京××××民初 31451 号民事判决：一、小型普通客车归胡某所有，胡某给付刘某补偿款 26 万元，于判决生效之日起七日内执行清；二、驳回胡某的其他诉讼请求。宣判后，胡某不服一审判决提出上诉。北京市第三中级人民法院于 2023 年 6 月 21 日作出（2023）京××民终 2580 号民事判决：一、维持北京市通州区人民法院（2022）京××××民初 31451 号民事判决第一项；二、撤销北京市通州区人民法院（2022）京××××民初 31451 号民事判决第二项；三、刘某于本判决生效后七日内向胡某支付离婚损害赔偿 5 万元；四、驳回胡某的其他诉讼请求。

◎ 裁判理由

法院生效裁判认为：综合双方诉辩主张和查明事实，本案二审争议焦点为刘某应否向胡某支付离婚损害赔偿。胡某认为刘某存在婚内出轨并与他人生子的行为具有延续性，从维护民事主体权益及弘扬社会主义核心价值观角度出发，应当适用《民法典》的规定，支持关于离婚损害赔偿的诉求；刘某认为双方在《民法典》实施前离婚，应当适用《婚姻法》及其司法解释的相关规定处理，胡某提起离婚损害赔偿的诉讼已经超过协议离婚后一年期限，不应予以支持。就此问题，该争议主要涉及离婚损害赔偿制度中重大过错的认定、提出离婚损害赔偿的时间要求等，需厘清以下三个子问题。

第一，关于离婚损害赔偿的过错行为认定。

2001年修订的《婚姻法》首次确立了离婚损害赔偿制度，体现在第四十六条，即有下列情形之一，导致离婚的，无过错方有权请求损害赔偿：（一）重婚的；（二）有配偶者与他人同居的；（三）实施家庭暴力的；（四）虐待、遗弃家庭成员的。该规定是我国以立法形式首次确立离婚损害赔偿制度，旨在填补受害配偶的损害，通过给予具有经济赔偿和精神慰藉双重作用的抚慰金以抚慰受害方。但是实践中面对复杂多变的社会生活，《婚姻法》第四十六条以限制性的列举方式对离婚损害赔偿的法定事由予以规定，无法对其他过错情形进行扩大化解释，难以发挥离婚损害赔偿的适用效果，充分实现该制度制裁导致婚姻解除的过错方的功能，《民法典》第一千零九十一条采取列举式与概括性规定相结合的立法方式，在《婚姻法》第四十六条的基础上对离婚损害赔偿制度予以进一步完善，即在原有四项法定过错之外又增设了"有其他重大过错"这一兜底性规定，从而解决了该制度适用情形过窄的问题。本案中，胡某、刘某于2019年10月在民政局协议离婚，离婚三日后刘某即与他人再婚，并于2020年4月生育一子。根据刘某与他人再婚生子的时间节点及庭审中双方认可的事实，其过错行为的程度已经达到《民法典》第一千零九十一条规定的兜底条款"有其他重大过错"的条件。

第二，协议离婚后提出离婚损害赔偿的时间要求。

婚姻法对办理离婚登记手续后，提出损害赔偿请求的时间限制未作出相关规定，但在《最高人民法院关于适用〈中华人民共和国婚姻法〉若干问题的解释（二）》（本案例以下简称《婚姻法司法解释（二）》）第二十七条规定了时间限制，即在婚姻登记机关办理离婚登记手续后一年内提出，过期则不予支持。该"一年"的规定旨在督促权利人及时行使权利，保持社会关系的稳定，但存在以下两方面问题：一是《婚姻法》一直将照顾无过错方利益作为离婚夫妻财产分割的原则，离婚损害赔偿作为三大离婚救济制度之一，应当充分体现出这一理念，对于无过错方在离婚一年后才得知对方存在过错情形的，如将起诉请求离婚损害赔偿的期限限制在一年，不利于无过错方权利的行使，也与离婚损害赔偿诉讼程序中保护无过错方合法权益的宗旨相背离；二是从离婚损害赔偿请求权的性质来看，由于《婚姻法司法解释（二）》规定的一年期间，排除了协议离婚的当事人在一年后行使离婚损害赔偿请求权的权利，作为一项对当事人权利造成很大影响的规定，在我国民事法律体系中缺乏明确的依据。综合上述各种考量，2021年1月1日起施行的《最高人民法院关于适用〈中华人民共和国民法典〉婚姻家庭编的解释（一）》（本案例以下简称《婚姻家庭编解释（一）》）第八十九条规定，当事人在婚姻登记机关办理离婚登记手续后，以《民法典》第一千零九十一条规定为由向人民法院提出损害赔偿请求的，人民法院应当受理。但当事人在协议离婚时已经明确表示放弃该项请求的，人民法院不予支持。由于婚姻家庭编在我国《民法典》体系中位于第五部分，根据体系解释的方法，离婚损害赔偿请求权的行使应同样适用《民法典》诉讼时效的原则规定。无过错方向法院提起诉讼，请求离婚损害赔偿的诉讼时效应为三年，从当事人知道或应当知道原配偶有重大过错行为之日起计算。本案中，胡某提出离婚损害赔偿的时间是在二人2019年协议离婚一年后，根据《婚姻法司法解释（二）》第二十七条的规定，胡某提起离婚损害赔偿诉讼已超过了一年的期限，不应予以支持，一审法院即是依据该审理思路判决驳回了胡某的该项诉讼请求。因此，本案的审理关键在于无过错方提起离婚损害赔偿的时间能否适用《民法典》及其司法解释的相关规定，不受协议离婚后一年内的限制。

第三，本案应当适用《民法典》及《婚姻家庭编解释（一）》的相关规定。

《最高人民法院关于适用〈中华人民共和国民法典〉时间效力的若干规定》（本案例以下简称《民法典时间效力》规定）第二条规定，《民法典》施行前的法律事实引起的民事纠纷案件，当时的法律、司法解释有规定，适用当时的法律、司法解释的规定，但是适用《民法典》的规定更有利于保护民事主体合法权益，更有利于维护社会和经济秩序，更有利于弘扬社会主义核心价值观的除外。该条款主要是针对旧法有规定而新法改变了旧法规定时如何适用法律的规定，包括"法不溯及既往"原则和有利溯及适用规则。其中，在有利溯及标准的把握上，将更有利于保护民事主体合法权益、更有利于维护社会和经济秩序、更有利于弘扬社会主义核心价值观的"三个更有利于"作为判断有利溯及的标准，并以符合诚实信用、公序良俗和日常生活经验法则的要求为判断合理预期的基准，从而确保法律秩序的稳定。意思自治作为《民法典》的基本原则之一，在涉及私人事务的婚姻家庭领域尤为重要。最能体现意思自治的，莫过于民事主体按自己的意思处分权利。离婚损害赔偿请求权作为《民法典》第一千零九十一条明确赋予夫妻中无过错方的权利，如仍以《婚姻法》规定的四种过错情形作出认定，或以超过协议离婚时间"一年"为由即驳回无过错方的诉讼请求，显然不符合《民法典》婚姻家庭编保护无过错方利益原则所追求的目的。基于上述分析，《民法典》关于离婚损害赔偿法定情形的兜底条款、《婚姻家庭编解释（一）》中关于协议离婚后提起离婚损害赔偿的条款满足了《民法典时间效力》规定第二条有利溯及中"三个更有利于"的标准。本案适用《民法典》《婚姻家庭编解释（一）》的规定更符合公序良俗的相关内容，有利于弘扬社会主义核心价值观。

综上，刘某的行为已经构成《民法典》规定的"其他重大过错"，胡某作为无过错方，有权通过离婚损害赔偿制度得到相应补偿和救济。虽然胡某在办理离婚登记手续一年后提出，且离婚事实发生在《民法典》实施前，但在离婚协议中其并未明确放弃该项主张，本案适用《民法典》及相关司法解释的规定更有利于保护民事主体的合法权益。一审法院仅以该请求超过协议离婚一年为由予以驳回，处理不当，本院予以纠正。具体赔偿数额本院结合双方在离婚协议中所作财产的分割处理情况，根据案件实际酌予确定。

◎ **裁判要旨**

1. 协议离婚时间在《民法典》实施前，无过错方在《民法典》实施后提起离婚损害赔偿诉讼时已经超过原《婚姻法》司法解释规定的一年期间，从维护民事主体权益及弘扬社会主义核心价值观、实现"三个更有利于"的角度出发，应当按照有利溯及原则，适用《民法典》及其司法解释的相关规定，保障无过错方的合法权益。离婚损害赔偿请求权应当适用《民法典》总则编关于诉讼时效制度的规定。

2. 配偶一方违反夫妻忠实义务，在婚姻存续期间与婚外异性存在不正当关系，离婚后三天即再婚并在不到半年内生育子女，严重伤害夫妻感情，导致婚姻破裂，应当认定为《民法典》第一千零九十一条规定的"有其他重大过错"情形。

第一千零九十二条　一方侵犯他方财产共有权的处理

夫妻一方隐藏、转移、变卖、毁损、挥霍夫妻共同财产，或者伪造夫妻共同债务企图侵占另一方财产的，在离婚分割夫妻共同财产时，对该方可以少分或者不分。离婚后，另一方发现有上述行为的，可以向人民法院提起诉讼，请求再次分割夫妻共同财产。

❁ 要点提示

夫妻共同财产性质上属于共同共有，在离婚时原则上应当均等分割。然而，实践中存在夫妻一方在离婚诉讼期间或离婚诉讼前，隐藏、转移、变卖、毁损、挥霍夫妻共同财产，或伪造债务企图侵占另一方财产的情形，既严重威胁他方的合法财产权益，也在一定程度上对诉讼秩序造成了妨害，损害了司法权威。一方于婚姻关系存续期间（离婚诉讼前或者离婚诉讼期间）有实施上述侵犯他方财产共有权的行为时，在离婚分割夫妻共同财产时可以对该方少分或者不分。其中，"在离婚分割夫妻共同财产时"具体是指离婚诉讼时。

❁ 关联规定

1. 《最高人民法院关于适用〈中华人民共和国民法典〉婚姻家庭编的解释（一）》（2020年12月29日）

第三十四条　夫妻一方与第三人串通，虚构债务，第三人主张该债务为夫妻共同债务的，人民法院不予支持。

夫妻一方在从事赌博、吸毒等违法犯罪活动中所负债务，第三人主张该债务为夫妻共同债务的，人民法院不予支持。

第八十三条 离婚后，一方以尚有夫妻共同财产未处理为由向人民法院起诉请求分割的，经审查该财产确属离婚时未涉及的夫妻共同财产，人民法院应当依法予以分割。

第八十四条 当事人依据民法典第一千零九十二条的规定向人民法院提起诉讼，请求再次分割夫妻共同财产的诉讼时效期间为三年，从当事人发现之日起计算。

第八十五条 夫妻一方申请对配偶的个人财产或者夫妻共同财产采取保全措施的，人民法院可以在采取保全措施可能造成损失的范围内，根据实际情况，确定合理的财产担保数额。

2.《最高人民法院关于适用〈中华人民共和国民法典〉婚姻家庭编的解释（二）》（2025年1月15日）

第六条 夫妻一方未经另一方同意，在网络直播平台用夫妻共同财产打赏，数额明显超出其家庭一般消费水平，严重损害夫妻共同财产利益的，可以认定为民法典第一千零六十六条和第一千零九十二条规定的"挥霍"。另一方请求在婚姻关系存续期间分割夫妻共同财产，或者在离婚分割夫妻共同财产时请求对打赏一方少分或者不分的，人民法院应予支持。

第七条 夫妻一方为重婚、与他人同居以及其他违反夫妻忠实义务等目的，将夫妻共同财产赠与他人或者以明显不合理的价格处分夫妻共同财产，另一方主张该民事法律行为违背公序良俗无效的，人民法院应予支持并依照民法典第一百五十七条规定处理。

夫妻一方存在前款规定情形，另一方以该方存在转移、变卖夫妻共同财产行为，严重损害夫妻共同财产利益为由，依据民法典第一千零六十六条规定请求在婚姻关系存续期间分割夫妻共同财产，或者依据民法典第一千零九十二条规定请求在离婚分割夫妻共同财产时对该方少分或者不分的，人民法院应予支持。

典型案例

金某1与俞某离婚后财产纠纷[①]

◎ **基本案情**

2019年10月19日,金某1与俞某经一审法院判决离婚,判决如下:(1)金某1与俞某离婚;(2)婚生子金某2由俞某抚养,金某1自2019年12月20日起至孩子年满18周岁止每月向俞某支付子女抚养费800元;(3)金某1每年探望孩子两次,具体时间定为每半年一次,自暑、寒假的第二周星期五9点起至星期日下午4点;(4)夫妻共同财产登记在金某1名下,坐落于某街×××号甲小区2单元××××号,产权证号为×××号,建筑面积为109.65平方米的房屋归俞某所有,俞某于本判决书发生法律效力之日立即向金某1支付房屋补偿款13.5万元;(5)各自衣物归各自所有;(6)驳回金某1、俞某的其他诉讼请求。另查明,登记在俞某名下乙小区×号楼×单元6××室、建筑面积为102.49平方米、产权证号为吉(×××)延吉市不动产权第×××号房屋于2019年10月10日以75万元的价格出售给案外人,其中偿还房屋贷款34万元,俞某取得房屋出售款41万元。登记在俞某名下的车牌号为×××号宝马车,于2018年10月15日通过某公司以203000元的价格出售,其中偿还车辆贷款136306.82元,俞某取得车辆出售款66693.18元。俞某于2016年3月3日,以17.5万元购买了某房地产开发有限公司开发的位于某街×××号的A×××××号车位。金某1向一审法院起诉请求:(1)确认权证号为吉(×××)延吉市不动产权第×××号、小区×号楼×单元6××室为金某1与俞某婚姻存续期间的夫妻共同财产,并分割上述房屋的出售款41万元;(2)确认车牌号×××号宝马牌汽车为金某1与俞某婚姻存续期间的夫妻共同财产,并分割出售款66693.18元;(3)确认位于某街×××号的A×××××号车位为金某1与俞某婚姻存续期间的夫妻共同财产,并分割上述财产(暂定17万元);(4)本案诉讼费由俞某承担。

[①] 参见(2021)吉24民终1355号民事判决书,载中国裁判文书网,最后访问时间:2025年4月24日。

◎ **裁判理由**

吉林省延边朝鲜族自治州中级人民法院认为，关于乙小区×号楼×单元6××室房屋出售款41万元是否应予分割的问题。本案中，金某1仅要求分割剩余房屋出售款41万元，说明金某1对俞某出售该房屋的行为予以认可，并且俞某婚后从事房屋中介业务员工作，作为房屋中介员需要资金进行周转，俞某以剩余房屋出售款支付前期因经营需要而欠下的债务，钱款去向明确，不存在转移、隐藏、变卖、毁损夫妻共同财产或企图侵占另一方财产的行为，故一审法院认定俞某以该笔款项偿还因从事房屋中介而产生的合理债务并无不当，本院对此予以确认。另外，金某1提交的银行交易明细等证据又无法反驳俞某对资金来源的合理解释，故金某1要求分割该部分财产，缺乏事实依据，本院不予支持。关于A×××××号车位是否属于夫妻共同财产、应否予以分割的问题。根据《婚姻法》等相关法律规定，以婚前个人财产购买并登记在出资人一方名下的房产属于其个人财产，但必须提供证据证明购房款属于其个人婚前财产支付。根据双方提交的证据及查明的事实，俞某于2016年2月29日出售个人婚前财产即丙小区房屋取得房款40万元，并于2016年3月3日以17.5万元的价格购买涉案车位，这说明俞某拥有足够的婚前个人财产作为流动资金购入涉案车位，并且俞某购买涉案车位的时间离出售丙小区的房屋仅隔四天时间，因此俞某以其婚前财产购买涉案车位存在高度的盖然性。相反，金某1在一审、二审中提交的证据不足以分析说明俞某的婚前、婚后财产的具体数额、婚前财产的用途和余额等问题，金某1亦无其他证据证明其主张并反驳俞某已证明的事实，根据《最高人民法院关于适用〈中华人民共和国民事诉讼法〉的解释》第九十条规定，金某1应承担举证不能的不利后果。一审法院认定涉案车位属于俞某婚前个人财产的转化并无不当，本院予以确认。综上所述，金某1的上诉请求不能成立，应予驳回；一审判决认定事实清楚，适用法律正确，应予维持。

◎ **裁判结果**

吉林省延吉市人民法院制作出（2020）吉××××民初5753号民事判决，法院认为，本案中诉争的俞某名下位于某街×××号的A×××××号车位，因该车位是俞某 2016 年 3 月 3 日用婚前个人财产购买的，应属于婚前个人财产的转化，不属于夫妻共同财产，故法院不予分割。本案诉争的登记在俞某名下的车牌号为×××号宝马车出售后，实际得款 66693.18 元，自该车辆出售到双方离婚长达一年多的时间里，俞某需自己承担家庭费用并支付房屋贷款，俞某称该款用于家庭支出的抗辩，一审法院予以支持。本案诉争的登记在俞某名下的乙小区×号楼×单元 6××室、建筑面积 102.49 平方米、产权证号吉（xxx）延吉市不动产权第 xxx 号房屋，因该房屋的首付款 35 万元为俞某的父亲俞甲转款，该房屋出售后扣除房屋银行贷款得款 41 万元，俞某又支付法院执行款 268575 元，因该房屋出售款包含俞某借用其父亲俞甲的借款及偿还执行款已无剩余，故金某 1 要求分割该房屋出售款的诉讼请求，一审法院不予支持。综上，金某 1 要求俞某分割上述夫妻共同财产的诉讼请求，无法律依据，一审法院不予支持。综上所述，依照《民事诉讼法》第六十四条之规定，判决：驳回金某 1 诉讼请求。金某 1 不服一审判决结果，提起上诉。吉林省延边朝鲜族自治州中级人民法院作出（2021）吉××民终 1355 号判决，认为金某 1 的上诉请求不能成立，应予驳回；一审判决认定事实清楚，适用法律正确，应予维持。

第五章　收　　养

第一节　收养关系的成立

第一千零九十三条　被收养人的范围

下列未成年人，可以被收养：

（一）丧失父母的孤儿；

（二）查找不到生父母的未成年人；

（三）生父母有特殊困难无力抚养的子女。

要点提示

本条规定了可以作为被收养人的三种情况：第一，丧失父母的孤儿。其中"丧失父母"，包括父母已经死亡或者已经被宣告死亡的情况。[①] 父母被宣告失踪的，可以根据实际情况适用本条第二项的规定，从而作为"查找不到生父母的未成年人"适用收养。第二，查找不到生父母的未成年人。"查找不到"是指通过各种方式，经过有关部门的查找，在一定期限内仍无法找到生父母的情况，具体期限的限制需要结合实际情况进行判断。此外，《民法典》将除查找不到生父母的弃婴和儿童外，因其他原因而查找不到生父母的未成年人囊括在被收养人的范围之内，如因被拐卖而在被解救之后无法找到生父母的未成年人。第三，生父母有特殊困难无力抚养的子女。其一，本项中仅限于生父母有特殊困难无力抚养子女的情况，不包括继父母、养父母。其二，本项中的"特殊困难"，包括经济上的困难以及身体上的困难，无论是何种特殊困难，必须达到在客观上导致生父母丧失对未成年子女抚养能力的程度。

关联规定

1.《民法典》（2020 年 5 月 28 日）

第五十二条　被宣告死亡的人在被宣告死亡期间，其子女被他人依法收养的，在死亡宣告被撤销后，不得以未经本人同意为由主张收养行为无效。

第一千零四十四条　收养应当遵循最有利于被收养人的原则，保障被收养人和收养人的合法权益。

禁止借收养名义买卖未成年人。

第一千一百零三条　继父或者继母经继子女的生父母同意，可以收养继子女，并可以不受本法第一千零九十三条第三项、第一千零九十四条第三项、第一千零九十八条和第一千一百条第一款规定的限制。

---

① 《民政部关于在办理收养登记中严格区分孤儿与查找不到生父母的弃婴的通知》第一条。

2.《未成年人保护法》（2024 年 4 月 26 日）

第一百零九条 人民法院审理离婚、抚养、收养、监护、探望等案件涉及未成年人的，可以自行或者委托社会组织对未成年人的相关情况进行社会调查。

3.《儿童福利机构管理办法》（2018 年 10 月 30 日）

第九条 儿童福利机构应当收留抚养下列儿童：
（一）无法查明父母或者其他监护人的儿童；
（二）父母死亡或者宣告失踪且没有其他依法具有监护资格的人的儿童；
（三）父母没有监护能力且没有其他依法具有监护资格的人的儿童；
（四）人民法院指定由民政部门担任监护人的儿童；
（五）法律规定应当由民政部门担任监护人的其他儿童。

典型案例

1. 叶某甲与叶某乙物权保护纠纷案[①]

◎ **基本案情**

叶某丙与原告叶某甲系爷孙关系。叶某丙与被告叶某乙系叔侄关系。2008 年 10 月 2 日叶某甲将户口登记在叶某丙名下，登记信息为养女或继女。2018 年 5 月 2 日叶某甲又将户口迁移到户号为 14×××459 的户口上。因叶某丙未再婚，在世期间一直与被告叶某乙在一起生活，××后也由被告叶某乙负责为其治疗，去世后由被告叶某乙埋葬。2017 年由被告叶某乙出资将叶某丙原住宅扒掉重新建。2020 年 10 月 27 日叶某丙去世，叶某丙的房屋由被告叶某乙居住和使用至今。原告叶某甲向法院提出诉讼请求：（1）依法判令被告从叶某丙遗留的房屋中搬出；（2）由被告承担诉讼费。

---

① 参见（2021）豫 1623 民初 3105 号民事判决书，载中国裁判文书网，最后访问时间：2025 年 4 月 24 日。

◎ **裁判理由**

合法的继承权受法律保护。收养应当向县级人民政府民政部门登记。原告叶某甲虽然于2008年将自己的户口登记在叶某丙的名下，并登记为养女或继女，但是叶某甲于2018年又将其户口从叶某丙的户口中迁移出去，双方之间收养关系并不成立。且按照辈分叶某甲系叶某丙的孙女，然后通过户口登记变为养父女关系，违背伦理。因此，原告诉称其与叶某丙系养父女关系缺乏合法、有效的证据证明。又因叶某丙在世期间其生活起居均由被告叶某乙负责，其住院期间的治疗费由被告叶某乙支付，从而证明了被告叶某乙对叶某丙尽到了赡养的义务。在叶某丙去世后，被告叶某乙有权继承叶某丙遗产的权利。因此，原告诉请要求被告叶某乙从叶某丙遗留的房屋中搬出证据不足，对其诉请，法院不予支持。

◎ **裁判结果**

河南省商水县人民法院作出（2021）豫××××民初××××号判决，原告诉请要求被告叶某乙从叶某丙遗留的房屋中搬出证据不足，法院不予支持。

2. 刘某、李某1等赡养纠纷案[①]

◎ **基本案情**

原告刘某，现已90岁，系某镇某村农民。原告刘某的丈夫已去世五年之久。

原告刘某在被告李某1一岁多的时候，因原告夫妇身边无子女，经被告李某1父母与原告夫妇协商同意，原告夫妇将被告李某1收养。直至被告李某1十九岁结婚的时候。在原告刘某收养被告李某1之后，原告刘某与其丈夫又生育了两个儿子（现已去世）和两个女儿。被告李某1结婚后，原告与其丈夫又生育了一个女儿。现原告有时与其儿媳在一起居住生活，有时与其四个女儿李某1、李某2、李某3、李某4（四名被告）在一起居住生活。现原告刘某年岁已高，体弱多病，已丧失劳动能力，无经济

---

① 参见（2022）鲁1502民初6932号民事判决书，载中国裁判文书网，最后访问时间：2025年4月24日。

来源，诉求被告李某 1、李某 2、李某 3、李某 4 履行赡养义务。

◎ **裁判理由**

山东省聊城市东昌府区人民法院认为，原告与被告李某 1 之间的收养关系，虽然没有向县级以上人民政府民政部门登记，但根据本案的案情，已经形成了事实上的收养关系，根据《民法典》第一千零九十三条、第一千零九十八条的规定，原告与被告李某 1 之间的收养关系成立。根据《民法典》第一千一百一十一条的规定，原告与被告李某 1 之间的权利义务关系同亲生的父母子女关系。

子女对父母有赡养扶助的义务。子女不履行赡养或不能完全履行赡养义务时，无劳动能力或生活困难的父母，有要求子女给付赡养费的权利。原告现已九十周岁高龄，几乎丧失劳动能力，在没有其他经济来源的情况下，原告无论是从法律上讲，还是从情理上讲，都有权要求其子女给付赡养费。关于原告要求四被告承担赡养费 800 元的主张，因原告生活在农村，根据山东省 2021 年度交通事故分行业赔偿标准：农村居民人均消费支出为日 34.68 元，即一个月 1040.4 元。再根据原告生活的实际需要及被告的支付能力，原告主张四被告承担赡养费 800 元，本院予以支持。

◎ **裁判结果**

山东省聊城市东昌府区人民法院作出（2022）鲁××××民初 6932 号判决，认为原告与被告李某 1 已经形成了事实上的收养关系，两者之间的权利义务关系同亲生的父母子女关系，原告主张四被告承担赡养费 800 元，法院予以支持。

第一千零九十四条　送养人的范围

下列个人、组织可以作送养人：

（一）孤儿的监护人；

（二）儿童福利机构；

（三）有特殊困难无力抚养子女的生父母。

❈ 要点提示

从本条规定的内容来看，包括三种类型的送养人：第一，孤儿的监护人。孤儿的监护人需依照《民法典》第二十七条、第三十二条的规范进行确定。根据《民法典》第一千零九十六条的规定，监护人送养孤儿的，应当征得有抚养义务的人同意，有抚养义务的人不同意送养、监护人不愿意继续履行监护职责的，应当依照总则编的规定另行确定监护人。第二，儿童福利机构。本项规定的是社会组织作为送养人的情形。第三，有特殊困难无力抚养子女的生父母。对于本项的理解需要注意以下几点：其一，父母因有特殊困难无力抚养子女而决定送养的，送养人仅限于生父母，不包括继父母与养父母。"特殊困难"包括经济困难与身体困难。其二，根据《民法典》第一千零九十七条的规定，生父母送养未成年子女的，需要生父与生母双方共同决定。当生父母一方不明或者查找不到，才可以单方送养。其三，根据《民法典》第一千一百零八条的规定，配偶一方死亡，另一方送养未成年子女的，死亡一方的父母有优先抚养的权利。

❈ 关联规定

1.《民法典》（2020年5月28日）

第二十七条 父母是未成年子女的监护人。

未成年人的父母已经死亡或者没有监护能力的，由下列有监护能力的人按顺序担任监护人：

（一）祖父母、外祖父母；

（二）兄、姐；

（三）其他愿意担任监护人的个人或者组织，但是须经未成年人住所地的居民委员会、村民委员会或者民政部门同意。

2.《未成年人保护法》（2024年4月26日）

第九十五条 民政部门进行收养评估后，可以依法将其长期监护的未成年人交由符合条件的申请人收养。收养关系成立后，民政部门与未成年人的监护关系终止。

3. 《中国公民收养子女登记办法》（2023 年 7 月 20 日）

第七条 送养人应当向收养登记机关提交下列证件和证明材料：

（一）送养人的居民户口簿和居民身份证（组织作监护人的，提交其负责人的身份证件）；

（二）民法典规定送养时应当征得其他有抚养义务的人同意的，并提交其他有抚养义务的人同意送养的书面意见。

社会福利机构为送养人的，并应当提交弃婴、儿童进入社会福利机构的原始记录，公安机关出具的捡拾弃婴、儿童报案的证明，或者孤儿的生父母死亡或者宣告死亡的证明。

监护人为送养人的，并应当提交实际承担监护责任的证明，孤儿的父母死亡或者宣告死亡的证明，或者被收养人生父母无完全民事行为能力并对被收养人有严重危害的证明。

生父母为送养人，有特殊困难无力抚养子女的，还应当提交送养人有特殊困难的声明；因丧偶或者一方下落不明由单方送养的，还应当提交配偶死亡或者下落不明的证明。对送养人有特殊困难的声明，登记机关可以进行调查核实；子女由三代以内同辈旁系血亲收养的，还应当提交公安机关出具的或者经过公证的与收养人有亲属关系的证明。

被收养人是残疾儿童的，并应当提交县级以上医疗机构出具的该儿童的残疾证明。

4. 《儿童福利机构管理办法》（2018 年 10 月 30 日）

第二条 本办法所称儿童福利机构是指民政部门设立的，主要收留抚养由民政部门担任监护人的未满 18 周岁儿童的机构。

儿童福利机构包括按照事业单位法人登记的儿童福利院、设有儿童部的社会福利院等。

第二十六条 对于符合条件、适合送养的儿童，儿童福利机构依法安排送养。送养儿童前，儿童福利机构应当将儿童的智力、精神健康、患病及残疾状况等重要事项如实告知收养申请人。

对于符合家庭寄养条件的儿童,儿童福利机构按照《家庭寄养管理办法》的规定办理。

---

5. 《民政部办公厅关于生父母一方为非中国内地居民送养内地子女有关问题的意见》(2020年10月20日)

一、被收养人的生父母应当提供的材料

(一)被收养人的生父或者生母是中国内地居民的,应当提供下列材料:

1. 本人居民身份证、户口簿以及2张2寸近期半身免冠照片;

2. 本人与被收养人的父母子女关系证明;

3. 本人签署的同意送养子女的书面意见;

4. 被收养人居民身份证、户口簿以及2张2寸近期半身免冠照片。

父母子女关系证明是指DNA鉴定证明或者公安机关、人民法院、公证机构以及其他有权机关出具的能够证明父母子女关系的文书。(下同)

(二)被收养人的生父或者生母是非中国内地居民的,应当提供下列材料:

1. 本人有效身份证件(外国人、华侨应当提供本人有效护照或者其他有效的国际旅行证件,港澳台居民应当提供有效通行证和身份证,下同)和2张2寸近期半身免冠照片;

2. 本人与被收养人的父母子女关系证明;

3. 本人签署的同意送养子女的书面意见;

4. 所在国或者所在地区有权机关出具的不反对此送养行为的证明。

若送养人所在国无法出具材料4中的证明,也可以提供所在国驻华使领馆出具的表明该国法律不反对此类送养行为的证明。华侨无需提供材料4。

送养人有特殊困难无力抚养子女的,应当同时提交父母有特殊困难无力抚养子女的证明。"有特殊困难"是指生父母家庭人均收入处于当地居民最低生活保障水平的,或者生父母因病、因残导致家庭生活困难的,或者因其他客观原因导致家庭无力抚养子女的。送养人为中国内地居民的,提供本人声明及所在街道办事处、乡镇人民政府出具的当事人有特殊困难无力抚养的证明。送养人为非中国内地居民的，提供本人声明及所在国或所在地区有权机构出具的本人有特殊困难无力抚养子女的证明，当事人在中国内地居住满一年，无法提供所在国或者所在地区出具的有特殊困难无力抚养子女证明，也可以只出具本人声明。

被收养人父母一方死亡或者下落不明的，送养人应当提交死亡或者下落不明的证明以及死亡或者下落不明一方的父母不行使优先抚养权的书面证明。由非中国内地居民单方送养的，应当同时提交本部分（一）中第2、4项材料。

被收养人是残疾儿童的，应当提交县级或者二级以上医疗机构出具的该儿童的残疾证明。

被收养人年满8周岁的，应当提交被收养人同意被收养的证明。

外国人、华侨提交的声明、书面意见或者所在国出具的证明材料，应当经我国驻该国使领馆认证或者该国驻华使领馆公证或者认证。港澳台地区居民提交的声明、书面意见或者所在地区出具的证明材料应当经有权机关公证。

第一千零九十五条　监护人送养

未成年人的父母均不具备完全民事行为能力且可能严重危害该未成年人的，该未成年人的监护人可以将其送养。

要点提示

本条是关于送养人的特殊规定。从本条规定的内容上看，监护人可以送养未成年人而无须取得其父母同意的，需要同时满足两个条件：其一，未成年人的父母均不具备完全民事行为能力；其二，未成年人的父母可能严重危害该未成年人。本条中的"父母"应做狭义理解，仅指未成年人的生父母。"可能严重危害该未成年人"是监护人可以送养的重要条件之一。"严重危害"包括身体与精神两个方面的危害，具体表现为肉体摧残、精神摧残、虐待、体罚等严重危害子女发展的情形。严重程度应当以未成年子女的合法权益为根本性的判断标准。本条规定的严重危害是一种可能性，即使危害没有实际发生，只要存在因未成年人的父母均不具备完全民事行为能力而导致严重危害该未成年人的可能性的，就满足本条规定的监护人送养的条件。在此种情况下，若不赋予监护人以送养人的资格，则可能导致未成年人无法获得一个健康、安全的成长环境。

关联规定

《中国公民收养子女登记办法》（2023年7月20日）

第七条 送养人应当向收养登记机关提交下列证件和证明材料：

（一）送养人的居民户口簿和居民身份证（组织作监护人的，提交其负责人的身份证件）；

（二）民法典规定送养时应当征得其他有抚养义务的人同意的，并提交其他有抚养义务的人同意送养的书面意见。

社会福利机构为送养人的，并应当提交弃婴、儿童进入社会福利机构的原始记录，公安机关出具的捡拾弃婴、儿童报案的证明，或者孤儿的生父母死亡或者宣告死亡的证明。

监护人为送养人的，并应当提交实际承担监护责任的证明，孤儿的父母死亡或者宣告死亡的证明，或者被收养人生父母无完全民事行为能力并对被收养人有严重危害的证明。

生父母为送养人，有特殊困难无力抚养子女的，还应当提交送养人有特殊困难的声明；因丧偶或者一方下落不明由单方送养的，还应当提交配偶死亡或者下落不明的证明。对送养人有特殊困难的声明，登记机关可以进行调查核实；子女由三代以内同辈旁系血亲收养的，还应当提交公安机关出具的或者经过公证的与收养人有亲属关系的证明。

被收养人是残疾儿童的，并应当提交县级以上医疗机构出具的该儿童的残疾证明。

第一千零九十六条　监护人送养孤儿的特殊规定

监护人送养孤儿的，应当征得有抚养义务的人同意。有抚养义务的人不同意送养、监护人不愿意继续履行监护职责的，应当依照本法第一编的规定另行确定监护人。

要点提示

本条是关于监护人送养孤儿的特殊规定。本条约束的主要是监护人与有抚养义务的人不为同一人时，为防止原监护人仅为自己利益、逃避监护责任而送养或与收养人串通等，须征得有抚养义务的人的同意。在收养关系成立后，收养人即为养子女的监护人，而被监护人常为监护人之意思所左右，且被监护人之财产易被侵蚀。此外，本条的"同意"应理解为仅包含明示，而不包含默示。根据《民法典》第一编第一百四十条第二款规定，沉默只有在有法律规定、当事人约定或者符合当事人之间的交易习惯时，才可以视为意思表示。

关联规定

《民政部关于规范生父母有特殊困难无力抚养的子女和社会散居孤儿收养工作的意见》（2020年10月20日）

二、明确送养人和送养意愿

生父母有特殊困难无力抚养的子女由生父母作为送养人。生父母均不具备完全民事行为能力且对被收养人有严重危害可能的，由被收养人的监护人作为送养人。社会散居孤儿由其监护人作为送养人。社会散居孤儿的监护人依法变更为社会福利机构的，可以由社会福利机构送养。送养人可以向民政部门提出送养意愿。民政部门可以委托社会福利机构代为接收送养意愿。

※ 典型案例

甲市社会福利院与乙市救助管理站申请变更监护人纠纷案[①]

◎ **基本案情**

被监护人张某系张某甲与郭某的非婚生女儿。由于张某甲、郭某下落不明，未对被监护人履行监护职责，且张某的祖父母及外祖母均已过世，其外祖父也已年迈，无抚养能力亦无抚养意愿。2018年6月25日，乙市救助管理站作为申请人请求撤销张某甲、郭某的监护人资格，法院于2018年10月20日判决撤销张某甲、郭某对张某的监护人资格，同时指定乙市救助管理站作为张某的监护人。2018年12月5日，乙市救助管理站将被监护人张某送入甲市社会福利院，被监护人张某现在甲市社会福利院生活。申请人甲市社会福利院向法院提出申请，要求变更申请人甲市社会福利院为张某的监护人。申请人甲市社会福利院是国家举办的由甲市民政事务中心主管的隶属于甲市人民政府的公益机构，也称甲市儿童福利院，业务范围包括："三无"人员收养；孤儿与弃婴收养；家庭无力照管残疾儿童收养；老人收养；收养人员护理与康复治疗；收养人员教育与委托管理。

◎ **裁判结果**

法院认为，确定监护人时应考察其监护能力、监护条件等因素是否更有利于被监护人的生活、学习和健康成长。关于监护权纠纷，应从有利于被监护人的身心健康、保障被监护人的合法权益出发，结合申请人、被申请人双方的监护能力和监护条件以及机构的职能职责的情况妥善解决。本案中，被监护人张某系未成年人，其父母下落不明，祖父母及外祖母均已过世，其外祖父也已年迈，无抚养能力亦无抚养意愿，被申请人乙市救助管理站经本院判决指定为张某的监护人，但被申请人系临时救助机构，无长期抚养教育未成年人的职能和能力，不能履行监护职责，而申请人甲市社会福利院既能对被监护人提供收养照顾，在取得监护权后，又能安排被

[①] 参见（2019）辽0782民特3号民事判决书，载中国裁判文书网，最后访问时间：2025年4月24日。

监护人到省孤儿学校进行学习，综合考虑各方因素，认为指定申请人甲市社会福利院作为被监护人张某的监护人更有利于张某的生活和学习。

第一千零九十七条　生父母送养

生父母送养子女，应当双方共同送养。生父母一方不明或者查找不到的，可以单方送养。

要点提示

本条是关于生父母送养的规定。送养子女须经生父母双方协商一致均同意送养。生父母中有一方不同意的，收养关系不能成立，系基于父母子女身份关系之本质使然，父母和子女之间存在最亲密、最直接的血缘关系，收养关系的成立将对父母双方和子女产生重大的影响。只有各方当事人形成合意才能正式启动收养程序。然而，本条第二句规定当生父母一方不明或查找不到时，可以单方送养，是因为在这些情形下，生父母双方无法进行协商，作出共同送养的意思表示。是故依照立法目的，可以单方送养的情形还应当包括：生父母一方死亡或被宣告死亡、被宣告失踪、无民事行为能力或限制行为能力等事实上不能为意思表示以及被剥夺亲权这一法律上不能为意思表示的情形。

关联规定

1.《民法典》（2020年5月28日）

第五十二条　被宣告死亡的人在被宣告死亡期间，其子女被他人依法收养的，在死亡宣告被撤销后，不得以未经本人同意为由主张收养行为无效。

2.《民政部关于规范生父母有特殊困难无力抚养的子女和社会散居孤儿收养工作的意见》（2020年10月20日）

二、明确送养人和送养意愿

生父母有特殊困难无力抚养的子女由生父母作为送养人。生父母均不具备完全民事行为能力且对被收养人有严重危害可能的,由被收养人的监护人作为送养人。社会散居孤儿由其监护人作为送养人。社会散居孤儿的监护人依法变更为社会福利机构的,可以由社会福利机构送养。送养人可以向民政部门提出送养意愿。民政部门可以委托社会福利机构代为接收送养意愿。

三、严格规范送养材料

提交送养材料时,送养人可以直接向县级以上人民政府民政部门提交,也可以由受委托的社会福利机构转交。受委托的社会福利机构应当协助送养人按照要求提交送养证明材料。

送养人应当提交下列证件和证明材料:本人及被收养人的居民身份证和居民户口簿或公安机关出具的户籍证明,《生父母或监护人同意送养的书面意见》(见附件1),并根据下列情况提交相关证明材料。

(一)生父母作为送养人的,应当提交下列证明材料:

1. 生父母有特殊困难无力抚养子女的证明;

2. 生父母与当地卫生和计划生育部门签订的计划生育协议。

生父母有特殊困难无力抚养的证明是指生父母所在单位或者村(居)委会根据下列证件、证明材料之一出具的能够确定生父母有特殊困难无力抚养的相关证明:

(1)县级以上医疗机构出具的重特大疾病证明;

(2)县级残疾人联合会出具的重度残疾证明;

(3)人民法院判处有期徒刑或无期徒刑、死刑的判决书。

生父母确因其他客观原因无力抚养子女的,乡镇人民政府、街道办事处出具的有关证明可以作为生父母有特殊困难无力抚养的证明使用。

(二)如生父母一方死亡或者下落不明的,送养人还应当提交下列证明:

1. 死亡证明、公安机关或者其他有关机关出具的下落不明的证明;

2. 经公证的死亡或者下落不明一方的父母不行使优先抚养权的书面声明(见附件2)。

(三)生父母以外的监护人作为送养人的,应当提交下列证明材料:

1. 生父母的死亡证明或者人民法院出具的能够证明生父母双方均不具备完全民事行为能力的文书；

2. 监护人所在单位或村（居）委会出具的监护人实际承担监护责任的证明；

3. 其他有抚养义务的人（祖父母、外祖父母、成年兄姐）出具的经公证的同意送养的书面意见（见附件3）。

生父母均不具备完全民事行为能力的，还应当提交生父母所在单位、村（居）委会、医疗机构、司法鉴定机构或者其他有权机关出具的生父母对被收养人有严重危害可能的证明。

……

典型案例

谢某与石某甲、张某甲等确认收养关系纠纷案[1]

该案争议焦点之一为被告与原告子女间的收养关系是否有效。原告谢某与高某婚后生有一子，后高某未经谢某同意擅自将其子送养给被告石某甲、张某甲夫妇，取名石某乙。本案中，被告在收养石某乙时并不具备收养人的条件，也未办理收养登记手续。一审法院因此认定被告与原告的婚生子女间的收养关系无效。被告不服，提起上诉，主张其对石某乙的收养已征得高某和谢某双方同意。

但二审法院认为石某甲、张某甲未能举证证明，高某作为送养方之一，亦未能提供谢某同意送养的相应证据，故原审认定高某单方送养不符合法律规定。根据《收养法》第十条的规定，生父母送养子女，须双方共同送养。高某的送养行为和被告的收养行为违反法律规定，收养关系无效，维持原判。

---

[1] 参见（2015）通中民终字第0221号民事判决书，载中国裁判文书网，最后访问时间：2025年4月24日。

第一千零九十八条　收养人的条件

收养人应当同时具备下列条件：
（一）无子女或者只有一名子女；
（二）有抚养、教育和保护被收养人的能力；
（三）未患有在医学上认为不应当收养子女的疾病；
（四）无不利于被收养人健康成长的违法犯罪记录；
（五）年满三十周岁。

要点提示

收养人应当具备的条件，可以分为积极条件和消极条件两类。积极条件是指收养人应当具备的条件。消极条件是指收养人不得具备的条件。本条的第三项、第四项即属于收养人的消极条件。本条第一项的"无子女"是指收养人因生理上的原因（含疾病等）引起的不能生育，或者虽有生育能力但不想生育或还未生育，以及生育的子女已经死亡的情形。本条第二项所说的能力，不能仅考虑收养人的经济负担能力，还要考虑其在思想品德、健康状况等方面有无抚养、教育和保护能力。本条第三项规定"未患有在医学上认为不应当收养子女的疾病"，一般认为是考虑到收养人如果患有严重精神疾病或者患有严重传染病等其他疾病，则无法很好地履行抚养教育义务。本条第四项为新增内容，明确规定收养人应当无不利于被收养人健康成长的违法犯罪记录。本条第五项是对收养人年龄的限制，不满三十周岁的不能作为收养人。这主要是从子女利益出发所作的限制。一般而言，年满三十周岁的成年人在家庭、事业等方面都开始进入一个较为稳定的阶段，能够更好地承担起对子女的抚养教育责任。

关联规定

《中国公民收养子女登记办法》（2023年7月20日）

第六条　收养人应当向收养登记机关提交收养申请书和下列证件、证明材料：

（一）收养人的居民户口簿和居民身份证；

（二）由收养人所在单位或者村民委员会、居民委员会出具的本人婚姻状况和抚养教育被收养人的能力等情况的证明，以及收养人出具的子女情况声明；

（三）县级以上医疗机构出具的未患有在医学上认为不应当收养子女的疾病的身体健康检查证明。

收养查找不到生父母的弃婴、儿童的，并应当提交收养人经常居住地卫生健康主管部门出具的收养人生育情况证明；其中收养非社会福利机构抚养的查找不到生父母的弃婴、儿童的，收养人应当提交下列证明材料：

（一）收养人经常居住地卫生健康主管部门出具的收养人生育情况证明；

（二）公安机关出具的捡拾弃婴、儿童报案的证明。

收养继子女的，可以只提交居民户口簿、居民身份证和收养人与被收养人生父或者生母结婚的证明。

对收养人出具的子女情况声明，登记机关可以进行调查核实。

典型案例

吴某甲、付某某等与吴某乙、韩某某收养关系纠纷案[①]

◎ 裁判要旨

该案的焦点是原告子女与被告是否成立收养关系，被告的收养行为是否有效。原告吴某甲、付某某夫妻于2011年12月5日生育女儿吴某丙（已做了DNA亲子鉴定）。由于两原告当时无稳定工作，无固定住所，为了女儿吴某丙能有稳定的生活、进入幼儿园读书，原告与两被告商量，两被告同意收养吴某丙，并于2012年5月28日将吴某丙入户到两被告的家庭户籍里。被告吴某乙与原告吴某甲是堂兄弟关系，两被告是夫妻关系。现两原告已有稳定的工作，也有固定的住所，经其与两被告商量，要求两被告放弃吴某丙的收养，由其接回吴某丙抚养，故请求法院判决确认两被

---

① 参见（2016）粤0883民初978号民事判决书，载中国裁判文书网，最后访问时间：2025年4月24日。

告收养两原告的女儿吴某丙的行为无效。

法院认为，根据《收养法》第六条第一项的规定，收养人应当同时具备下列条件：无子女……但两被告于2012年5月28日收养吴某丙时，已生育了四个子女，两被告对吴某丙的收养违反了收养的形式要件；同时，根据《收养法》第十五条第一款规定，收养应当向县级以上人民政府民政部门登记。收养关系自登记之日起成立。但两原告对吴某丙的送养及两被告的收养没有到有关部门办理登记，故两被告对吴某丙的收养行为无效，判决确认被告吴某乙、韩某某与吴某丙的收养关系无效。

◎ 典型意义

本案的收养行为其实是《民法典》第一千一百零七条规定的"抚养"，即俗称的"寄养"，依据规定：孤儿或者生父母无力抚养的子女，可以由生父母的亲属、朋友抚养；抚养人与被抚养人的关系不适用本章规定。两原告与两被告存在亲属关系，因原告当时无力抚养，故交由被告抚养，但并非成立收养关系。

第一千零九十九条　　收养三代以内旁系同辈血亲子女的特殊规定

收养三代以内旁系同辈血亲的子女，可以不受本法第一千零九十三条第三项、第一千零九十四条第三项和第一千一百零二条规定的限制。

华侨收养三代以内旁系同辈血亲的子女，还可以不受本法第一千零九十八条第一项规定的限制。

要点提示

本条是关于收养三代以内旁系同辈血亲子女的特殊规定。"旁系同辈血亲"是指与自己处于同一世代的具有间接血缘联系的亲属。"三代以内旁系同辈血亲的子女"指的是收养人兄弟姐妹的子女、堂兄弟姐妹的子女和表兄弟姐妹的子女。本条第一款对国内公民收养三代以内旁系同辈血亲子女适当放宽了收养条件，具体包括：（1）其生父母无特殊困难、有抚养能力的子女，也可以成为被收养人，其生父母亦可为送养人；（2）无配偶者收养异性子女的，收养人与被收养人的年龄可以不必相差四十周岁以上，即年龄差距可以小于四十周岁。本条第二款规定华侨收养三代以内旁系同辈血亲的子女，除享有以上的放宽条件外，还可以不受无子女或只有一名子女的限制，即收养人自己的子女无论数量多少，均可以收养三代以内旁系同辈血亲的子女。

关联规定

1.《归侨侨眷权益保护法》（2009年8月27日）

第二条 归侨是指回国定居的华侨。华侨是指定居在国外的中国公民。

侨眷是指华侨、归侨在国内的眷属。

本法所称侨眷包括：华侨、归侨的配偶，父母，子女及其配偶，兄弟姐妹，祖父母、外祖父母，孙子女、外孙子女，以及同华侨、归侨有长期扶养关系的其他亲属。

2.《华侨以及居住在港澳台地区的中国公民办理收养登记的管辖以及所需出具证明材料的规定》（1999年5月25日）

第二条 华侨以及居住在香港、澳门、台湾地区的中国公民在内地收养子女的，应当到被收养人常住户口所在地的直辖市、设区的市、自治州人民政府民政部门或者地区（盟）行政公署民政部门申请办理收养登记。

第三条 居住在已与中国建立外交关系国家的华侨申请办理成立收养关系的登记时，应当提交收养申请书和下列证件、证明材料：

（一）护照；

（二）收养人居住国有权机构出具的收养人的年龄、婚姻、有无子女、职业、财产、健康、有无受过刑事处罚等状况的证明材料，该证明材料应当经其居住国外交机关或者外交机关授权的机构认证，并经中国驻该国使领馆认证。

第四条 居住在未与中国建立外交关系国家的华侨申请办理成立收养

关系的登记时，应当提交收养申请书和下列证件、证明材料：

（一）护照；

（二）收养人居住国有权机构出具的收养人的年龄、婚姻、有无子女、职业、财产、健康、有无受过刑事处罚等状况的证明材料，该证明材料应当经其居住国外交机关或者外交机关授权的机构认证，并经已与中国建立外交关系的国家驻该国使领馆认证。

第五条 香港居民中的中国公民申请办理成立收养关系的登记时，应当提交收养申请书和下列证件、证明材料：

（一）香港居民身份证、香港居民来往内地通行证或者香港同胞回乡证；

（二）经国家主管机关委托的香港委托公证人证明的收养人的年龄、婚姻、有无子女、职业、财产、健康、有无受过刑事处罚等状况的证明材料。

第六条 澳门居民中的中国公民申请办理成立收养关系的登记时，应当提交收养申请书和下列证件、证明材料：

（一）澳门居民身份证、澳门居民来往内地通行证或者澳门同胞回乡证；

（二）澳门地区有权机构出具的收养人的年龄、婚姻、有无子女、职业、财产、健康、有无受过刑事处罚等状况的证明材料。

第七条 台湾居民申请办理成立收养关系的登记时，应当提交收养申请书和下列证件、证明材料：

（一）在台湾地区居住的有效证明；

（二）中华人民共和国主管机关签发或签注的在有效期内的旅行证件；

（三）经台湾地区公证机构公证的收养人的年龄、婚姻、有无子女、职业、财产、健康、有无受过刑事处罚等状况的证明材料。

典型案例

王某1、夏某某与王某2继承纠纷案[①]

◎ 裁判要旨

该案的争议焦点之一是原告王某2与王某3之间是否形成收养关系。吴某某生育有六个子女，即王某1、夏某某、王某3、王某4、王某5、王某6。其中王某3、王某4、王某5、王某6均已过世，王某2是王某3的养女。因对吴某某及王某3死亡后剩余的331600元的分割发生纠纷，王某2与王某1、夏某某发生争议并起诉到人民法院。一审法院认为，原告王某2与王某3之间形成了养父女关系，适用法律关于父母子女关系的规定，对于王某3因工伤死亡后的工亡赔偿金中剩余的300000元，应当由本案的王某2和已经死亡的吴某某进行平均分配。被告夏某某和王某1不服，提起上诉。二审法院查明，王某2是王某4之女，王某4夫妻去世后，王某2则与王某3及吴某某共同生活，由二人抚养长大，并于2004年办理了户籍登记。

法院认为，基于以上事实，表明王某2与王某3已形成事实上的收养关系，而王某3作为王某2的亲属收养王某2并不受年龄相差40岁的限制。但是，因未依法在县级以上人民政府民政部门办理收养登记，王某3与王某2之间的收养关系依法不能成立。然王某2与王某3共同生活多年，王某3的死亡对王某2造成精神损害，加之王某2作为养女与用工单位签订工亡补偿协议，协议赔偿款中包含王某2份额，故该笔工亡赔偿金应当由吴某某与王某2二人共有。现吴某某已死亡，该款由吴某某应得部分与吴某某的保险金额一起，作为吴某某遗产应由其继承人分割。而王某2长期与吴某某共同生活，由吴某某抚养照顾，依照《继承法》第十三条之规定，王某2作为王某4的代位继承人可以多分。

[①] 参见（2016）陕09民终171号民事判决书，载中国裁判文书网，最后访问时间：2025年4月24日。

◎ **裁判结果**

综合本案的实际情况，原审给王某 2 分割 150000 元合情合理，判决维持原判。

第一千一百条　收养子女的人数

无子女的收养人可以收养两名子女；有子女的收养人只能收养一名子女。

收养孤儿、残疾未成年人或者儿童福利机构抚养的查找不到生父母的未成年人，可以不受前款和本法第一千零九十八条第一项规定的限制。

❋ **要点提示**

本条是关于收养子女人数的规定。本条第一款关于被收养人的人数的限制，是同我国计划生育的要求相适应的，其由"收养人只能收养一名子女"到"无子女的收养人可以收养两名子女；有子女的收养人只能收养一名子女"的规定既顺应了当前生育政策的调整，也拓宽了收养渠道。本条第二款规定的是对于收养人数限制的例外情形。之所以规定这一例外，是对儿童利益最佳原则的贯彻，为了让儿童回归家庭，得到父母的关爱和良好的教育。考虑到孤儿和残疾儿童的特殊情况，如孤儿可能有兄弟姐妹，并且愿意在一起生活；残疾儿童更容易受到抛弃、抚养成本较健康儿童高而致使其难以找到收养人等，且当前我国社会福利体系尚有完善空间，所以，适当放宽收养孤儿、残疾未成年人或者儿童福利机构抚养的查找不到生父母的未成年人的收养条件，既可为国家减轻负担，也有利于孤儿和残疾儿童的生活和成长。

关联规定

《民政部关于印发〈收养登记工作规范〉的通知》（2020年10月20日）

第十七条　收养查找不到生父母的弃婴、弃儿的，收养登记机关应当根据《中国公民收养子女登记办法》第七条的规定，在登记前公告查找其生父母（附件2）。

公告应当刊登在收养登记机关所在地设区的市（地区）级以上地方报纸上。公告要有查找不到生父母的弃婴、弃儿的照片。办理公告时收养登记员要保存捡拾证明和捡拾地派出所出具的报案证明。派出所出具的报案证明应当有出具该证明的警员签名和警号。

第一千一百零一条　共同收养

有配偶者收养子女，应当夫妻共同收养。

要点提示

按照收养人的人数为标准，收养可划分为共同收养和单独收养。共同收养是指夫妻双方收养子女的行为，非夫妻者不能共同收养。单独收养是指收养人为一人的收养，主要是指无配偶者的收养与继父母对继子女的收养。夫妻必须共同收养的目的主要是维护收养家庭的和睦，因一方收养会对配偶另一方的婚姻家庭造成影响，为维持夫妻关系的稳定、家庭的和睦以及有利养子女的健康成长，因而设立。

关联规定

《中国公民收养子女登记办法》（2023年7月20日）

第五条　收养关系当事人应当亲自到收养登记机关办理成立收养关系的登记手续。

夫妻共同收养子女的，应当共同到收养登记机关办理登记手续；一方因故不能亲自前往的，应当书面委托另一方办理登记手续，委托书应当经过村民委员会或者居民委员会证明或者经过公证。

典型案例

罗某1、王某1等与姚某继承纠纷案[1]

◎ **基本案情**

原告罗某1、王某1生育女儿罗某2。在罗某2出生后19天即在1991年5月16日便将罗某2送给第三人康某、李某夫妇收养。后罗某2一直由康某、李某夫妇抚养长大,其间罗某2的生活费、学费等所有费用均由康某、李某夫妇支付。后罗某2大学毕业找工作,出嫁等事宜也全部由康某、李某夫妇操办。在此期间作为亲生父母的二原告在罗某2上学期间也偶尔向罗某2给付生活费等费用。后罗某2与被告在2022年3月2日在榆中县民政局办理了结婚登记,领取了结婚证书,双方在共同生活期间未生育子女。2022年12月21日罗某2在工作时突然晕倒,经抢救无效于2020年12月22日死亡。2023年2月20日,兰州市人力资源和社会保障局出具了兰人社工伤字(2023)×××号《认定工伤决定书》,认定罗某2的死亡原因构成工伤。后在2023年2月24日经兰州市榆中县社会保险事业服务中心审核认定,给付罗某2的一次性工亡补助金为948240元,工伤丧葬补助费为42462元。原告罗某1、王某1向法院提出被告给付工亡补助金632160元的诉讼请求。

◎ **裁判理由**

甘肃省榆中县人民法院认为,二原告诉讼法院,要求被告向其二人给付罗某2的一次性工亡补助金632160元,罗某2在工作期间死亡后被认定为工伤获得一次性工亡补助金948240元。罗某2死亡后获得的一次性工亡补助金并不是罗某2在死亡后遗留的个人合法财产,因此这948240元一次性工亡补助金不是罗某2的遗产,而是补偿给罗某2的近亲属的财产,应当由罗某2的近亲属进行分配。罗某2死亡后获得的一次性工亡补助金最

---

[1] 参见(2023)甘0123民初3610号民事判决书,载中国裁判文书网,最后访问时间:2025年4月24日。

基本的是要保证罗某2生前所抚养的人的基本生活。二原告以其是罗某2亲生父母的身份要求与作为罗某2丈夫的被告分割罗某2的一次性工亡补助金,但在罗某2出生后19天二原告便将罗某2送给第三人康某、李某夫妇抚养。本案争议的焦点一是原告罗某1、王某1是否能以罗某2亲生父母的身份,参与分配罗某2获得的一次性工亡补助金。二是罗某2与第三人康某、李某夫妇是否形成了事实收养关系,第三人康某、李某能否以养父母的身份参与分配罗某2的一次性工亡补助金。罗某2被收养的事实发生在1991年5月,也就是在《收养法》颁布实施前,《民政部、公安部、司法部、卫生部、人口计生委关于解决国内公民私自收养子女有关问题的通知》(民发〔2008〕12号),规定对于1999年4月1日修正后的《收养法》施行前国内公民私自收养子女的,依据《司法部关于办理收养法实施前建立的事实收养关系公证的通知》等文件规定办理。《司法部关于办理收养法实施前建立的事实收养关系公证的通知》(司法发通〔1993〕125号)规定:"凡当事人能够证实双方共同生活多年,以父母子女相称,建立了事实上的父母子女关系,且被收养人与其生父母的权利义务关系确已消除的,可以为当事人办理收养公证。收养关系自当事人达成收养协议或因收养的事实而共同生活时成立"。本案中二原告在1991年5月将罗某2送给第三人康某、李某夫妇抚养,因康某、李某夫妇的辈分比二原告长一辈,所以在罗某2与康某、李某夫妇一起生活时,罗某2将康某、李某夫妇称为爷爷和奶奶。虽然在罗某2与康某、李某夫妇一起生活期间没有以父母相称,但康某、李某实际对罗某2尽了父母对子女的抚养义务。罗某2出生后19天,便开始由康某、李某夫妇抚养,罗某2的成长、生活、学习、上大学、工作,直至最后的结婚,均由康某和李某以父母对子女应尽的义务尽到了父母的责任。且在二原告将罗某2交由康某、李某夫妇抚养后,二原告与罗某2之间的法律上的权利义务关系已经消除。因此从罗某2与康某、李某夫妇因收养的事实共同生活时起,就形成了事实收养关系,罗某2与康某、李某夫妇形成了养父母与养子女关系,双方之间的权利义务关系适用父母子女关系的规定。故第三人康某、李某夫妇能以养父母的身份参与分配罗某2的一次性工亡补助金。第三人康某、李某夫妇与罗某

2之间的人身紧密性和依赖程度最高,第三人康某、李某夫妇将罗某2抚养长大,罗某2也有了自己的稳定职业,不但能养活自己,还能赡养第三人康某、李某夫妇。但罗某2却突然死亡导致第三人康某、李某夫妇不但要承受老年丧子之痛,还要面对年老体弱劳动能力丧失需要他人赡养的困境。因此第三人康某、李某夫妇作为罗某2的养父母,对给付罗某2的一次性工亡补偿金应当多分一些,分得65%的份额即616356元较为合理。第三人康某、李某夫妇已经收取了被告向其支付的补偿金150000元,被告应当再向第三人康某、李某给付补偿金466356元。罗某2与第三人康某、李某夫妇自收养关系成立之日起,罗某2与其生父母即二原告及其他近亲属间的权利义务关系,因收养关系的成立而消除。罗某2对二原告不再承担法律上的赡养义务,二原告也不能以其二人是罗某2的亲生父母的身份来主张分配罗某2的一次性工亡补助金。但考虑到二原告赋予了罗某2生命,尤其是原告王某1十月怀胎期间她也付出艰苦的辛劳和很大的心血,且二原告也年事已高劳动能力缺失,需要子女抚养。从公平角度考虑,由二原告分得罗某2一次性工亡补助金15%的份额即142236元为宜。被告与罗某2于2022年3月2日登记结婚至2022年12月22日罗某2死亡,双方之间的婚姻关系持续了将近十个月左右。但被告与罗某2系中学同学,二人相识、相恋时间较长,双方之间也产生了深厚的夫妻感情,罗某2的去世给被告的精神造成了极大的创伤。被告作为罗某2的丈夫,双方结婚后在一起同居生活,相互间进行抚养,被告与罗某2的生活紧密度与经济依赖度要高于二原告与罗某2的关系。罗某2生前尚有部分共同债务未予偿还,还需要被告去偿还。但被告较为年轻,身体健康,具备完全的劳动能力,能够通过自己的劳动养活自己。综合被告与罗某2共同生活的时间、被告本身的健康状况、以及经济收入情况和婚后的负债等情况考量,确定由被告分得罗某2一次性工亡补偿金20%的份额即189648元为宜。最后判决被告姚某给付原告罗某1和王某1一次性工亡补助金142236元。

◎ 裁判结果

甘肃省榆中县人民法院依照《民法典》第八条、第一百一十八条、第一千零四十四条、第一千零四十五条、第一千零五十九条、第一千零六十七条、第一千零九十七条、第一千一百零一条、第一千一百零五条第一款、第一千一百一十一条规定，判决被告姚某给付原告罗某1和王某1一次性工亡补助金142236元，于判决生效后十日内履行完毕。

第一千一百零二条　无配偶者收养异性子女

无配偶者收养异性子女的，收养人与被收养人的年龄应当相差四十周岁以上。

❖ 要点提示

本条是关于无配偶者收养异性子女的规定，首先，本条属于单独收养而非夫妻双方收养。正如学者在建议稿中对《民法典》本条的立法理由中提到的："在无配偶者收养异性子女的场合，被收养人就很有可能遭受收养人的性侵犯，因收养人无配偶，生理欲望难以满足且无其他家庭成员可对其侵犯进行内部干涉和阻止。"[1] 故《民法典》规定无配偶者收养异性子女的，须彼此年龄相差四十周岁以上。

依据《民法典》第一千零九十九条规定，收养三代以内旁系同辈血亲子女的可以不受本条限制，即该种情形下，无配偶者与被收养人之间的年龄差距可以小于四十周岁。

❖ 关联规定

《民法典》（2020年5月28日）

第一千零九十八条　收养人应当同时具备下列条件：

（一）无子女或者只有一名子女；

（二）有抚养、教育和保护被收养人的能力；

---

[1]　王利明：《中国民法典学者建议稿及立法理由·人格权编、婚姻家庭编、继承编》，法律出版社2005年版，第340~341页。

（三）未患有在医学上认为不应当收养子女的疾病；

（四）无不利于被收养人健康成长的违法犯罪记录；

（五）年满三十周岁。

第一千零九十九条 收养三代以内旁系同辈血亲的子女，可以不受本法第一千零九十三条第三项、第一千零九十四条第三项和第一千一百零二条规定的限制。

华侨收养三代以内旁系同辈血亲的子女，还可以不受本法第一千零九十八条第一项规定的限制。

典型案例

孟某、李某1等婚姻家庭纠纷案[①]

◎ **基本案情**

孟某与李某1、李某2之母王某某结婚，双方均系再婚，婚后未共同生育子女。双方结婚时，未成年的李某1、李某2随母亲王某某与孟某及孟某的四名未成年女儿共同生活。2013年4月，孟某离开与王某某共同居住房屋回到老家生活。共同生活期间，王某某出现脑萎缩，后于2011年12月煤气中毒，2013年3月被诊断为老年痴呆。2016年，王某某起诉孟某，要求其每月支付抚养费2000元。蓝田县人民法院（2016）陕××××民初749号民事判决书判决孟某自2016年11月开始于每月20日前支付王某某当月的抚养费1000元。孟某认为夫妻关系已经恶化，要求解除与李某1、李某2的继父母子女关系。

◎ **裁判要点**

对孟某解除继父母子女关系的请求不予支持。

李某1、李某2在母亲王某某与孟某再婚时尚未成年，由孟某与王某某共同抚养成人，孟某与李某1、李某2形成抚养与被抚养的继父与继子女关系。2016年李某1、李某2之母王某某起诉要求孟某支付抚养费后，

---

① 参见（2022）陕01民终3187号民事判决书，载中国裁判文书网，最后访问时间：2025年4月24日。

王某某与孟某夫妻关系不睦，但并不能由此推理李某 1、李某 2 与孟某关系随之恶化

庭审中，李某 1、李某 2 主张在孟某住院时他们照顾并支付过医疗费也支付过赡养费，只是最近两年未看望过孟某，现在愿意对孟某尽到赡养义务，不同意解除与孟某的继父母子女关系，尽管李某 1、李某 2 就其主张并未提交相应证据，但孟某提交的证据不能证明双方因家庭琐事产生较多矛盾、或养父母与其抚养成人的养子女关系恶化、或再继续共同生活对双方正常生活确实不利，故孟某请求解除双方之间的继父母子女关系，证据不足，孟某、李某 1、李某 2 双方发生纠纷争议不大，尚未恶化到无法维持的程度。

第一千一百零三条　继父母收养继子女的特殊规定

> 继父或者继母经继子女的生父母同意，可以收养继子女，并可以不受本法第一千零九十三条第三项、第一千零九十四条第三项、第一千零九十八条和第一千一百条第一款规定的限制。

要点提示

本条是关于继父母收养继子女的特殊规定，属于单独收养，因继子女与其生父母之间已有自然血亲关系，无须再行拟制，但继父母收养继子女仍须经继子女的生父母同意。包含以下三个要点：

继父母子女关系是因子女的生父母一方再婚而形成的，包含姻亲性质的继父母子女关系和拟制血亲性质的继父母子女关系两类，前者仅因为生父母一方再婚事实而形成；而后者既需要生父母一方再婚事实，又需要继父母对继子女的抚养教育事实，才能在继父母子女之间形成等同于生父母子女的关系。

鉴于继父母子女间由姻亲关系转变为拟制血亲关系的确认条件不清晰，在实践中易发生纠纷，因此，《民法典》鼓励继父母收养继子女，并对继父母收养继子女的条件作了放宽规定。主要有：（1）不受被收养人的

生父母有特殊困难无力抚养子女的限制，即生父母没有特殊困难、具有负担能力的也可以作为送养子女；(2) 不受收养人无子女或只有一名子女的限制，即继父母即使已有亲生子女，仍可收养继子女；(3) 不受收养人收养子女数量的限制，即继父母可以收养数名继子女。[1]

需要注意的是，一旦收养关系成立，根据《民法典》第一千一百一十条的规定，继子女与其生父母间的权利义务关系消除，且继父母收养继子女仍需办理收养登记，收养关系方能成立并生效。

✤ 关联规定

《民法典》（2020年5月28日）

第一千零七十二条 继父母与继子女间，不得虐待或者歧视。

继父或者继母和受其抚养教育的继子女间的权利义务关系，适用本法关于父母子女关系的规定。

第一千零九十三条 下列未成年人，可以被收养：

（一）丧失父母的孤儿；

（二）查找不到生父母的未成年人；

（三）生父母有特殊困难无力抚养的子女。

第一千零九十四条 下列个人、组织可以作送养人：

（一）孤儿的监护人；

（二）儿童福利机构；

（三）有特殊困难无力抚养子女的生父母。

第一千零九十八条 收养人应当同时具备下列条件：

（一）无子女或者只有一名子女；

（二）有抚养、教育和保护被收养人的能力；

（三）未患有在医学上认为不应当收养子女的疾病；

（四）无不利于被收养人健康成长的违法犯罪记录；

---

[1] 王利明：《中国民法典学者建议稿及立法理由·人格权编、婚姻家庭编、继承编》，法律出版社2005年版，第351~352页。

（五）年满三十周岁。

第一千一百条 无子女的收养人可以收养两名子女；有子女的收养人只能收养一名子女。

收养孤儿、残疾未成年人或者儿童福利机构抚养的查找不到生父母的未成年人，可以不受前款和本法第一千零九十八条第一项规定的限制。

第一千一百零一条 有配偶者收养子女，应当夫妻共同收养。

典型案例

王某甲与王某乙、王某丙、王某丁遗产继承纠纷案[①]

◎ 基本案情

王某甲的母亲蒋某某与王某某1992年结婚，2002年第一次离婚，约定各自子女各自抚养，复婚后又于2006年9月28日第二次办理了离婚登记，未涉及子女抚养问题。王某某与王某乙于2007年结婚，并于2012年病故。王某甲自1992年起与王某某共同生活，户口登记簿上显示为养女，但双方未在民政部门进行收养或解除收养关系的登记。王某某去世时没有留下遗嘱或遗赠协议，其第一顺序继承人包括其妻子王某乙、儿子王某丙和女儿王某丁。

王某某的遗产包括三处商业用房，建成时间分别为2010年、2000年和1999~2000年。其中一处房产是王某某与王某乙的夫妻共同财产。王某某生前有两笔贷款，分别于2006年和2010年所借，至2015年仍有部分欠款未还，这部分贷款由王某丙偿还。

◎ 裁判要点

王某甲不具有继承王某某遗产的资格，对王某甲的再审申请不予支持。

王某甲与王某某未形成收养关系，虽然1998年的户口登记簿中王某某为户主，王某甲为养女。然而，根据1992年施行的《收养法》及其

[①] 参见（2017）吉民申191号民事裁定书，载中国裁判文书网，最后访问时间：2025年4月24日。

1999年的修正案，收养关系需要生父母共同送养，并且需要订立书面协议。王某甲未能提供生父同意送养的证据，也未有书面收养协议。因此，根据《收养法》的规定，王某某与王某甲之间的收养行为不具备法律效力，故认定双方未形成收养关系。

王某甲不是王某某有扶养关系的继女，王某甲的母亲蒋某某与王某某结婚后，王某甲与王某某形成了继父与有扶养关系的继女关系。但在蒋某某与王某某离婚时，双方约定婚前个人所带子女由各自自行抚养，王某某明确表示不同意继续抚养王某甲。因此，王某甲与王某某之间的扶养关系解除。尽管蒋某某与王某某后来再次结婚，但王某甲未与王某某共同生活，且王某甲未能提供证据证明王某某承担了其花费。蒋某某与王某某再次离婚后，王某甲与王某某之间的继父女关系再次解除。

王某某去世时，王某甲既不属于养女，也不属于有扶养关系的继女，因此对王某某的遗产不享有继承权。

第一千一百零四条　收养送养自愿

> 收养人收养与送养人送养，应当双方自愿。收养八周岁以上未成年人的，应当征得被收养人的同意。

❋ 要点提示

根据平等自愿原则，达成收养合意须收养人与送养人双方自愿。收养人的同意主要指符合收养条件的收养人的同意，如有配偶者收养子女须征得其配偶的同意；送养人的同意主要指被收养人的生父母（包括已离婚的父母）同意，对于丧失父母的孤儿及查找不到生父母的未成年人，须根据具体情况征得孤儿的监护人或儿童福利机构的同意。

根据有利于被收养人原则，收养须经八周岁以上的被收养人同意。由于收养行为与被收养人终身利益密切相关，而且收养是原则上不得代理的身份行为，①但被收养人的同意不构成收养合意的意思表示，只是被收养人不同意会对收养合意造成法律障碍。

须严格区分收养契约关系与收养身份关系，收养契约关系的主体为收养人和送养人，而收养身份关系的主体为收养人和被收养人，收养契约关系的成立后，再经过收养登记才能在收养人与被收养人之间产生收养身份关系。本条的收养合意性质为达成收养契约的合意。因收养契约涉及被收养人的权利义务，故如果收养合意未征得被收养人的同意，会影响收养登记的办理，继而影响收养行为的成立。

关联规定

《民法典》（2020 年 5 月 28 日）

第五条 民事主体从事民事活动，应当遵循自愿原则，按照自己的意思设立、变更、终止民事法律关系。

第十六条 涉及遗产继承、接受赠与等胎儿利益保护的，胎儿视为具有民事权利能力。但是，胎儿娩出时为死体的，其民事权利能力自始不存在。

第十九条 八周岁以上的未成年人为限制民事行为能力人，实施民事法律行为由其法定代理人代理或者经其法定代理人同意、追认；但是，可以独立实施纯获利益的民事法律行为或者与其年龄、智力相适应的民事法律行为。

第二十条 不满八周岁的未成年人为无民事行为能力人，由其法定代理人代理实施民事法律行为。

第五十二条 被宣告死亡的人在被宣告死亡期间，其子女被他人依法收养的，在死亡宣告被撤销后，不得以未经本人同意为由主张收养行为无效。

第四百六十四条 合同是民事主体之间设立、变更、终止民事法律关系的协议。

---

① 史尚宽：《亲属法论》，中国政法大学出版社 2000 年版，第 592 页。

婚姻、收养、监护等有关身份关系的协议，适用有关该身份关系的法律规定；没有规定的，可以根据其性质参照适用本编规定。

典型案例

某区民政局与陈某某申请变更监护人案①

◎ 基本案情

吴某，2010 年 10 月 28 日出生，于 2011 年 8 月 22 日被收养。吴某为智力残疾三级，其养父母于 2012 年和 2014 年先后因病死亡，后由其养祖母陈某某作为监护人。除每月 500 余元农村养老保险及每年 2000 余元社区股份分红外，陈某某无其他经济收入来源，且陈某某年事已高并有疾病在身。吴某的外祖父母也年事已高亦无经济收入来源。2018 年起，陈某某多次向街道和某区民政局申请将吴某送往儿童福利机构养育、照料。为妥善做好吴某的后期监护，某区民政局依照《民法典》相关规定向人民法院申请变更吴某的监护人为民政部门，某区人民检察院出庭支持民政部门的变更申请。

◎ 裁判要点

生效裁判认为，被监护人吴某为未成年人，且智力残疾三级，养父母均已去世，陈某某作为吴某的养祖母，年事已高并有疾病在身，经济状况较差，已无能力抚养吴某。鉴于陈某某已不适宜继续承担吴某的监护职责，而吴某的外祖父母同样不具备监护能力，且陈某某同意将吴某的监护权变更给某区民政局。将吴某的监护人由陈某某变更为某区民政局不仅符合法律规定，还可以为吴某提供更好的生活、教育环境，更有利于吴某的健康成长。故判决自 2021 年 7 月 23 日起，吴某的监护人由陈某某变更为某区民政局。

---

① 参见中华人民共和国最高人民法院网站，https://www.court.gov.cn/zixun/xiangqing/347181.html，最后访问时间：2025 年 2 月 20 日。

第一千一百零五条　收养登记、收养公告、收养协议、收养公证、收养评估

> 收养应当向县级以上人民政府民政部门登记。收养关系自登记之日起成立。
>
> 收养查找不到生父母的未成年人的，办理登记的民政部门应当在登记前予以公告。
>
> 收养关系当事人愿意签订收养协议的，可以签订收养协议。
>
> 收养关系当事人各方或者一方要求办理收养公证的，应当办理收养公证。
>
> 县级以上人民政府民政部门应当依法进行收养评估。

要点提示

本条包含以下几条理解：

第一，收养登记为收养关系成立的形式要件，收养登记机关为县级以上人民政府民政部门。有配偶者双方都应亲自到场，一方不能亲自到场的，须出具经公证的委托收养书。年满八周岁以上的被收养人，也须亲自到场。

第二，"查找不到生父母的弃婴和儿童"因没有送养人，从保护未成年人利益出发，办理登记的民政部门应在办理收养登记前通过公告查找其生父母。此外，收养公告的主体为办理登记的民政部门，办理公告的主体、时间若不符合本条及《中国公民收养子女登记办法》第七条第二款规定的，而民政部门办理收养登记的，应当认定该收养登记行为违反了法定程序，应当予以撤销。[1]

第三，收养协议为有关身份协议，签订收养协议采任意主义，可由收养关系当事人自愿决定，收养协议不产生收养关系成立的法律效果，但对认定事实收养关系的成立具有辅证作用。

---

[1] 参见中华人民共和国最高人民法院网站，http://yxcpws.court.gov.cn/wspx/hundred/detail?oid=ac76b07f-229e-11ec-874a-286ed488c78e，最后访问时间：2025 年 3 月 27 日。

第四，收养公证由当事人自愿办理，但一方要求办理收养公证的，应当办理收养公证。收养公证不能替代收养登记、不产生收养关系成立的法律效果。公证机构发现登记证内容违反《民法典》中有关收养之规定的，应当拒绝公证。夫妻共同收养，一方因故不能亲自到场，另一方到场并提交经过公证的配偶的委托书的，视为亲自到场。

❀ 关联规定

1.《民法典》（2020 年 5 月 28 日）

　　第五十二条　被宣告死亡的人在被宣告死亡期间，其子女被他人依法收养的，在死亡宣告被撤销后，不得以未经本人同意为由主张收养行为无效。

　　第四百六十四条　合同是民事主体之间设立、变更、终止民事法律关系的协议。

　　婚姻、收养、监护等有关身份关系的协议，适用有关该身份关系的法律规定；没有规定的，可以根据其性质参照适用本编规定。

2.《未成年人保护法》（2024 年 4 月 26 日）

　　第九十九条　地方人民政府应当培育、引导和规范有关社会组织、社会工作者参与未成年人保护工作，开展家庭教育指导服务，为未成年人的心理辅导、康复救助、监护及收养评估等提供专业服务。

3.《家庭教育促进法》（2021 年 10 月 23 日）

　　第三十二条　婚姻登记机构和收养登记机构应当通过现场咨询辅导、播放宣传教育片等形式，向办理婚姻登记、收养登记的当事人宣传家庭教育知识，提供家庭教育指导。

4.《公证法》（2017 年 9 月 1 日）

　　第二十六条　自然人、法人或者其他组织可以委托他人办理公证，但遗嘱、生存、收养关系等应当由本人办理公证的除外。

5.《中国公民收养子女登记办法》（2023 年 7 月 20 日）

第二条 中国公民在中国境内收养子女或者协议解除收养关系的，应当依照本办法的规定办理登记。

办理收养登记的机关是县级人民政府民政部门。

第四条 收养社会福利机构抚养的查找不到生父母的弃婴、儿童和孤儿的，在社会福利机构所在地的收养登记机关办理登记。

收养非社会福利机构抚养的查找不到生父母的弃婴和儿童的，在弃婴和儿童发现地的收养登记机关办理登记。

收养生父母有特殊困难无力抚养的子女或者由监护人监护的孤儿的，在被收养人生父母或者监护人常住户口所在地（组织作监护人的，在该组织所在地）的收养登记机关办理登记。

收养三代以内同辈旁系血亲的子女，以及继父或者继母收养继子女的，在被收养人生父或者生母常住户口所在地的收养登记机关办理登记。

第五条 收养关系当事人应当亲自到收养登记机关办理成立收养关系的登记手续。

夫妻共同收养子女的，应当共同到收养登记机关办理登记手续；一方因故不能亲自前往的，应当书面委托另一方办理登记手续，委托书应当经过村民委员会或者居民委员会证明或者经过公证。

第六条 收养人应当向收养登记机关提交收养申请书和下列证件、证明材料：

（一）收养人的居民户口簿和居民身份证；

（二）由收养人所在单位或者村民委员会、居民委员会出具的本人婚姻状况和抚养教育被收养人的能力等情况的证明，以及收养人出具的子女情况声明；

（三）县级以上医疗机构出具的未患有在医学上认为不应当收养子女的疾病的身体健康检查证明。

收养查找不到生父母的弃婴、儿童的，并应当提交收养人经常居住地卫生健康主管部门出具的收养人生育情况证明；其中收养非社会福利机构抚养的查找不到生父母的弃婴、儿童的，收养人应当提交下列证明材料：

（一）收养人经常居住地卫生健康主管部门出具的收养人生育情况证明；

（二）公安机关出具的捡拾弃婴、儿童报案的证明。

收养继子女的，可以只提交居民户口簿、居民身份证和收养人与被收养人生父或者生母结婚的证明。

对收养人出具的子女情况声明，登记机关可以进行调查核实。

第七条 送养人应当向收养登记机关提交下列证件和证明材料：

（一）送养人的居民户口簿和居民身份证（组织作监护人的，提交其负责人的身份证件）；

（二）民法典规定送养时应当征得其他有抚养义务的人同意的，并提交其他有抚养义务的人同意送养的书面意见。

社会福利机构为送养人的，并应当提交弃婴、儿童进入社会福利机构的原始记录，公安机关出具的捡拾弃婴、儿童报案的证明，或者孤儿的生父母死亡或者宣告死亡的证明。

监护人为送养人的，并应当提交实际承担监护责任的证明，孤儿的父母死亡或者宣告死亡的证明，或者被收养人生父母无完全民事行为能力并对被收养人有严重危害的证明。

生父母为送养人，有特殊困难无力抚养子女的，还应当提交送养人有特殊困难的声明；因丧偶或者一方下落不明由单方送养的，还应当提交配偶死亡或者下落不明的证明。对送养人有特殊困难的声明，登记机关可以进行调查核实；子女由三代以内同辈旁系血亲收养的，还应当提交公安机关出具的或者经过公证的与收养人有亲属关系的证明。

被收养人是残疾儿童的，并应当提交县级以上医疗机构出具的该儿童的残疾证明。

第八条 收养登记机关收到收养登记申请书及有关材料后，应当自次日起30日内进行审查。对符合民法典规定条件的，为当事人办理收养登记，发给收养登记证，收养关系自登记之日起成立；对不符合民法典规定条件的，不予登记，并对当事人说明理由。

收养查找不到生父母的弃婴、儿童的，收养登记机关应当在登记前公告查找其生父母；自公告之日起满 60 日，弃婴、儿童的生父母或者其他监护人未认领的，视为查找不到生父母的弃婴、儿童。公告期间不计算在登记办理期限内。

第九条　收养关系成立后，需要为被收养人办理户口登记或者迁移手续的，由收养人持收养登记证到户口登记机关按照国家有关规定办理。

第十条　收养关系当事人协议解除收养关系的，应当持居民户口簿、居民身份证、收养登记证和解除收养关系的书面协议，共同到被收养人常住户口所在地的收养登记机关办理解除收养关系登记。

第十一条　收养登记机关收到解除收养关系登记申请书及有关材料后，应当自次日起 30 日内进行审查；对符合民法典规定的，为当事人办理解除收养关系的登记，收回收养登记证，发给解除收养关系证明。

第十二条　为收养关系当事人出具证明材料的组织，应当如实出具有关证明材料。出具虚假证明材料的，由收养登记机关没收虚假证明材料，并建议有关组织对直接责任人员给予批评教育，或者依法给予行政处分、纪律处分。

第十三条　收养关系当事人弄虚作假骗取收养登记的，收养关系无效，由收养登记机关撤销登记，收缴收养登记证。

第十四条　本办法规定的收养登记证、解除收养关系证明的式样，由国务院民政部门制订。

第十五条　华侨以及居住在香港、澳门、台湾地区的中国公民在内地收养子女的，申请办理收养登记的管辖以及所需要出具的证件和证明材料，按照国务院民政部门的有关规定执行。

6.《公证程序规则》（2020 年 10 月 20 日）

第十一条　当事人可以委托他人代理申办公证，但申办遗嘱、遗赠扶养协议、赠与、认领亲子、收养关系、解除收养关系、生存状况、委托、声明、保证及其他与自然人人身有密切关系的公证事项，应当由其本人亲自申办。

公证员、公证机构的其他工作人员不得代理当事人在本公证机构申办公证。

典型案例

赵某、张某1与王某、张某2等继承纠纷案[①]

◎ 裁判要旨

即使形成了事实收养关系，只要未经登记，第三人张某3就不具有法律上的"养子女"身份，不能以子女身份继承遗产。

◎ 基本案情

王某的女儿张某甲与赵某和张某1的长子张某乙是夫妻，他们于2001年2月15日结婚，2021年7月20日因交通事故双双去世。二人收养了张某3，共同生活了13年，但未办理正式收养手续。张某3的户口在张某乙名下的户口本上，目前和张某乙的父母赵某、张某1生活在一起。

张某甲和张某乙在2014年9月1日以28万元购买了一处房产。2022年1月23日，赵某在张某2的帮助下，将这处房产以33万元卖给了余某。其中4万元是看房当天通过中介支付的，剩余的29万元通过转账和现金存入张某2的银行账户。张某2随后取现并关闭了原账户，在同一银行的另一个分行开设了新账户，并将30余万元存入。截至2022年4月7日，该账户余额为92934.43元。在此期间，张某2在2022年2月10日从账户中支出13.6万元购买了一辆轿车，登记在他妻子代某名下。王某认为赵某和张某2在处理房产时未经其同意，并且之后有故意隐匿、侵吞、争抢遗产的行为，因此将赵某和张某2告上了一审法院。

◎ 裁判结果

被继承人张某甲、张某乙遗产为售房款330000元和工资款38000元共计368000元，王某在本案中应继承的遗产份额为184000元（368000元×50%），赵某、张某1各继承的遗产份额为55200元（368000元×15%），第三人张某3应分得73600元（368000元×20%）。因张某3目前仍跟随张某乙父母即赵某、张某1生活，故其分得的73600元暂由赵某、张某1代

[①] 参见（2022）豫13民终7887号民事判决书，载中国裁判文书网，最后访问时间：2025年4月24日。

为管理。

第三人张某 3 自出生便与张某乙、张某甲夫妇共同生活长达 13 年，户口登记在张某乙为户主的户口本内，虽然构成了事实上的收养，但未办理收养登记，不符合法律规定，该收养关系不成立，因此张某 3 在本案中不具有法律上的"养子女"身份，不属于拟制"继承人"的身份概念。但为引导全社会形成尊老爱幼、互帮互助的良好风尚，而且本案中张某 3 长期跟随张某乙一家生活，生活上有较大的依赖性，属于继承人以外但依靠被继承人扶养的范畴，应适当分给遗产。

遗产应分别由张某甲第一顺位继承人王某和张某乙第一顺位继承人赵某、张某 1 继承。但赵某在未征得该房产其他继承人即王某同意的情况下，擅自处置该房产，且在变卖后没有及时、如实告知变卖情况，将售房款协商分割，损害了王某的合法继承权，应酌情减少其应继承的遗产。

第一千一百零六条　被收养人户口登记

收养关系成立后，公安机关应当按照国家有关规定为被收养人办理户口登记。

◆ 要点提示

本条包含以下几点内容：

第一，我国实行户籍制度，建立户口登记制度以实现户籍制度的人口登记管理功能。收养关系的成立将使养父母与养子女之间产生拟制的父母子女关系，故收养会引起户口变动。

第二，明确规定办理户口登记是在"收养关系成立后"。根据《中国公民收养子女登记办法》第九条"收养关系成立后，需要为被收养人办理户口登记或者迁移手续的，由收养人持收养登记证到户口登记机关按照国家有关规定办理"。收养登记为收养关系成立的形式要件，办理收养登记的法定机关为县级以上人民政府民政部门；而户口登记并不产生收养关系成立的效力，收养人若仅为被收养人办理户口登记而未办理收养登记，除非构成事实上的收养关系，否则收养关系并不成立。[1]

第三，被收养人的户口登记虽不产生收养关系成立的效力，但户口登记为收养人公法上之义务，[2] 具有证明的效力，可用于进一步佐证当事人之间已形成事实上的收养关系。[3] 若收养行为发生在《收养法》施行前，虽未办理相关收养手续，如确以养父母与养子女关系长期共同生活的，可认定为形成事实上的收养关系。

关联规定

1.《民法典》（2020年5月28日）

第一千一百零五条　收养应当向县级以上人民政府民政部门登记。收养关系自登记之日起成立。

收养查找不到生父母的未成年人的，办理登记的民政部门应当在登记前予以公告。

收养关系当事人愿意签订收养协议的，可以签订收养协议。

收养关系当事人各方或者一方要求办理收养公证的，应当办理收养公证。

县级以上人民政府民政部门应当依法进行收养评估。

2.《户口登记条例》（1958年1月9日）

第三条　户口登记工作，由各级公安机关主管。

城市和设有公安派出所的镇，以公安派出所管辖区为户口管辖区；乡和不设公安派出所的镇，以乡、镇管辖区为户口管辖区。乡、镇人民委员会和公安派出所为户口登记机关。

居住在机关、团体、学校、企业、事业等单位内部和公共宿舍的户

---

[1] 参见（2019）苏1283民初8860号民事判决书，（2020）湘0725民初1465号民事判决书，（2020）渝0101民初7117号民事判决书，载中国裁判文书网，最后访问时间：2025年4月24日。

[2] 史尚宽：《亲属法论》，中国政法大学出版社2000年版，第605页。

[3] 参见（2018）最高法行再58号行政判决书，载中国裁判文书网，最后访问时间：2025年4月24日。

口，由各单位指定专人，协助户口登记机关办理户口登记；分散居住的户口，由户口登记机关直接办理户口登记。

居住在军事机关和军人宿舍的非现役军人的户口，由各单位指定专人，协助户口登记机关办理户口登记。

农业、渔业、盐业、林业、牧畜业、手工业等生产合作社的户口，由合作社指定专人，协助户口登记机关办理户口登记。合作社以外的户口，由户口登记机关直接办理户口登记。

3.《中国公民收养子女登记办法》（2023 年 7 月 20 日）

第九条 收养关系成立后，需要为被收养人办理户口登记或者迁移手续的，由收养人持收养登记证到户口登记机关按照国家有关规定办理。

典型案例

王某 1 与王某 2 解除收养关系纠纷案[①]

◎ 基本案情

王某 1 系王某 2 养女。王某 2 原配妻子杨某于 2016 年 1 月 9 日去世。2017 年 5 月 12 日，王某 2 与案外人王某 3 再婚。因王某 2 再婚问题，王某 1 与王某 3、王某 2 产生矛盾。王某 2 及王某 3 目前未与王某 1 在一起居住。王某 2 曾于 2020 年诉至法院，要求解除与王某 1 之间的收养关系，后法院作出（2020）京××××民初 32622 号民事判决，判决解除王某 2 与王某 1 之间的收养关系。后王某 1 不服该判决提起上诉。

◎ 裁判要点

王某 2 在王某 1 年幼时将其收养为女，虽未办理相关收养手续，但其行为发生在《收养法》实施之前，王某 2 收养王某 1 并将其抚养成人，已形成事实上的收养关系。现王某 2 与王某 1 因王某 2 再婚等问题产生矛盾且分开居住多年，此次亦系王某 2 第二次诉至法院要求解除其与王某 1 间

---

① 参见（2021）京 01 民终 5282 号民事判决书，载中国裁判文书网，最后访问时间：2025 年 4 月 24 日。

的收养关系，考虑到双方在上一次诉讼后关系并无明显改善，经法院调解王某2仍坚持其诉讼主张，王某1的上诉请求不能成立，应予驳回，维持一审判决结果。

第一千一百零七条 抚养

孤儿或者生父母无力抚养的子女，可以由生父母的亲属、朋友抚养；抚养人与被抚养人的关系不适用本章规定。

要点提示

第一，本条对抚养人及被抚养人的范围均作了限制，分别为"生父母的亲属、朋友"及"孤儿或者生父母无力抚养的子女"，故对于"查找不到生父母的未成年人"不能成为本条被抚养的对象。

第二，抚养与收养具有本质区别，抚养人和被抚养人间并未产生收养合意，抚养并不具备创设或变更亲属身份关系的法律效力。故被抚养人与抚养人间不因抚养行为的成立而产生拟制的父母子女权利义务关系，与抚养人近亲属也不产生法律上近亲属间的权利义务关系，被抚养人与其生父母及其他近亲属的权利义务也不因抚养行为的成立而消灭。根据《民法典》第二十七条第三款规定，抚养关系的成立将使抚养人成为被抚养人的监护人，承担监护责任。抚养与收养为两种不同的法律关系，抚养人及被抚养人的资格条件不受收养章节规定的限制。

在立法体系中，除收养和抚养外，还存在家庭寄养制度，但与本条规定的抚养跟家庭寄养制度在主体、程序上存在明显不同。

第三，本条虽为生父母亲属、朋友抚养其子女的规定，但根据本条成立的抚养关系并不排斥未来可能存在的收养关系。

关联规定

《民法典》（2020年5月28日）

第一千零四十五条 亲属包括配偶、血亲和姻亲。

配偶、父母、子女、兄弟姐妹、祖父母、外祖父母、孙子女、外孙子女为近亲属。

配偶、父母、子女和其他共同生活的近亲属为家庭成员。

第一千零六十七条 父母不履行抚养义务的,未成年子女或者不能独立生活的成年子女,有要求父母给付抚养费的权利。

成年子女不履行赡养义务的,缺乏劳动能力或者生活困难的父母,有要求成年子女给付赡养费的权利。

第一千零七十四条 有负担能力的祖父母、外祖父母,对于父母已经死亡或者父母无力抚养的未成年孙子女、外孙子女,有抚养的义务。

有负担能力的孙子女、外孙子女,对于子女已经死亡或者子女无力赡养的祖父母、外祖父母,有赡养的义务。

第一千零七十五条 有负担能力的兄、姐,对于父母已经死亡或者父母无力抚养的未成年弟、妹,有扶养的义务。

由兄、姐扶养长大的有负担能力的弟、妹,对于缺乏劳动能力又缺乏生活来源的兄、姐,有扶养的义务。

典型案例

高某甲与高某乙、郭某某收养关系纠纷案[①]

◎ **基本案情**

被告因家庭困难无力抚养,自7岁起即被父母从河南老家送至二原告处抚养生活至23岁。另,被告系原告郭某某的侄女。二原告供其上学至大学毕业,并安排工作,为其购买城市户口、交付购房首付款、单位集资款等支出大笔现金。后被告因与二原告缺乏交流、沟通,关系恶化,无法共同生活。2013年10月3日,原、被告因琐事再次发生争执,遂签订《脱离收养关系协议》。之后二原告对被告彻底失望,故起诉被告履行上述协议。

[①] 参见(2019)甘民申2032号民事裁定书,载中国裁判文书网,最后访问时间:2025年4月24日。

◎ **裁判要点**

原、被告间形成了事实上的抚养关系而非收养关系。原、被告间的收养关系发生在《收养法》施行后，该法规定收养人收养被收养人时应当无子女。而二原告收养被告时已育有一子，故原、被告间的收养关系不成立。根据《收养法》第十七条"孤儿或者生父母无力抚养的子女，可以由生父母的亲属、朋友抚养。抚养人与被抚养人的关系不适用收养关系"的规定，被告系原告郭某某的侄女，被告生父母与原告郭某某存在亲属关系，故可形成抚养关系。

第一千一百零八条　抚养优先权

配偶一方死亡，另一方送养未成年子女的，死亡一方的父母有优先抚养的权利。

❋ **要点提示**

第一，行使抚养优先权的条件包括：1. 未成年子女的父母一方死亡，另一方不具备抚养能力，欲送养其未成年子女；2. 死亡一方配偶的父母具备监护和抚养能力，能抚养、教育和保护未成年子女；3. 死亡一方配偶的父母愿意抚养，由于优先抚养权为一项民事权利，权利人可根据自由处分的原则选择行使或放弃该项权利。

第二，从保护未成年人利益出发，优先抚养权的行使，原则上也须征得已满八周岁的未成年子女的同意。[①]

第三，在亲属关系上，由于抚养不产生拟制效力，且直系亲属不能建立收养关系，死亡一方配偶的父母与未成年人子女之间仍为近亲属关系；由于抚养也不产生解除效力，生存一方配偶与未成年子女仍存在父母子女关系。

---

① 参见（2015）齐赵民初字第1123号民事判决书，载中国裁判文书网，最后访问时间：2025年4月24日。

第四，优先抚养权的行使总体上须把握有利于未成年人利益的原则。

关联规定

《民法典》（2020 年 5 月 28 日）

第一千零六十七条 父母不履行抚养义务的，未成年子女或者不能独立生活的成年子女，有要求父母给付抚养费的权利。

成年子女不履行赡养义务的，缺乏劳动能力或者生活困难的父母，有要求成年子女给付赡养费的权利。

第一千零九十四条 下列个人、组织可以作送养人：

（一）孤儿的监护人；

（二）儿童福利机构；

（三）有特殊困难无力抚养子女的生父母。

第一千零九十七条 生父母送养子女，应当双方共同送养。生父母一方不明或者查找不到的，可以单方送养。

典型案例

金某、周某变更抚养关系纠纷案[1]

◎ 基本案情

金某和周某于 2020 年调解离婚，婚生女小周在金某、周某离婚后被周某送至建昌的母亲家生活，而周某仍在沈阳市工作。2017 年，小周在金某和周某共同生活期间受伤，当时周某在外打工。小周的脸部外伤是由周某的母亲造成的，故金某将小周从周某父母家带走。金某认为周某常年在外、小周事实上由周某父母抚养，但金某有抚养能力，故祖父母不能优先抚养子女，起诉要求变更小周抚养权。

◎ 裁判要点

金某主张变更抚养关系缺乏事实及法律依据，本院不予支持。

---

[1] 参见（2021）辽 14 民终 2941 号民事判决书，载中国裁判文书网，最后访问时间：2025 年 4 月 24 日。

金某提供的录音、视频资料及照片不足以证明周某存在虐待孩子的行为，周某因工作原因将孩子交由其父母照看也并不意味着其不尽抚养义务，不属于祖父母要求优先抚养子女的情形。离婚后，金某与周某的经济条件及抚养能力均未有重大变化，孩子的生活环境也逐渐稳定，出于有利子女健康成长考虑，不宜变更其生活环境。

第一千一百零九条　涉外收养

外国人依法可以在中华人民共和国收养子女。

外国人在中华人民共和国收养子女，应当经其所在国主管机关依照该国法律审查同意。收养人应当提供由其所在国有权机构出具的有关其年龄、婚姻、职业、财产、健康、有无受过刑事处罚等状况的证明材料，并与送养人签订书面协议，亲自向省、自治区、直辖市人民政府民政部门登记。

前款规定的证明材料应当经收养人所在国外交机关或者外交机关授权的机构认证，并经中华人民共和国驻该国使领馆认证，但是国家另有规定的除外。

❋ 要点提示

本条是关于外国人在华收养子女的程序性规定，包含以下内容：

第一，对本条"外国人"的范畴应作扩大理解，不仅包括在中国境外的外国人在中国收养子女，也包括在中国境内的外国人在中国收养子女。

第二，收养的条件，根据《外国人在中华人民共和国收养子女登记办法》第三条规定，我国采取以适用被收养人本国法即中国法为主，并以适用收养人的本国法为辅的法律适用方式。

第三，收养的手续，适用收养人和被收养人经常居所地法律。[①] 外国

---

① 《涉外民事关系法律适用法》第二十八条。

人在华收养子女的，该收养人应当与送养人订立书面协议，亲自向省级人民政府民政部门登记。一般收养关于是否签订收养协议采任意主义，可由收养关系当事人自愿决定。① 值得注意的是，收养人夫妻一方为外国人，在华收养子女，也应根据本条办理登记。② 涉外收养登记须由收养人与送养人亲自办理，根据相关法规，对于夫妻共同收养的，一方因故不能来华的，应书面委托另一方，且委托书应经所在国公证和认证。③ 此外，收养人提供由其所在国有权机构出具的有关其年龄、婚姻、职业、财产、健康、有无受过刑事处罚等状况的证明材料，原则上也须经所在国公证和认证。

❖ 关联规定

1.《民法典》（2020 年 5 月 28 日）

第一百三十五条　民事法律行为可以采用书面形式、口头形式或者其他形式；法律、行政法规规定或者当事人约定采用特定形式的，应当采用特定形式。

2.《涉外民事关系法律适用法》（2010 年 10 月 28 日）

第二十八条　收养的条件和手续，适用收养人和被收养人经常居所地法律。收养的效力，适用收养时收养人经常居所地法律。收养关系的解除，适用收养时被收养人经常居所地法律或者法院地法律。

3.《外国人在中华人民共和国收养子女登记办法》（2024 年 12 月 6 日）

第一条　为了规范涉外收养登记行为，根据《中华人民共和国民法典》（以下简称民法典），制定本办法。

第二条　外国人在中华人民共和国境内收养子女（以下简称外国人在华收养子女），应当依照本办法办理登记。

---

① 《民法典》第一千一百零五条。
② 参见《外国人在中华人民共和国收养子女登记办法》第二条第二款。
③ 参见《外国人在中华人民共和国收养子女登记办法》第八条。

收养人夫妻一方为外国人,在华收养子女,也应当依照本办法办理登记。

第三条 外国人在华收养子女,应当符合中国有关收养法律的规定,并应当符合收养人所在国有关收养法律的规定;因收养人所在国法律的规定与中国法律的规定不一致而产生的问题,由两国政府有关部门协商处理。

第四条 外国人在华收养子女,应当通过所在国政府或者政府委托的收养组织(以下简称外国收养组织)向中国政府委托的收养组织(以下简称中国收养组织)转交收养申请并提交收养人的家庭情况报告和证明。

前款规定的收养人的收养申请、家庭情况报告和证明,是指由其所在国有权机构出具,经其所在国外交机关或者外交机关授权的机构认证,并经中华人民共和国驻该国使馆或者领馆认证的,或者履行中华人民共和国缔结或者参加的国际条约规定的证明手续的下列文件:

(一)跨国收养申请书;

(二)出生证明;

(三)婚姻状况证明;

(四)职业、经济收入和财产状况证明;

(五)身体健康检查证明;

(六)有无受过刑事处罚的证明;

(七)收养人所在国主管机关同意其跨国收养子女的证明;

(八)家庭情况报告,包括收养人的身份、收养的合格性和适当性、家庭状况和病史、收养动机以及适合于照顾儿童的特点等。

在华工作或者学习连续居住一年以上的外国人在华收养子女,应当提交前款规定的除身体健康检查证明以外的文件,并应当提交在华所在单位或者有关部门出具的婚姻状况证明,职业、经济收入或者财产状况证明,有无受过刑事处罚证明以及县级以上医疗机构出具的身体健康检查证明。

第七条 中国收养组织对外国收养人的收养申请和有关证明进行审查后,应当在省、自治区、直辖市人民政府民政部门报送的符合民法典规定条件的被收养人中,参照外国收养人的意愿,选择适当的被收养人,并将该被收养人及其送养人的有关情况通过外国政府或者外国收养组织送交外国收养人。外国收养人同意收养的，中国收养组织向其发出来华收养子女通知书，同时通知有关的省、自治区、直辖市人民政府民政部门向送养人发出被收养人已被同意收养的通知。

第八条 外国人来华收养子女，应当亲自来华办理登记手续。夫妻共同收养的，应当共同来华办理收养手续；一方因故不能来华的，应当书面委托另一方。委托书应当经所在国公证和认证。中华人民共和国缔结或者参加的国际条约另有规定的，按照国际条约规定的证明手续办理。

收养人对外国主管机关依据本办法第四条第二款和前款提及的国际条约出具的证明文书的真实性负责，签署书面声明，并承担相应法律责任。

第九条 外国人来华收养子女，应当与送养人订立书面收养协议。协议一式三份，收养人、送养人各执一份，办理收养登记手续时收养登记机关收存一份。

书面协议订立后，收养关系当事人应当共同到被收养人常住户口所在地的省、自治区、直辖市人民政府民政部门办理收养登记。

第十条 收养关系当事人办理收养登记时，应当填写外国人来华收养子女登记申请书并提交收养协议，同时分别提供有关材料。

收养人应当提供下列材料：

（一）中国收养组织发出的来华收养子女通知书；

（二）收养人的身份证件和照片。

送养人应当提供下列材料：

（一）省、自治区、直辖市人民政府民政部门发出的被收养人已被同意收养的通知；

（二）送养人的居民户口簿和居民身份证（社会福利机构作送养人的，为其负责人的身份证件）、被收养人的照片。

第十一条 收养登记机关收到外国人来华收养子女登记申请书和收养人、被收养人及其送养人的有关材料后，应当自次日起7日内进行审查，对符合本办法第十条规定的，为当事人办理收养登记，发给收养登记证书。收养关系自登记之日起成立。

收养登记机关应当将登记结果通知中国收养组织。

4.《华侨以及居住在港澳台地区的中国公民办理收养登记的管辖以及所需出具证明材料的规定》（1999年5月25日）

第二条 华侨以及居住在香港、澳门、台湾地区的中国公民在内地收养子女的，应当到被收养人常住户口所在地的直辖市、设区的市、自治州人民政府民政部门或者地区（盟）行政公署民政部门申请办理收养登记。

第三条 居住在已与中国建立外交关系国家的华侨申请办理成立收养关系的登记时，应当提交收养申请书和下列证件、证明材料：

（一）护照；

（二）收养人居住国有权机构出具的收养人的年龄、婚姻、有无子女、职业、财产、健康、有无受过刑事处罚等状况的证明材料，该证明材料应当经其居住国外交机关或者外交机关授权的机构认证，并经中国驻该国使领馆认证。

第四条 居住在未与中国建立外交关系国家的华侨申请办理成立收养关系的登记时，应当提交收养申请书和下列证件、证明材料：

（一）护照；

（二）收养人居住国有权机构出具的收养人的年龄、婚姻、有无子女、职业、财产、健康、有无受过刑事处罚等状况的证明材料，该证明材料应当经其居住外交机关或者外交机关授权的机构认证，并经已与中国建立外交关系的国家驻该国使领馆认证。

第五条 香港居民中的中国公民申请办理成立收养关系的登记时，应当提交收养申请书和下列证件、证明材料：

（一）香港居民身份证、香港居民来往内地通行证或者香港同胞回乡证；

（二）经国家主管机关委托的香港委托公证人证明的收养人的年龄、婚姻、有无子女、职业、财产、健康、有无受过刑事处罚等状况的证明材料。

第六条 澳门居民中的中国公民申请办理成立收养关系的登记时，应当提交收养申请书和下列证件、证明材料：

（一）澳门居民身份证、澳门居民来往内地通行证或者澳门同胞回乡证；

（二）澳门地区有权机构出具的收养人的年龄、婚姻、有无子女、职业、财产、健康、有无受过刑事处罚等状况的证明材料。

第七条 台湾居民申请办理成立收养关系的登记时，应当提交收养申请书和下列证件、证明材料：

（一）在台湾地区居住的有效证明；

（二）中华人民共和国主管机关签发或签注的在有效期内的旅行证件；

（三）经台湾地区公证机构公证的收养人的年龄、婚姻、有无子女、职业、财产、健康、有无受过刑事处罚等状况的证明材料。

典型案例

沃某、孙某1等继承纠纷案[①]

◎ **基本案情**

孙某7和康某是夫妻，育有女儿孙某6。孙某6和赵某2在澳大利亚育有一女赵某（后更名为沃某）。孙某6被赵某2杀害，康某因此案造成颅脑损伤而成植物人。赵某2被判无期徒刑，澳大利亚法院撤销了对沃某的保护令，指定米某和罗某为沃某监护人。康某于2019年去世，孙某7于2020年去世。孙某7去世前将银行卡交给孙某2（孙某7二哥的儿子）保管，孙某2取出811482.64元。孙某5（孙某7大哥的儿子）代保管其中的10万元。孙某7的兄弟姐妹与沃某之间产生遗产继承争议。

◎ **裁判要点**

沃某的继承权问题：沃某不是米某和罗某的法定收养子女，因为缺少必要的收养程序和文件。沃某作为孙某7和康某的外孙女，根据代位继承原则，有权继承孙某7和康某的遗产。

[①] 参见（2021）辽01民终12061号民事判决书，载中国裁判文书网，最后访问时间：2025年4月24日。

孙某2的遗产分配问题：孙某2在康某去世后照顾孙某7，可以分得适当的遗产，酌定为100000元。

遗产分割问题：孙某7和康某名下的银行存款共计811482.64元，其中一半属于康某的遗产。康某的遗产由孙某7、张某（康某的母亲）和沃某继承，张某分得135247.11元。孙某7去世时，其遗产由孙某2和沃某继承，孙某2分得100000元，沃某分得440988.43元。沃某总共分得孙某7和康某的遗产576235.53元。

第一千一百一十条　收养保密义务

收养人、送养人要求保守收养秘密的，其他人应当尊重其意愿，不得泄露。

❀ 要点提示

首先，收养秘密属于个人隐私，隐私权作为一项具体人格权受法律保护，任何组织和个人不得侵害。[1] 通常认为收养秘密指收养人和送养人不愿公开的、有关收养关系当事人的信息和收养发生的事实，前者包括被收养人的背景信息和收养过程中的信息、收养人的条件信息、送养人的信息等。[2]

其次，在收养人、送养人要求保守收养秘密的，其他人违反保密义务的，应承担侵犯隐私权的法律责任。但对于知情人不具有泄露收养秘密的过错，且相关收养主体也未因此产生一定的损害后果，相关知情人不承担侵犯隐私权的法律责任。[3] 另外，《收养登记工作规范》第四十八条规定，

---

[1] 《民法典》第九百九十条："人格权是民事主体享有的生命权、身体权、健康权、姓名权、名称权、肖像权、名誉权、荣誉权、隐私权等权利。除前款规定的人格权外，自然人享有基于人身自由、人格尊严产生的其他人格权益。"

[2] 孙文灿：《浅析收养秘密的保守与公开——谈对〈中华人民共和国收养法〉第22条的理解》，载《社会福利》2007年第7期。

[3] 参见（2019）浙0105民初4532号民事判决书，载中国裁判文书网，最后访问时间：2025年4月24日。

收养登记机关及其收养登记员泄露当事人收养秘密并造成严重后果的，对直接负责的主管人员和其他直接责任人员依法给予行政处分。

再次，隐私权的行使具有边界，如在继承纠纷案中，认定收养关系是否成立为被收养人是否享有继承收养人遗产的关键，故此时被收养人不能以侵犯自己隐私权为由否定他人通过合法途径（诉讼）行使其合法继承权。[①]

最后，收养保密义务跟被收养人的知情权可能存在冲突。《民法典》第一千一百零五条规定，收养八周岁以上未成年人的，应当征得被收养人的同意，客观上也是对于被收养人知情权的一种事先保护。

关联规定

《民法典》（2020年5月28日）

第一百一十条 自然人享有生命权、身体权、健康权、姓名权、肖像权、名誉权、荣誉权、隐私权、婚姻自主权等权利。

法人、非法人组织享有名称权、名誉权和荣誉权。

第九百九十条 人格权是民事主体享有的生命权、身体权、健康权、姓名权、名称权、肖像权、名誉权、荣誉权、隐私权等权利。

除前款规定的人格权外，自然人享有基于人身自由、人格尊严产生的其他人格权益。

第九百九十五条 人格权受到侵害的，受害人有权依照本法和其他法律的规定请求行为人承担民事责任。受害人的停止侵害、排除妨碍、消除危险、消除影响、恢复名誉、赔礼道歉请求权，不适用诉讼时效的规定。

第一千零三十二条 自然人享有隐私权。任何组织或者个人不得以刺探、侵扰、泄露、公开等方式侵害他人的隐私权。

隐私是自然人的私人生活安宁和不愿为他人知晓的私密空间、私密活动、私密信息。

[①] 参见（2018）鲁14民终3078号民事判决书，载中国裁判文书网，最后访问时间：2025年4月24日。

第一千零三十三条 除法律另有规定或者权利人明确同意外，任何组织或者个人不得实施下列行为：

（一）以电话、短信、即时通讯工具、电子邮件、传单等方式侵扰他人的私人生活安宁；

（二）进入、拍摄、窥视他人的住宅、宾馆房间等私密空间；

（三）拍摄、窥视、窃听、公开他人的私密活动；

（四）拍摄、窥视他人身体的私密部位；

（五）处理他人的私密信息；

（六）以其他方式侵害他人的隐私权。

第一千零三十四条 自然人的个人信息受法律保护。

个人信息是以电子或者其他方式记录的能够单独或者与其他信息结合识别特定自然人的各种信息，包括自然人的姓名、出生日期、身份证件号码、生物识别信息、住址、电话号码、电子邮箱、健康信息、行踪信息等。

个人信息中的私密信息，适用有关隐私权的规定；没有规定的，适用有关个人信息保护的规定。

第一千零三十八条 信息处理者不得泄露或者篡改其收集、存储的个人信息；未经自然人同意，不得向他人非法提供其个人信息，但是经过加工无法识别特定个人且不能复原的除外。

信息处理者应当采取技术措施和其他必要措施，确保其收集、存储的个人信息安全，防止信息泄露、篡改、丢失；发生或者可能发生个人信息泄露、篡改、丢失的，应当及时采取补救措施，按照规定告知自然人并向有关主管部门报告。

第一千零三十九条 国家机关、承担行政职能的法定机构及其工作人员对于履行职责过程中知悉的自然人的隐私和个人信息，应当予以保密，不得泄露或者向他人非法提供。

典型案例

赵某某与刘某法定继承纠纷案①

◎ **基本案情**

原告与被继承人刘某甲于1996年1月12日结婚，未生育子女。

刘某甲领养了被告刘某，有县计划生育局和镇计划生育办公室出具的两份证明。刘某甲于2011年3月5日去世，留下位于某县的婚前个人财产，包括5间正房。原告主张全部继承房屋，而被告刘某主张其有继承权。

◎ **裁判要点**

被继承人名下的正房5间，由原、被告各分得50%份额，法院酌定由原告继承东侧两间半房屋及对应院落，被告继承西侧两间半房屋及对应院落。

根据法律规定，收养应当向县级以上人民政府民政部门登记。收养关系自登记之日起成立。而庭审中被告提交了两份由县计划生育局和镇计划生育办公室共同出具的证明，表明镇级政府民政部门及县级民政部门对被继承人刘某甲收养被告刘某的事实知情，确认双方形成了收养关系，故被告刘某作为被继承刘某甲养子应具有相应继承权。

根据法律规定，继承开始后，没有遗嘱的，按照法定继承办理。本案中，刘某甲于2011年3月5日去世，生前未留有遗嘱，故按照法定继承办理，刘某甲生前个人财产应由原告赵某某、被告刘某依法继承。

---

① 参见（2024）冀10民终3015号民事判决书，载中国裁判文书网，最后访问时间：2025年4月24日。

第二节 收养的效力

第一千一百一十一条　收养效力

自收养关系成立之日起,养父母与养子女间的权利义务关系,适用本法关于父母子女关系的规定;养子女与养父母的近亲属间的权利义务关系,适用本法关于子女与父母的近亲属关系的规定。

养子女与生父母以及其他近亲属间的权利义务关系,因收养关系的成立而消除。

要点提示

第一,收养拟制效力:收养成立后,收养人与被收养人之间即确立养父母与养子女的身份关系,养子女取得了相同于养父母婚生子女的身份与地位,养父母取得了相同于养子女生父母的身份与地位。具体包含:(1)养父母有扶养教育养子女的权利和义务,不得虐待、遗弃养子女。当养父母不履行扶养义务时,未成年的或者不能独立生活的养子女有要求养父母给付扶养费的权利。(2)养父母有教育和保护未成年养子女的权利和义务。未成年人养子女对他人造成损害的,养父母应当依法承担民事责任。(3)养子女对养父母有赡养扶助的义务。成年养子女不履行赡养义务时,无劳动能力或者生活困难的养父母有要求成年养子女给付赡养费的权利。(4)养父母与养子女有相互继承遗产的权利,互为第一顺序法定继承人。

第二,收养的解消效力:收养成立后,养子女与生父母以及其他近亲属间的权利义务关系消除。但被收养人与原有亲属间的自然血亲关系是客观存在的,并不受收养关系的影响,在法律上仍继续发生作用,如禁止近亲结婚的规定,在被收养人与其直系血亲和三代内的旁系血亲间仍然适用。

关联规定

1.《民法典》(2020年5月28日)

第二十七条　父母是未成年子女的监护人。

未成年人的父母已经死亡或者没有监护能力的,由下列有监护能力的人按顺序担任监护人:

(一) 祖父母、外祖父母;

(二) 兄、姐;

(三) 其他愿意担任监护人的个人或者组织,但是须经未成年人住所地的居民委员会、村民委员会或者民政部门同意。

第五十二条　被宣告死亡的人在被宣告死亡期间,其子女被他人依法收养的,在死亡宣告被撤销后,不得以未经本人同意为由主张收养行为无效。

第一百一十二条　自然人因婚姻家庭关系等产生的人身权利受法律保护。

第一千零四十五条　亲属包括配偶、血亲和姻亲。

配偶、父母、子女、兄弟姐妹、祖父母、外祖父母、孙子女、外孙子女为近亲属。

配偶、父母、子女和其他共同生活的近亲属为家庭成员。

第一千零六十七条　父母不履行抚养义务的,未成年子女或者不能独立生活的成年子女,有要求父母给付抚养费的权利。

成年子女不履行赡养义务的,缺乏劳动能力或者生活困难的父母,有要求成年子女给付赡养费的权利。

第一千零六十八条　父母有教育、保护未成年子女的权利和义务。未成年子女造成他人损害的,父母应当依法承担民事责任。

第一千零六十九条　子女应当尊重父母的婚姻权利,不得干涉父母离婚、再婚以及婚后的生活。子女对父母的赡养义务,不因父母的婚姻关系变化而终止。

第一千零七十条　父母和子女有相互继承遗产的权利。

第一千零七十四条 有负担能力的祖父母、外祖父母，对于父母已经死亡或者父母无力抚养的未成年孙子女、外孙子女，有抚养的义务。

有负担能力的孙子女、外孙子女，对于子女已经死亡或者子女无力赡养的祖父母、外祖父母，有赡养的义务。

第一千零七十五条 有负担能力的兄、姐，对于父母已经死亡或者父母无力抚养的未成年弟、妹，有扶养的义务。

由兄、姐扶养长大的有负担能力的弟、妹，对于缺乏劳动能力又缺乏生活来源的兄、姐，有扶养的义务。

第一千一百二十七条 遗产按照下列顺序继承：

（一）第一顺序：配偶、子女、父母；

（二）第二顺序：兄弟姐妹、祖父母、外祖父母。

继承开始后，由第一顺序继承人继承，第二顺序继承人不继承；没有第一顺序继承人继承的，由第二顺序继承人继承。

本编所称子女，包括婚生子女、非婚生子女、养子女和有扶养关系的继子女。

本编所称父母，包括生父母、养父母和有扶养关系的继父母。

本编所称兄弟姐妹，包括同父母的兄弟姐妹、同父异母或者同母异父的兄弟姐妹、养兄弟姐妹、有扶养关系的继兄弟姐妹。

第一千一百二十八条 被继承人的子女先于被继承人死亡的，由被继承人的子女的直系晚辈血亲代位继承。

被继承人的兄弟姐妹先于被继承人死亡的，由被继承人的兄弟姐妹的子女代位继承。

代位继承人一般只能继承被代位继承人有权继承的遗产份额。

2.《最高人民法院关于适用〈中华人民共和国民法典〉继承编的解释（一）》（2020年12月29日）

第十条 被收养人对养父母尽了赡养义务，同时又对生父母扶养较多的，除可以依照民法典第一千一百二十七条的规定继承养父母的遗产外，还可以依照民法典第一千一百三十一条的规定分得生父母适当的遗产。

第十二条 养子女与生子女之间、养子女与养子女之间,系养兄弟姐妹,可以互为第二顺序继承人。

被收养人与其亲兄弟姐妹之间的权利义务关系,因收养关系的成立而消除,不能互为第二顺序继承人。

第十五条 被继承人的养子女、已形成扶养关系的继子女的生子女可以代位继承;被继承人亲生子女的养子女可以代位继承;被继承人养子女的养子女可以代位继承;与被继承人已形成扶养关系的继子女的养子女也可以代位继承。

典型案例

郑某某与某经济开发区管理委员会房屋拆迁补偿纠纷案[①]

◎ 基本案情

再审申请人郑某某于1982年6月出生后被生父母郑某甲夫妇送养给郑某乙夫妇,其户籍从出生至2004年前一直落户在养父母所在地,在养父母家生活22年,形成了事实收养关系。其养父母相继去世后,郑某某自行将其户籍迁至生父母所在的某经济开发区。2012年9月,郑某甲家老房屋拆迁,但2014年某经济开发区管理委员会以郑某某不符合原户安置的条件为由,拒绝给予郑某某搬迁安置,郑某某提起行政诉讼,请求判令某经济开发区管理委员会按照原户的条件给予郑某某搬迁安置。

◎ 裁判要点

郑某某不符合原户安置的条件,判决驳回郑某某的诉讼请求。郑某某与其养父母成立事实收养关系,根据《收养法》第二十三条的规定,郑某某与其生父母的权利义务关系因收养关系的成立而消除,故郑某某在法律上已不是郑某甲的家庭成员,与相关财产权利没有法律上利害关系。

[①] 参见(2016)最高法行申4181号行政裁定书,载中国裁判文书网,最后访问时间:2025年4月24日。

第一千一百一十二条　养子女的姓氏

养子女可以随养父或者养母的姓氏，经当事人协商一致，也可以保留原姓氏。

要点提示

养子女可以随养父或者养母的姓氏，经当事人协商一致，也可以保留原姓氏。

《民法典》第一千零一十五条第一款规定：自然人的姓氏应当随父姓或者母姓。依《民法典》第一千一百一十一条的规定，收养关系成立后，收养人与被收养人之间即确立养父母与养子女的身份关系，养子女取得了相同于养父母婚生子女的身份与地位，故原则上养子女随养父或者养母的姓氏。这也有助于加强养子女与养父母之间的情感认同，便于养子女更快更好地融入收养家庭，在秘密收养的情形下，则更有利于对他人保守收养秘密，维护当事人的隐私权。[①]《民法典》第一千零一十五条第一款后半句的但书规定，有下列情形之一的，可以在父姓和母姓之外选取姓氏：（1）选取其他直系长辈血亲的姓氏；（2）因由法定扶养人以外的人扶养而选取扶养人姓氏；（3）有不违背公序良俗的其他正当理由。如果收养人和送养人或被收养人在收养之初就姓氏问题作出了约定，当事人基于情感方面的考量就"养子女保留原姓氏"这一问题达成一致，本条允许被收养人保留原姓氏。这体现了对各方意思自治的尊重，也符合但书规定。

关联规定

《民法典》（2020年5月28日）

第一千零一十二条　自然人享有姓名权，有权依法决定、使用、变更或者许可他人使用自己的姓名，但是不得违背公序良俗。

第一千零一十五条　自然人应当随父姓或者母姓，但是有下列情形之

---

① 黄薇主编：《中华人民共和国民法典婚姻家庭编解读》，中国法制出版社2020年版，第318页。

一的，可以在父姓和母姓之外选取姓氏：

（一）选取其他直系长辈血亲的姓氏；

（二）因由法定扶养人以外的人扶养而选取扶养人姓氏；

（三）有不违背公序良俗的其他正当理由。

少数民族自然人的姓氏可以遵从本民族的文化传统和风俗习惯。

第一千一百一十三条　无效收养行为

有本法第一编关于民事法律行为无效规定情形或者违反本编规定的收养行为无效。

无效的收养行为自始没有法律约束力。

※ 要点提示

首先，收养行为的目的具有特殊性，即通过法律拟制的方式建立新的身份关系，但其本质仍是一种民事法律行为，故仍应受到民事法律行为效力规则的约束，包括《民法典》第一百四十四条、第一百四十五条（无相应民事行为能力）、第一百四十六条（虚假意思表示）、第一百五十三条（效力性强制性规定、公序良俗）、第一百五十四条（恶意串通）是关于民事法律行为无效情形的规定。收养行为的无效情形可参照适用。

其次，《民法典》婚姻家庭编对"收养关系的成立"作出了规定，罗列了包括被收养人条件、收养人条件、送养人条件、被收养同意、收养人数等在内的实质要件和包括收养登记在内的成立要件，违反上述规定的，收养行为无效。"收养应当遵循最有利于被收养人的原则，保障被收养人和收养人的合法权益。禁止借收养名义买卖未成年人。"违反该规定的，收养行为也属无效。[①] 根据《民法典》第五十二条的规定，被宣告死亡的人在被宣告死亡期间，其子女被他人依法收养的，在死亡宣告被撤销后，不得以未经本人同意为由主张收养行为无效。

---

① 黄薇主编：《中华人民共和国民法典婚姻家庭编解读》，中国法制出版社2020年版，第322页。

最后，我国理论通说认为我国在收养无效的认定程序上实行"双轨制"，即人民法院和收养登记机关均可认定收养行为无效。①

❀ 关联规定

1.《民法典》（2020 年 5 月 28 日）

第一百四十三条　具备下列条件的民事法律行为有效：

（一）行为人具有相应的民事行为能力；

（二）意思表示真实；

（三）不违反法律、行政法规的强制性规定，不违背公序良俗。

第一百四十四条　无民事行为能力人实施的民事法律行为无效。

第一百四十五条　限制民事行为能力人实施的纯获利益的民事法律行为或者与其年龄、智力、精神健康状况相适应的民事法律行为有效；实施的其他民事法律行为经法定代理人同意或者追认后有效。

相对人可以催告法定代理人自收到通知之日起三十日内予以追认。法定代理人未作表示的，视为拒绝追认。民事法律行为被追认前，善意相对人有撤销的权利。撤销应当以通知的方式作出。

第一百四十六条　行为人与相对人以虚假的意思表示实施的民事法律行为无效。

以虚假的意思表示隐藏的民事法律行为的效力，依照有关法律规定处理。

第一百五十三条　违反法律、行政法规的强制性规定的民事法律行为无效。但是，该强制性规定不导致该民事法律行为无效的除外。

违背公序良俗的民事法律行为无效。

第一百五十四条　行为人与相对人恶意串通，损害他人合法权益的民事法律行为无效。

---

① 陈苇主编：《外国婚姻家庭法比较研究》，群众出版社 2006 年版，第 382 页；杨大文主编：《婚姻家庭法》，中国人民大学出版社 2015 年版，第 201 页；李俊：《无效收养制度的法律重构》，载陈苇主编：《家事法研究》（2005 年卷），群众出版社 2006 年版，第 225 页。

第一百五十五条 无效的或者被撤销的民事法律行为自始没有法律约束力。

第一百五十七条 民事法律行为无效、被撤销或者确定不发生效力后，行为人因该行为取得的财产，应当予以返还；不能返还或者没有必要返还的，应当折价补偿。有过错的一方应当赔偿对方由此所受到的损失；各方都有过错的，应当各自承担相应的责任。法律另有规定的，依照其规定。

2.《中国公民收养子女登记办法》（2023年7月20日）

第十三条 收养关系当事人弄虚作假骗取收养登记的，收养关系无效，由收养登记机关撤销登记，收缴收养登记证。

典型案例

邵某等与崔某等收养关系纠纷案[①]

◎ 基本案情

被告崔某、徐某于1998年9月16日向原告邵某、陈某抱养一女孩，未办理收养登记，亦未签订书面协议，且两被告当时未达到法定收养年龄。女孩崔某某由被告抚育、培养至今，现已成年，目前在读大学。崔某某上高一时，原告与其相见，2013年3月3日，被告向原告邮寄女孩照片一张。2016年7月5日，原告邵某与被告崔某通电话，要求双方建立亲戚往来关系，遭到被告的拒绝。后原告向法院起诉请求：（1）确认原告与崔某某之间存在亲子关系；（2）确认被告与崔某某收养关系不成立。另查明崔某某本人意见：（1）本人与崔某、徐某自幼生活至今，已经形成事实上的收养关系，本人不同意改变现状，可补办收养登记；（2）不同意改变目前的身份及亲属关系；（3）不同意做亲子鉴定。

---

① 参见（2017）苏06民终1496号民事判决书，载中国裁判文书网，最后访问时间：2025年4月24日。

◎ 裁判要点

违反《收养法》规定的收养行为并非一律被认定为无效。

因原告未能提供崔某某的出生证明等必要证据,且崔某某明确表示不同意做亲子鉴定,故而对于其确认亲子关系的诉讼请求难以认定。虽然被告与崔某某发生收养关系时,并未与原告签订书面收养协议,但其是否影响收养关系的成立,法律并没有作出规定;且被告抚养崔某某至成年是客观事实,崔某某本人也明确表示与被告形成事实上的收养关系,不同意改变目前的身份及亲属关系,并愿意与被告补办收养登记。

第三节　收养关系的解除

第一千一百一十四条　**当事人协议解除及因违法行为而解除**

收养人在被收养人成年以前,不得解除收养关系,但是收养人、送养人双方协议解除的除外。养子女八周岁以上的,应当征得本人同意。

收养人不履行抚养义务,有虐待、遗弃等侵害未成年养子女合法权益行为的,送养人有权要求解除养父母与养子女间的收养关系。送养人、收养人不能达成解除收养关系协议的,可以向人民法院提起诉讼。

✿ 要点提示

本条所规定的解除收养关系的方式有两种,分别是收养人与送养人直接协议解除收养关系(第一款)以及送养人在收养人有不履行抚养义务侵害未成年养子女合法权益时通过诉讼解除收养关系(第二款)。为了保护未成年的被收养人的利益,本条不允许收养人在没有和送养人达成协议的情况下解除收养关系。①

对于收养关系，若理解为"送养人与收养人之间的关系"，则《民法典》第一千一百一十五条关于成年养子女协议或诉讼解除收养关系的规定无法得到合理解释。

因此不妨作折中解释，承认收养关系有双重含义，一是"收养协议关系"，即收养人与送养人之间基于收养协议而产生的法律关系，其内容以双方的合意为基础，除了对收养本身进行约定之外，还可以包括关于抚养费等方面的约定；二是"收养身份关系"，但不等同于收养人与被收养人之间的父母子女关系，是一种更为基础的法律关系，被收养人与收养人及其近亲属之间的拟制亲属关系皆基于此而产生。

关联规定

1.《民法典》（2020 年 5 月 28 日）

　　第五十二条　被宣告死亡的人在被宣告死亡期间，其子女被他人依法收养的，在死亡宣告被撤销后，不得以未经本人同意为由主张收养行为无效。

2.《家庭教育促进法》（2021 年 10 月 23 日）

　　第三十二条　婚姻登记机构和收养登记机构应当通过现场咨询辅导、播放宣传教育片等形式，向办理婚姻登记、收养登记的当事人宣传家庭教育知识，提供家庭教育指导。

3.《民事诉讼法》（2023 年 9 月 1 日）

　　第三条　人民法院受理公民之间、法人之间、其他组织之间以及他们相互之间因财产关系和人身关系提起的民事诉讼，适用本法的规定。

---

　　① 参见（2018）渝 0119 民初 7721 号民事判决书，载中国裁判文书网，最后访问时间：2025 年 4 月 24 日。

典型案例

熊某甲与孔某解除收养关系纠纷案[1]

◎ **基本案情**

孔某、陈某某将亲生女儿孔某丙（收养后更名熊某乙）送养给熊某甲、何某某，双方到民政部门办理了收养登记。收养熊某乙后，熊某甲未能正确处理夫妻关系，其妻子何某某于2012年因夫妻感情不和离家出走至今，熊某甲家庭不和睦。熊某甲及养女熊某乙无主要生活来源，主要依靠政府低保金生活。且熊某甲经常因生活琐事用手、小木棍殴打熊某乙。甚至在公安机关对其送达家庭暴力告诫书后，熊某甲依然没有改变其经常打骂小孩的陋习。原告孔某向一审法院诉请解除收养关系。

◎ **裁判要点**

孔某是否是本案适格原告的问题，本院认为，熊某甲与何某某收养的女儿熊某乙原名孔某丙。根据本案现有的证据，可以认定孔某是孔某丙的父亲，理由是：第一，孔某丙的出生医学证明明确载明其母亲姓名陈某某，父亲姓名孔某。第二，孔某丙户籍信息记载，可以确认孔某是其父亲。第三，在协商关于孔某丙的收养问题过程中，孔某、陈某某与熊某甲及何某某先后于2010年6月5日签订了《双方合同书》《抱养小孩协议》，于2010年6月18日签订了《收养协议书》，上述合同及协议中均载明孩子的父亲孔某，母亲陈某某。第四，编号：（赣临）收字第××××（012）号收养登记证明确载明送养人信息为：孔某、陈某某夫妇。根据法律规定，当事人一方请求亲子关系不存在，应提供必要证据予以证明。现熊某甲对自己的主张并未提供任何证据，仅以孔某当年送养熊某乙为由要求对孔某与熊某乙的关系进行亲子鉴定，该主张没有法律依据，本院不予准许。孔某是熊某乙的父亲，也是熊某乙的送养人，是本案的适格原告。

---

[1] 参见（2019）赣10民终1185号民事判决书，载中国裁判文书网，最后访问时间：2025年4月24日。

孔某要求解除熊某甲、何某某与熊某乙之间的收养关系有无事实及法律依据的问题，本院认为，孔某要求解除收养关系的理由为熊某甲对熊某乙有长期殴打、虐待行为，侵害熊某乙的身心健康，对于自己的主张，孔某提供了派出所家庭暴力告诫书、某小学情况说明、居委会情况说明等证据予以证实，上述证据可以证实熊某甲在家庭环境、家庭教育、生活水平诸多方面不能为熊某乙提供一个健康成长的生活环境。其要求解除收养关系于法有据。关于熊某甲收养熊某乙期间支出的生活费和教育费问题，熊某甲主张其花费了412200元，对该主张，熊某甲仅在一审提供了抚州市好时光精品幼儿园的证明，并未附有相关凭证，对于其他费用并未提供证据予以证明，本院对其该项主张不予认定。熊某甲和熊某乙平时居住在某小区的廉租房，熊某甲没有固定工作，两人主要依靠政府低保金生活，原判按照2009年至2018年的江西省城镇人均消费支出酌定熊某乙的生活费、教育费后，扣除收养期间政府对熊某乙个人生活帮扶的低保金43140元，确定孔某应补偿熊某甲、何某某的生活费、教育费为88847元并无不当。

第一千一百一十五条　关系恶化而协议解除

养父母与成年养子女关系恶化、无法共同生活的，可以协议解除收养关系。不能达成协议的，可以向人民法院提起诉讼。

要点提示

首先，本条所规定的是养父母与成年养子女之间收养关系的协议解除和裁判解除而且，是所解除的关系，是法定的"收养身份关系"，而非意定的"收养协议关系"。

其次，本条使用的主体仅限成年养子女。对未成年的养子女而言，其通常尚不具有完全的理性能力，且其一直处于养父母的支配力之下而与养父母之间根本不存在平等谈判协商的可能性，未成年人毕竟没有独立的生存能力，如果收养关系不是基于送养人的意志（协商或裁判）而解除，则无法保证在收养关系解除之后将成为被收养人的监护人的送养人有担任被收养人监护人的意愿，更无法保证其可以妥善履行监护人的职责，因此收养人和被收养人之间的裁判解除也是不允许的。

最后，对于"关系恶化、无法共同生活"的认定，司法实践中，对于收养人请求解除收养关系的情形，除非是为避免"收养人年老无人赡养"，不然一般不会驳回。但对于被收养人申请解除收养关系的则相反，除非在收养关系成立之后被收养人实质上并未与收养人共同生活。[①]

关联规定

1. 《民法典》（2020年5月28日）

第五条 民事主体从事民事活动，应当遵循自愿原则，按照自己的意思设立、变更、终止民事法律关系。

第一百三十三条 民事法律行为是民事主体通过意思表示设立、变更、终止民事法律关系的行为。

2. 《民事诉讼法》（2023年9月1日）

第三条 人民法院受理公民之间、法人之间、其他组织之间以及他们相互之间因财产关系和人身关系提起的民事诉讼，适用本法的规定。

第一百零一条 下列案件调解达成协议，人民法院可以不制作调解书：

（一）调解和好的离婚案件；

（二）调解维持收养关系的案件；

（三）能够即时履行的案件；

（四）其他不需要制作调解书的案件。

对不需要制作调解书的协议，应当记入笔录，由双方当事人、审判人员、书记员签名或者盖章后，即具有法律效力。

[①] 参见（2016）闽0502民初157号民事判决书，载中国裁判文书网，最后访问时间：2025年4月24日。

第一百二十七条 人民法院对下列起诉，分别情形，予以处理：

（一）依照行政诉讼法的规定，属于行政诉讼受案范围的，告知原告提起行政诉讼；

（二）依照法律规定，双方当事人达成书面仲裁协议申请仲裁、不得向人民法院起诉的，告知原告向仲裁机构申请仲裁；

（三）依照法律规定，应当由其他机关处理的争议，告知原告向有关机关申请解决；

（四）对不属于本院管辖的案件，告知原告向有管辖权的人民法院起诉；

（五）对判决、裁定、调解书已经发生法律效力的案件，当事人又起诉的，告知原告申请再审，但人民法院准许撤诉的裁定除外；

（六）依照法律规定，在一定期限内不得起诉的案件，在不得起诉的期限内起诉的，不予受理；

（七）判决不准离婚和调解和好的离婚案件，判决、调解维持收养关系的案件，没有新情况、新理由，原告在六个月内又起诉的，不予受理。

第一百五十四条 有下列情形之一的，终结诉讼：

（一）原告死亡，没有继承人，或者继承人放弃诉讼权利的；

（二）被告死亡，没有遗产，也没有应当承担义务的人的；

（三）离婚案件一方当事人死亡的；

（四）追索赡养费、扶养费、抚养费以及解除收养关系案件的一方当事人死亡的。

3.《最高人民法院关于适用〈中华人民共和国民事诉讼法〉的解释》（2022年4月1日）

第三十四条 当事人因同居或者在解除婚姻、收养关系后发生财产争议，约定管辖的，可以适用民事诉讼法第三十五条规定确定管辖。

第一千一百一十六条　解除收养关系登记

当事人协议解除收养关系的，应当到民政部门办理解除收养关系登记。

要点提示

本条有以下内容需要关注：

第一，对于"在被收养人成年以前，收养人和送养人对收养协议关系的协议解除"的情形，不仅需要满足形式上的登记要件，还需要县级以上人民政府民政部门对收养人与送养人的家庭社会情况、被收养人自身情况进行实质性审查。故而，未进行登记的收养关系不能有效解除。

第二，收养"在被收养人成年以后，收养人和被收养人之间对收养身份关系的协议解除"的情形，登记仅起到类似公证的证明效力，此时也不必对其解除进行实质审查，其收养关系的解除也不以登记作为发生效力的时点，而是自双方达成合意时发生收养关系解除的效力。

第三，本条未对登记解除和协议解除的效力作区分确实存在隐患，因为实践中很多收养关系是成立在《收养法》实施之前，当时还不以收养登记为要件；而且民政部门对未登记的收养关系往往不予办理解除登记，但收养关系协议解除的效力又经常涉及继承纠纷，因此否定协议解除效力可能违背收养人/被继承人的真正意志，因此有法院区分登记和协议解除的效力的做法，值得借鉴。

关联规定

1.《民法典》（2020年5月28日）

第一千一百零五条　收养应当向县级以上人民政府民政部门登记。收养关系自登记之日起成立。

收养查找不到生父母的未成年人的，办理登记的民政部门应当在登记前予以公告。

收养关系当事人愿意签订收养协议的，可以签订收养协议。

收养关系当事人各方或者一方要求办理收养公证的，应当办理收养公证。

县级以上人民政府民政部门应当依法进行收养评估。

2.《中国公民收养子女登记办法》（2023年7月20日）

第十条　收养关系当事人协议解除收养关系的，应当持居民户口簿、居民身份证、收养登记证和解除收养关系的书面协议，共同到被收养人常住户口所在地的收养登记机关办理解除收养关系登记。

第十一条　收养登记机关收到解除收养关系登记申请书及有关材料后，应当自次日起30日内进行审查；对符合民法典规定的，为当事人办理解除收养关系的登记，收回收养登记证，发给解除收养关系证明。

典型案例

郭某1、何某解除收养关系纠纷[①]

◎ 基本案情

郭某1曾与何某及其丈夫建立了养父母子女关系，并实际产生抚养关系，后由于关系恶化并多年未共同居住生活，双方通过协议解除收养关系，并约定郭某1只要以"宅基地使用权折抵补偿款"对何某及其丈夫郭某2作经济补偿，就无须再承担赡养义务。此后双方无实际来往，由于郭某1否认自己分配到宅基地，且提出《协议书》是由何某及丈夫强迫其签订而拒绝配合何某变更土地登记，故何某提起诉讼。

◎ 裁判要点

关于解除收养登记手续的规定并非效力性规定，而属于行政性规定，并不导致解除收养关系的无效或效力待定。郭某1应于判决确定生效之日起10日内，配合何某把郭某1所占47平方米土地登记在何某或何某指定家庭成员名下。

[①] 参见（2022）粤06民终3826号民事判决书，载中国裁判文书网，最后访问时间：2025年4月24日。

关于解除收养登记手续的规定并非效力性规定，而属于行政性规定，因此达成《协议书》而未登记，并不导致解除收养关系的无效或效力待定。郭某1并未提供直接证据证实其是因何某或其丈夫胁迫方式签订《协议书》，且其在签订《协议书》后并未提出异议，又于2008年1月25日实际履行了《协议书》合同义务，故法院确认上述《协议书》合法有效。

第一千一百一十七条　解除收养关系后的身份效力

> 收养关系解除后，养子女与养父母以及其他近亲属间的权利义务关系即行消除，与生父母以及其他近亲属间的权利义务关系自行恢复。但是，成年养子女与生父母以及其他近亲属间的权利义务关系是否恢复，可以协商确定。

❖ 要点提示

首先，收养关系的解除对于身份关系的影响不具有溯及力，但是如果是夫妻双方共同收养，一方去世后未分割遗产，而此后另一方与被收养人解除收养关系，部分法院的观点是被收养人丧失继承权。但事实上，自夫妻一方去世时起，当事人的继承权已从期待权转化为支配权，因此，被收养人对夫妻先死亡一方的继承权不受收养关系解除影响。

其次，对于关系解除是否及于近亲属应区分看待：（1）送养人与收养人之间解除收养协议关系的情形，由于被收养人需进入新家庭受监护照管，因此被收养人与养父母及近亲属的权利义务关系消除。（2）收养人与被收养人解除收养身份关系的情形，此时被收养人已经成年，故可以允许被收养人与其他近亲属协议保留亲属关系。

最后，收养关系解除后，成年养子女与生父母及其近亲属的权利义务关系是否恢复由协商决定，允许通过协商仅与部分近亲属恢复亲属关系，但是若是虽办理收养登记、实际仍由生父母抚养长大的情况，不应允许被收养人以"未恢复亲属关系"为由逃避对其生父母的赡养义务。

❀ 关联规定

1.《民法典》（2020 年 5 月 28 日）

第一千一百一十五条 养父母与成年养子女关系恶化、无法共同生活的，可以协议解除收养关系。不能达成协议的，可以向人民法院提起诉讼。

2.《中国公民收养子女登记办法》（2023 年 7 月 20 日）

第十条 收养关系当事人协议解除收养关系的，应当持居民户口簿、居民身份证、收养登记证和解除收养关系的书面协议，共同到被收养人常住户口所在地的收养登记机关办理解除收养关系登记。

❀ 典型案例

王某 1 与李某 1 等遗嘱继承纠纷案[①]

◎ **基本案情**

王某 1（原名史某 6）在四岁时跟随大姨一家生活直至成年，并更改姓氏、迁入户口，大姨夫妇去世后，2003 年起搬来与生父母同住，生母刘某 1 去世后，照顾患病的生父史某 4，史某 4 于 2010 年 4 月 27 日写下《遗嘱》：若王某 1 承担对其的生养死葬义务，则在去世后将房产等财产赠与王某 1。由于王某 1 坚称此文书性质为自书遗嘱而非遗赠扶养协议，故诉至法院要求确认文书性质，并依其继承遗产。

◎ **裁判要点**

由于王某 1 与大姨的成立事实收养关系，且从未解除，收养关系解除需经诉讼或协议方式解除，不因一方死亡而终止，故文书性质为遗赠扶养协议，驳回王某 1 诉求。

---

① 参见（2022）京 01 民终 6555 号民事判决书，载中国裁判文书网，最后访问时间：2025 年 4 月 24 日。

王某1与其大姨是否形成收养关系。王某1自述其跟随其大姨生活的事实发生在1960年左右,即《收养法》成立之前。在收养意思表示、共同生活及关系认可方面,王某1自年幼随大姨夫妇长期共同生活至成年,并已更改姓氏且将户籍由农村迁入城镇,在史某4《遗嘱》材料中也出现"过继"等表述,上述行为符合当时历史环境下送养子女的一般习俗做法,不违反当时社会的公序良俗,应当认定,王某1与大姨夫妇形成了事实上的收养关系。

若王某1与大姨夫妇形成收养关系,是否和其生父母自行恢复父母子女关系问题。首先,王某1与大姨夫妇形成事实上的收养关系,且根据一般法理收养关系并不因一方当事人的死亡而自然消除,故从持续时间判断,王某1在2003年后的身份关系可以依据原《收养法》的相关规定予以评价。其次,根据原《收养法》的相关规定,养父母与成年子女的收养关系因关系恶化、无法共同生活可以解除。且与生父母之间的权利义务关系是否恢复,可以协商确认。本案中,并无证据显示王某1与大姨夫妇之间关系恶化、无法共同生活,且亦无充分证据证明王某1与生父母协商确认彼此恢复身份关系,因此王某1主张其与生父母自行恢复父母子女关系的上诉理由不能成立,本院不予采信。

本案法律关系的性质对裁判结果是否有影响。本案为遗嘱继承纠纷,争议的法律关系是遗嘱继承还是遗赠扶养,结合庭审情况,法律关系的性质对裁判结果可能产生不同影响。

◎ 典型意义

本案收养事实发生在1991年《收养法》出台之前,当时对收养关系认定的规定尚不健全,各方当事人应珍惜彼此亲情,妥善处理本案所涉的权利义务争议。

第一千一百一十八条　解除收养关系后的财产效力

收养关系解除后，经养父母抚养的成年养子女，对缺乏劳动能力又缺乏生活来源的养父母，应当给付生活费。因养子女成年后虐待、遗弃养父母而解除收养关系的，养父母可以要求养子女补偿收养期间支出的抚养费。

生父母要求解除收养关系的，养父母可以要求生父母适当补偿收养期间支出的抚养费；但是，因养父母虐待、遗弃养子女而解除收养关系的除外。

要点提示

首先，本条第一款规定了缺乏劳动能力又缺乏生活来源的养父母，在收养关系解除的情况下对其抚养长大的成年养子女的生活费请求权。对于"缺乏劳动能力又缺乏生活来源"的判断不应绝对化。例如，即便收养人有低保收入，但由于身患疾病，其低保收入无法满足其日常生活和医疗的需求，此时收养人仍有权请求其抚养长大的养子女向其支付生活费。

其次，对抚养费的补偿并不意味着是对抚养费的返还，更不意味着是溯及既往地消灭收养关系，收养关系的消灭仍然仅仅是在未来发生效力，此处抚养费的返还仅在养子女成年后虐待、遗弃养父母而解除的情况下发生，其目的在于惩罚未善待养父母的被收养人。抚养费的确定因素通常包括：当地城镇居民生活及教育成本、[1] 被告的收养年龄和受教育程度、双方现实经济状况、过错程度以及货币贬值和物件因素。[2]

最后，本条第二款规定了在生父母解除收养关系的情况下养父母对于收养期间支出的抚养费的补偿请求权。同上款一样，此处抚养费通常也无法确定，只能依靠法官在实践中基于种种因素进行裁量。如果并非协议解

---

[1] 参见（2015）连少民终字第 00028 号民事判决书，载中国裁判文书网，最后访问时间：2025 年 4 月 24 日。

[2] 参见（2016）黑 0102 民初 6362 号民事判决书，载中国裁判文书网，最后访问时间：2025 年 4 月 24 日。

除，而是由送养人诉至法院裁判解除，依《民法典》第一千一百一十四条第二款规定，此时通常存在收养人不履行抚养义务，虐待、遗弃未成年养子女的情形，因此法院在裁判解除时通常不会支持养父母的抚养费补偿请求权。

关联规定

1. 《民法典》（2020 年 5 月 28 日）

第一千一百一十四条 收养人在被收养人成年以前，不得解除收养关系，但是收养人、送养人双方协议解除的除外。养子女八周岁以上的，应当征得本人同意。

收养人不履行抚养义务，有虐待、遗弃等侵害未成年养子女合法权益行为的，送养人有权要求解除养父母与养子女间的收养关系。送养人、收养人不能达成解除收养关系协议的，可以向人民法院提起诉讼。

2. 《老年人权益保障法》（2018 年 12 月 29 日）

第十三条 老年人养老以居家为基础，家庭成员应当尊重、关心和照料老年人。

第十五条 赡养人应当使患病的老年人及时得到治疗和护理；对经济困难的老年人，应当提供医疗费用。

对生活不能自理的老年人，赡养人应当承担照料责任；不能亲自照料的，可以按照老年人的意愿委托他人或者养老机构等照料。

第七十五条 老年人与家庭成员因赡养、扶养或者住房、财产等发生纠纷，可以申请人民调解委员会或者其他有关组织进行调解，也可以直接向人民法院提起诉讼。

人民调解委员会或者其他有关组织调解前款纠纷时，应当通过说服、疏导等方式化解矛盾和纠纷；对有过错的家庭成员，应当给予批评教育。

人民法院对老年人追索赡养费或者扶养费的申请，可以依法裁定先予执行。

3.《最高人民法院关于适用〈中华人民共和国民法典〉婚姻家庭编的解释（二）》（2025年1月15日）

第十八条 对民法典第一千零七十二条中继子女受继父或者继母抚养教育的事实，人民法院应当以共同生活时间长短为基础，综合考虑共同生活期间继父母是否实际进行生活照料、是否履行家庭教育职责、是否承担抚养费等因素予以认定。

第十九条 生父与继母或者生母与继父离婚后，当事人主张继父或者继母和曾受其抚养教育的继子女之间的权利义务关系不再适用民法典关于父母子女关系规定的，人民法院应予支持，但继父或者继母与继子女存在依法成立的收养关系或者继子女仍与继父或者继母共同生活的除外。

继父母子女关系解除后，缺乏劳动能力又缺乏生活来源的继父或者继母请求曾受其抚养教育的成年继子女给付生活费的，人民法院可以综合考虑抚养教育情况、成年继子女负担能力等因素，依法予以支持，但是继父或者继母曾存在虐待、遗弃继子女等情况的除外。

✦ 典型案例

1. 戴某甲与戴某解除收养关系纠纷案[①]

◎ 基本案情

1986年，戴某甲夫妇收养戴某并将其扶养成人，2009年戴某甲夫妇与戴某因生活琐事产生纠纷，戴某及其丈夫赵某某搬出戴某甲家。此后，戴某很少回去看望戴某甲夫妇，同年戴某甲在村上发布了一份"解除收养关系的声明"。2014年2月和2014年6月，养母甘某和因心脏病两次住院接受治疗，在此期间，戴某未到医院进行探望、照顾，也未支付医疗费。养母过世未操持葬礼，也未向戴某甲支付过赡养费。故戴某甲请求法院判决收养关系解除，并要求戴某补偿戴某甲在收养期间支出的生活费和教育费。

[①] 参见（2017）湘06民终75号民事判决书，载中国裁判文书网，最后访问时间：2025年4月24日。

◎ **裁判要点**

因养子女成年后虐待、遗弃养父母而解除收养关系的，养父母可以要求养子女补偿收养期间支出的抚养费。故本案准许戴某甲与戴某解除收养关系，并且判定戴某应补偿戴某甲在收养期间支出的生活费和教育费。戴某很少看望戴某甲夫妇，未到医院进行探望、照顾养母，也未支付医疗费、赡养费，可认定戴某对戴某甲存在遗弃情形；由于感情已经恶化，戴某甲已不愿意与戴某共同生活及维持收养关系。

2. 何某与何小某抚养费纠纷案①

◎ **基本案情**

何小某（女）系母亲钱某与案外人于1995年所生。1996年5月，钱某带着何小某至何某（男）住处同居生活，并生育何某某，但钱某与何某未领取结婚证。2002年左右，钱某带着何某某离家出走去向不明。此后，何某未再婚亦未再育，何小某由何某抚养成人。2005年11月，何小某的户籍迁入何某户口下，常住人口登记卡登记二人为父女关系。2015年3月，何小某考入大学，其间何某为其支付了教育生活费用。何小某参加工作后自2021年起每月陆续给付何某500元生活费，但自2021年中秋节后，何小某未再回家探望何某并将何某电话拉黑，二人关系交恶。何某诉至法院，要求何小某一次性补偿抚养费30万元。

◎ **裁判要点**

何小某向何某补偿抚养费16万元。何某与钱某系同居关系，故何某与何小某不构成继父女关系。何某与何小某虽然户籍登记为父女关系，但因未办理收养手续，故亦不构成合法收养关系。何某对何小某本无法定或者约定抚养义务，但何某客观上抚养了何小某二十多年，并以父女相称，双方已经形成事实上的抚养教育关系，可以参照《民法典》收养关系的有关规定处理案涉纠纷。何小某成年后，在何某经济困难的情况下，应承担

---

① 参见江苏省高级人民法院微信公众号，https://mp.weixin.qq.com/s/PIL-Gxsc2XienLRmwHI45Q，最后访问时间：2025年2月20日。

生活上照顾、经济上帮助的义务，但何小某在诉讼中明确表示要解除与何某的父女关系，拒绝履行赡养探望义务，未尽到"养子女"应尽的义务，何小某应补偿何某抚养教育期间的抚养费。

图书在版编目（CIP）数据

民法典婚姻家庭编司法解释关联适用全书 / 龙卫球主编 ; 王南枫副主编. -- 北京 : 中国发展出版社, 2025. -- (关联适用全书系列). -- ISBN 978-7-5216-4374-9

Ⅰ. D923.05

中国国家版本馆CIP数据核字第2024Z5H816号

策划编辑：韩殿伟　　　　　　责任编辑：谢　亚　　　　　　封面设计：周黎明

民法典婚姻家庭编司法解释关联适用全书
MINFADIAN HUNYIN JIATINGBIAN SIFA JIESHI GUANLIAN SHIYONG QUANSHU

主编／龙卫球
副主编／王南枫
经销／新华书店
印刷／三河市国新印务有限公司
开本／710毫米×1000毫米　16开
印张／21.75　字数／290千
版次／2025年4月第1版　　　　2025年4月第1次印刷

中国发展出版社
书号 ISBN 978-7-5216-4374-9　　　　　　　　定价：68.00元

北京市西城区西便门内大街16号西便门办公区
邮政编码：100053
网址：http://www.zgfzs.com
市场营销电话：010-63141612　　　　　　　　　印务电话：010-63141606
编辑部电话：010-63141793
传真：010-63141600

（如有印装质量问题，请与本社印务部联系。）